"十四五"职业教育国家规划教材

"十三五"职业教育国家规划教材

1+X 职业技能等级证书（呼叫中心客户服务与管理）配套教材

呼叫中心客户服务与管理
（中级技能）

组　编　北京华唐中科科技集团有限公司
主　编　李　洁　张战杰
副主编　吴明涛　闫庆斌　方　芳　汪　芳　王智平　施　文
参　编　陈　敏　宋庆东　文　珂　贾艳梅　吕建娜　王慧博　金　敏

机械工业出版社

本书为"十四五"职业教育国家规划教材，也是1+X职业技能等级证书（呼叫中心客户服务与管理）配套教材之一，依据《1+X呼叫中心客户服务与管理职业技能等级标准》编写。本书以能力为本位，以工作任务和1+X职业技能等级标准要求为基础。同时配套开发有《呼叫中心客户服务与管理（基础知识）》和《呼叫中心客户服务与管理（初级技能）》。

本书共有5个项目，主要内容包括：客户投诉管理、呼叫中心现场管理、话术脚本设计、呼叫中心服务质量监控和培训课程设计实施。

本书可作为1+X职业技能等级证书（呼叫中心客户服务与管理）培训的教材，也可作为应用型本科院校、中高等职业院校客户信息服务、电信服务与管理、电子商务、市场营销等相关专业的教材，还可作为呼叫中心从业人员的培训用书。

本书配有电子课件等资源，教师可到机械工业出版社教育服务网（www.cmpedu.com）免费注册并下载，或联系编辑（010-88379194）咨询。

图书在版编目（CIP）数据

呼叫中心客户服务与管理. 中级技能 / 李洁，张战杰主编. —北京：机械工业出版社，2020.9（2025.6重印）
1+X职业技能等级证书. （呼叫中心客户服务与管理）配套教材
ISBN 978-7-111-65959-4

Ⅰ.①呼… Ⅱ.①李… ②张… Ⅲ.①呼叫中心-商业服务-职业技能-鉴定-教材 Ⅳ.①F626.3

中国版本图书馆CIP数据核字（2020）第113410号

机械工业出版社（北京市百万庄大街22号　邮政编码100037）
策划编辑：梁　伟　责任编辑：梁　伟　徐梦然　刘益汛
责任校对：聂美琴　封面设计：鞠　杨
责任印制：张　博
北京机工印刷厂有限公司印刷
2025年6月第1版第10次印刷
184mm×260mm・17.75印张・400千字
标准书号：ISBN 978-7-111-65959-4
定价：59.90元

电话服务　　　　　　　　网络服务
客服电话：010-88361066　机　工　官　网：www.cmpbook.com
　　　　　010-88379833　机　工　官　博：weibo.com/cmp1952
　　　　　010-68326294　金　书　网：www.golden-book.com
封底无防伪标均为盗版　　机工教育服务网：www.cmpedu.com

关于"十四五"职业教育
国家规划教材的出版说明

为贯彻落实《中共中央关于认真学习宣传贯彻党的二十大精神的决定》《习近平新时代中国特色社会主义思想进课程教材指南》《职业院校教材管理办法》等文件精神,机械工业出版社与教材编写团队一道,认真执行思政内容进教材、进课堂、进头脑要求,尊重教育规律,遵循学科特点,对教材内容进行了更新,着力落实以下要求:

1. 提升教材铸魂育人功能,培育、践行社会主义核心价值观,教育引导学生树立共产主义远大理想和中国特色社会主义共同理想,坚定"四个自信",厚植爱国主义情怀,把爱国情、强国志、报国行自觉融入建设社会主义现代化强国、实现中华民族伟大复兴的奋斗之中。同时,弘扬中华优秀传统文化,深入开展宪法法治教育。

2. 注重科学思维方法训练和科学伦理教育,培养学生探索未知、追求真理、勇攀科学高峰的责任感和使命感;强化学生工程伦理教育,培养学生精益求精的大国工匠精神,激发学生科技报国的家国情怀和使命担当。加快构建中国特色哲学社会科学学科体系、学术体系、话语体系。帮助学生了解相关专业和行业领域的国家战略、法律法规和相关政策,引导学生深入社会实践、关注现实问题,培育学生经世济民、诚信服务、德法兼修的职业素养。

3. 教育引导学生深刻理解并自觉实践各行业的职业精神、职业规范,增强职业责任感,培养遵纪守法、爱岗敬业、无私奉献、诚实守信、公道办事、开拓创新的职业品格和行为习惯。

在此基础上,及时更新教材知识内容,体现产业发展的新技术、新工艺、新规范、新标准。加强教材数字化建设,丰富配套资源,形成可听、可视、可练、可互动的融媒体教材。

教材建设需要各方的共同努力,也欢迎相关教材使用院校的师生及时反馈意见和建议,我们将认真组织力量进行研究,在后续重印及再版时吸纳改进,不断推动高质量教材出版。

机械工业出版社

伴随着经济发展应运而生的呼叫中心产业在短短20多年间从无到有在我国得到蓬勃发展，在通信、金融、电商、物流等行业已经被成功应用，它的业务范围不断拓展、服务内容持续延伸，建立了企业与客户之间顺畅沟通的桥梁。党的二十大报告提出"构建优质高效的服务业新体系，推动现代服务业同先进制造业、现代农业深度融合"，伴随着中国通信进入5G时代和电子商务井喷式发展，我国的呼叫中心产业还有很大的成长空间。

2019年2月，国务院发布的《国家职业教育改革实施方案》（通常称为"职教20条"）中提出，从2019年开始，在职业院校、应用型本科高校启动"学历证书+若干职业技能等级证书"制度试点（简称"1+X证书制度试点"）工作。1+X证书制度将学校学历教育和社会用人需求、学历证书与职业技能等级证书有效地结合起来，使职业技能人才成长之路更加多元。"呼叫中心客户服务与管理职业技能等级证书"是1+X制度第三批试点项目。

本书可作为1+X（呼叫中心客户服务与管理）职业技能等级证书培训的教材，也可作为应用型本科院校、中高等职业院校客户信息服务、电信服务与管理、电子商务、市场营销等相关专业的教材，还可作为呼叫中心从业人员的培训用书。

通过本书的学习，学生应该掌握呼叫中心客户服务与管理中级技能，能够根据业务的需要完成客户投诉管理、班组长现场管理及报表制作、录音质检、呼叫中心培训等相关工作，能够胜任呼叫中心班组长、质检专员、培训专员等岗位。

教学建议如下：

项目小结	理论学时	实操学时
客户投诉管理	6	6
呼叫中心现场管理	12	14
话术脚本设计	6	6
呼叫中心服务质量监控	6	6
培训课程设计实施	8	8

本书由职教专家、企业专家共同担任主编，并邀请了中、高职院校专业教师、呼叫中心高层管理者参与编写。全书共计5个项目，其中项目1由安徽邮电职业技术学院汪芳、抚州职

业技术学院王智平编写；项目2由安徽工商职业学院方芳、文珂、北京华唐中科科技集团有限公司李洁、金敏编写；项目3由山西机电职业技术学院闫庆斌、辽源职业技术学院王慧博、安徽滁州技师学院施文、北京华唐中科科技集团有限公司宋庆东编写；项目4由洛阳服务外包学院贾艳梅、吕建娜、吴明涛编写；项目5由洛阳市教育局张战杰、洛阳市教育局职业与成人教育研究室陈敏编写。李洁作为本书主编统筹组稿。

本书主编为《1+X呼叫中心客户服务与管理职业技能等级标准》主要起草者，曾先后组织全国客户信息服务专业技能大赛（行业赛事）、省市级客户信息服务职业技能比赛及呼叫服务员职业技能鉴定，副主编及参编也曾获得"国家职业教育成果二等奖"、全国技能大赛优秀指导老师等多种荣誉称号。

由于编者水平有限，书中出现的不足之处在所难免还请广大读者给予指正。

编　者

前言

项目1 客户投诉管理 ... 1
- 任务1 客户投诉的原因分析 ... 2
- 任务2 投诉业务的处理流程 ... 13
- 任务3 客户投诉的心理与投诉处理方法 ... 21
- 任务4 客户投诉管理体系建设 ... 38

项目2 呼叫中心现场管理 ... 59
- 任务1 呼叫中心关键绩效指标 ... 60
- 任务2 呼叫中心绩效指标的分析与监控 ... 71
- 任务3 呼叫中心运营报表制作 ... 85
- 任务4 班组长现场管理 ... 136

项目3 话术脚本设计 ... 145
- 任务1 客户需求与动机分析 ... 146
- 任务2 电话营销脚本设计 ... 154
- 任务3 FAQ话术设计 ... 165

项目4 呼叫中心服务质量监控 ... 179
- 任务1 呼叫中心录音质检 ... 180

任务 2　呼叫中心质检案例分析会 ································· 200

　　任务 3　呼叫中心质检录音校准 ································· 208

项目 5　培训课程设计实施 ·····················223
　　任务 1　培训需求分析 ·· 224

　　任务 2　培训课程设计 ·· 238

　　任务 3　培训课件制作 ·· 246

　　任务 4　培训组织实施 ·· 253

参考文献 ···274

Project 1

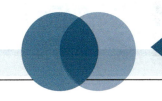

项目 ① 客户投诉管理

项目描述

通过在呼叫中心 1 年多的工作,花花已经成长为可以独当一面的坐席代表。经过多个项目的历练,在每个一线岗位上都表现得非常出色。今天项目主管来跟她谈话,希望她能够调入投诉组,负责客户投诉处理工作。

客服代表在呼叫中心的实际工作中经常会遇到一些投诉电话。通常,客户购买商品时,对商品本身和企业服务都抱有良好的愿望和期盼值,如果这些愿望和期盼值得不到满足,客户就会失去心理平衡,由此产生抱怨和不满情绪,进而产生客户投诉。这就需要对投诉电话业务有正确的了解与认识,能够分析客户投诉的原因,掌握投诉业务的处理流程、技巧和方法,建立完善的客户投诉管理体系,尽可能地减少投诉带来的负面影响。

本项目中,通过系统学习,学生可掌握正确分析客户投诉原因和客户投诉心理的方法,运用同理心化解客户情绪,并结合产品知识、投诉处理技巧、业务权限为客户提供最终的投诉处理解决方案。

项目内容

客户投诉的原因分析

投诉业务的处理流程

客户投诉的心理与投诉处理方法

客户投诉管理体系建设

任务1 客户投诉的原因分析

糖糖：花花，你怎么了？感觉你状态有些不对，上班的时候可不能走神呀！

花花：师傅，刚刚一个客户说她打了我们电话一下午都没打通，我就问她是不是拨错号码了，我说我们这里有几百名工作人员接电话，应该不可能打了一下午打不进来，她认为我怀疑她在说谎，要投诉我……

糖糖：这样啊，这是客户对你的服务态度感到不满。通常情况下，当客户对服务不满意时，会产生投诉的冲动，其中有一部分客户会进行投诉。我们在面对客户投诉时，需要第一时间找到客户投诉的原因，这样才能为客户提供有针对性的解决办法。

花花：这样啊，那我该如何知道客户投诉的原因呢？

糖糖：我来给你介绍下产生客户投诉的主要原因吧。

任务分析

随着全民服务意识的加强，消费者市场持续处于强势地位，客户很容易就产生投诉行为。客户投诉率通常是评价客户满意度的关键指标之一。在呼叫中心的呼入电话中，有一大部分是关于投诉的。客户的期望值没有得到满足就会表现为投诉。这里的期望正是投诉产生的基础。这一认识是正确看待客户投诉的重要要求。即使商品或服务已达到良好的水平，但只要与客户的期望有距离，投诉就会产生。我们只有妥善地处理，才能使其期望达成，从而使他们更加信赖我们。

在呼叫中心坐席代表与客户的沟通过程中，经常由于双方沟通不畅，导致坐席代表无法了解客户真正的投诉原因，不仅解决不了客户投诉，更有可能导致投诉进一步升级。所以对于客服代表来说，了解客户投诉的原因是投诉处理过程中的关键步骤，只有真正了解了客户投诉的具体原因，才能采取有效的措施来处理问题。

本任务要求坐席代表能够正确认识客户投诉，并能够分析客户投诉的原因。

1. 正确认识客户投诉

工作中有投诉，说明客户在关心我们的产品和服务，希望我们提高产品质量和服务质量。投诉也会暴露出企业的弱点和亟待改进的方面，并为企业提供表明自己高度重视客户的机会。积极鼓励客户投诉，为了让客户顺畅地进行投诉，我们会设置专职投诉电话（或服务监督电话）、邮箱与通信地址。对于在投诉中暴露出我们工作的严重不足或对我们的工作改进有很好建议的客户，要给予适当的奖励。客户都希望自己的投诉能够得到迅速积极的答复，按照工作流程，不管投诉问题有无解决，我们都要尽快给予客户明确的投诉答复。

投诉往往是把双刃剑，处理得好可以挽留客户，甚至可以增加客户的忠诚度和美誉感；但处理得不好，在失去客户的同时也将失去良好的形象和声望。投诉往往暴露呼叫中心在运营、管理中的一些缺点，是发现自身问题、挖掘客户需求的好时机。妥善处理投诉，不仅是呼叫中心的职责，更是呼叫中心改善服务的机会。

2. 分析客户投诉的原因

（1）客户对企业产品或服务质量不满　企业提供的产品或服务没有达到质量标准、品种不齐全、功能欠缺、给客户提供了错误的信息或者没有按照客户的要求提供产品或服务等，引发客户不满而导致投诉。大多数客户投诉都是由质量原因引起的。尽管客户能够理解商品不可能完美无缺或满足每个人的需求，但是他们还是会因为这个原因投诉。

情景：客户对手机质量不满意

坐席代表：张先生您好，欢迎致电华唐客服中心，请问有什么可以帮您？

客户：你们这个手机质量不行，经常通话中出现掉线、听不到声音、声音不清晰等问题，你们应该全额退款。

坐席代表：张先生，对于您遇到的情况我感到很抱歉，但是我们也接到其他的客户出现过此类问题，很多情况下并不是手机本身的问题，信号的强度也会影响使用。

客户：在同一区域，为什么别人的手机有信号，我的手机没有信号？这还不能说明是你们手机的问题吗？

坐席代表：张先生，我理解您的意思，您若确定不是网络问题，是手机问题，您可以把手机送到华唐售后进行检测，我们的服务人员会给您一个满意的答复，好吗？

客户：什么答复？我坚持要退货。

坐席代表：张先生，在没有确定手机质量问题之前，很抱歉我不能给您一个能退货的保证。若检测是我们手机的问题，我们会全额退款。建议您先去售后看看。

客户：你们售后在哪儿？

坐席代表：实验小学旁的华唐专营店。

客户：好的，我去检测下。

坐席代表：感谢您的来电，再见！

（2）客户对坐席代表的服务不满 指坐席代表采取的方式、态度不当或业务能力不足等引发的客户投诉。具体表现如下：

1）呼叫中心坐席代表的服务方式或服务态度欠佳。如坐席代表缺乏沟通能力，没有热情的服务态度，未使用礼貌用语，说话不够婉转，口气生硬；坐席代表不顾客户的需求和爱好，一味地介绍产品或服务，引起客户的反感；坐席代表对客户的承诺没有兑现，且找出种种原因搪塞客户；坐席代表接听电话时与周围同事交谈或继续处理手中其他事务，对客户诉求内容没有认真倾听，与客户沟通太随意使客户感觉不被尊重和重视，在心理上产生逆反情绪；当客户提出异议或相反意见时，不能虚心接受、耐心解释，而是草草结束，挂断电话；发现或感觉客户不是目标客户时，语气立刻变得冷淡，甚至带有蔑视、歧视的语气；当客户说出产品在使用过程中出现的某些问题时，坐席代表认为根本不可能，使客户感觉不被认可和信任；坐席代表对工作推卸责任，互相推诿，甚至相互攻击，使企业的声誉受损并引起客户的不满。

2）呼叫中心坐席代表业务能力不足。坐席代表对产品的有关知识或特性不熟悉，无法应对客户的询问，无法消除客户的疑虑，甚至因办理业务出错给客户带来损失。

情景1：坐席代表服务方式欠佳遭投诉（服务用语不规范，并且在服务过程中推卸责任）

坐席代表：您好，请问有什么可以帮您？

客户：是这样的，我的手机这两天一接电话就断线。

坐席代表：那你是不是在封闭的空间里，所以接收效果不好？

客户：也不是啊，我在大街上都断线，好多次了。

坐席代表：那可不一定，有的杂牌机或者山寨机刚买几天就不行了。

客户：我的手机是华为正版手机，不可能有质量问题的。

坐席代表：那你在哪儿买的，就到哪儿问吧，我感觉肯定是手机的问题。

客户：不可能，如果是手机的问题，那我用移动卡怎么就不断线呀？

坐席代表：是吗？那我就不清楚了。

客户：那我的问题怎么办呀？我的手机天天断线，你给我缴费呀？

坐席代表：凭什么我缴费呀？你有问题的话，在哪儿买的就到哪儿去修呗。

客户：你这是什么态度？我要投诉你。

情景2：坐席代表态度欠佳遭投诉（坐席代表与客户沟通时太随意）

坐席代表：您好，请问有什么可以帮您？

客户：我有一个问题想请教一下。

坐席代表：好的，您请讲。

客户：我们在做扶梯改造的时候，一定要加防滑垫吗？

坐席代表：如果有的话，就要加上。

客户：我有一位朋友也是用你们的产品，他并没有加，你说要不要加？

坐席代表：加不加都可以，你要是问我的话，那就加上吧。

客户：这是技术问题，很严肃的，怎么能这样随便，太过分了！

情景3：坐席代表业务能力不足遭投诉（坐席代表业务不熟练）

坐席代表：您好，很高兴为您服务。

客户：我打电话问你们送快件的价格，你说是10元，现在你们却要收15元。

坐席代表：很抱歉，那是我们新来的同事，报错价格了。

客户：那我不管，我现在就要按你们报的10元付款。

坐席代表：很抱歉，那肯定是不行的，你现在还想不想送这个快件呢？

客户：已经包好了，你说要不要送呢？

坐席代表：那你现在是什么要求呢？反正10元是肯定不行的。

客户：是你们报错价格了，你还有理了，我要投诉。

（3）客户自己的原因　指客户期望值过高、客户对企业的产品或服务缺乏了解并产生误会、客户对产品使用不当、客户当下心情不好、客户过度维权甚至无聊骚扰等情况引发的客户投诉。坐席代表对于这样的投诉应该表现得大度一些，尽可能地耐心一点，向客户解释，帮助客户解决实际问题，这样非常有利于增强客户的忠诚度。

情景：客户对产品缺乏了解

坐席代表：您好，华唐易购客户服务中心，0021号很高兴为您服务。

客户：我前几天在你们网店买了一台联想的电脑，因为我觉得联想的质量和售后都不错。但是我今天在用的时候偶然发现，那个光驱有点问题，好像不是联想的。你们华唐易购是不是把假冒的组装的联想电脑卖给我了？我现在要求你们派人过来把电脑拿走并且全额退款给我，否则我会向国家质监部门投诉。

坐席代表：女士，非常感谢您对华唐易购的信任以及对联想品牌的选择，我很理解您对品牌的要求。的确，联想的光驱不是联想生产的，不仅联想，整个计算机行业都是采用产品配件由合作厂家生产，最终组合成自有品牌产品的方式进行操作，IBM 和 DELL 的计算机都是这样的。这就像一家著名的餐馆，它向顾客提供的饭菜很有自家的特色，其中所使用的原料不一定是自产的，但这并不影响餐馆的品牌和菜的质量，您说是吗？

客户：那这个光驱质量怎么样？

坐席代表：这点您可以尽管放心，光驱的厂家是联想精选的，质量的可靠性完全符合联想标准，请您尽管放心，我们会对此负责。

客户：哦，那就好，那我就放心了，谢谢你。

坐席代表：不客气，应该的。请问还有需要帮助的吗？

客户：哦，没有了，谢谢。

坐席代表：感谢致电华唐易购，祝您生活愉快，再见！

客户：再见。

3. 处理客户投诉应遵循的原则

坐席代表每天要处理大量不同的投诉，不可能有一套"万能"的处理方法，而是要根据投诉情形随时应变，并在处理过程中遵循以下四个原则：客户服务理念是前提、迅速处理是根本、换位思考是关键、优质服务有底线。

（1）客户服务理念是前提　客户服务理念有两点，一是对客户投诉的行为给予充分的肯定，二是尽可能满足客户的要求。从企业长远发展的角度来看，"客户永远是对的"这一理念并不是对坐席代表的苛刻要求。

（2）迅速处理是根本　不管客户投诉的原因是什么，坐席代表能够及时帮助客户找到办法解决，在一定程度上能够缓解客户愤怒的情绪。坐席代表要及时地响应客户提出的投诉问题，并且根据自己专业的判断，向客户提供建设性的解决方案，尽量为客户亲自解决问题，并且马上行动并告知最后期限。

（3）换位思考是关键　在投诉处理的过程中，坐席代表要学会换位思考，换位思考客户投诉的原因、投诉的目的等。只有站在客户的立场上将心比心，对客户的投诉进行实事求是的判断，真正地了解客户的情绪，不加入个人情绪和好恶，才能让客户更信任我们，同时也要适当引导客户站在我们的角度替我们着想，包括自己的工作职责，处理的权限等，以便共同协商处理问题，最终达成一致。

（4）优质服务有底线　在投诉处理的过程中，客户会提出各种各样的要求，坐席代表在尽量确保客户满意的情况下，也要保持服务的底线。对于投诉的客户提出的合理的要求，在权限范围内能够处理得了的，就尽快处理；如果超出自己的权限范围，也要立即上报，告诉客户处理事情的期限，让客户满意而归。对于客户提出的不合理的要求，客服代表既要保持良好的风度，又要有严正的态度，让客户同时了解企业的处理原则和责任范围，尽量通过自己专业的引导，让客户放弃不合理的要求。

1. 投诉的定义

根据国际标准化组织的定义，投诉是指"一种不满意的表达，它针对一个组织相关的产品或投诉处理过程而发出，客户明确或隐含期待组织给予回复或解决"。通俗地说，客户投诉就是当客户购买商品（服务）时，对商品本身和企业的服务都抱有良好的愿望和期望值，如果这些愿望和需求得不到满足，感到失望或被欺骗时产生心理不平衡的感觉，由此产生的抱怨和想"讨个说法"的行为。

在对客户服务过程中，还会遇到客户没有明确的投诉意向的情况，但也会述说对我们的产品或工作的不满，不要求结果，我们可将其视为客户抱怨。但抱怨也是潜在的投诉，是客户投诉的前身，如果不能及时处理好，客户抱怨也会发展为客户投诉。不管是客户抱怨还是客户投诉，我们都要以正确的心态面对，积极处理问题，化危机为转机。

2. 客户投诉的好处

（1）客户投诉意味着信任　客户前来投诉时，企业应当感到庆幸，因为客户投诉意味着客户对企业的品牌的信任。其实，投诉是客户对企业的品牌信赖度和期待度的表征。客户只有信赖品牌能为自己带来更好的感受、信赖企业有能力提供更好的服务质量时，才会进行投诉。而客户的信赖度越高，期望值越大，也就越不容易化解因失望而带来的不满或愤怒，于是，也就导致了投诉的产生。从某种程度上来说，客户愿意投诉是一件好事。因此，作为呼叫中心坐席代表，首先应该正确认识客户的投诉，因为这是增加客户信任度的最佳时机。

（2）客户投诉意味着忠诚　不要认为没有客户的投诉就没有不满意的客户，这也可能表示客户认为与其投诉，不如离开，减少和该企业打交道的次数。通常一个客户的投诉代表着许多没有向企业抱怨的客户的心声,而且,若问题得到圆满解决,其忠诚度会比从来没有抱怨的客户高。企业解决问题的友好态度,会让客户有信赖感,为未来的合作奠定基础。客户不满意,但仍会继续购买或使用商品的客户数量有多少?看看麦肯锡公司的统计数字吧,见表1-1。

表1-1 不满意但继续购买商品的客户占比

不满意客户类型	会再购买的占比(%)	不会再购买的占比(%)
不投诉的客户	9	91
投诉但未得到解决的客户	19	81
投诉得到解决的客户	54	46
投诉得到迅速解决的客户	82	18

由此可见,获得客户的抱怨是至关重要的,因为没有消息就是坏消息。与客户关系走下坡路的一个信号就是客户不抱怨了。没有人是永远满意的,尤其是一段时间后,客户要不是有话直说,就有可能再也联系不到了。

(3)客户投诉体现客户满意度　客户满意度的一个检测指标是客户的期望值和服务感知之间的差距。客户满意度的另外一个检测指标是服务质量的五大要素:有形度、同理度、专业度、反映度、信赖度。而客户投诉在很多时候是基于服务质量的五大要素进行的。因此,对客户投诉进行分类,很多投诉都可以归入这五大要素中。当客户进行投诉时,企业就能检测到客户的满意度。

(4)客户投诉具有宝贵的价值　客户进行投诉,对一些坐席代表来说是一件深感头疼的事。有的人却认为,投诉是一种宝贵的信息资源,是企业开发新产品、开拓新市场的好契机。市场竞争的日益激烈使越来越多的企业认识到建立和维护良好的客户关系的重要性。然而,即使最优秀的企业也不可能保证其产品或服务尽善尽美,出现客户投诉是难免的。客户投诉可以使企业及时发现并修正产品服务中的不足或失误,开创新的商机。重要的是要正确认识客户的投诉,并善于从中发现商机,进而将客户的投诉转变为企业收益。

客户投诉可使企业获得再次赢得客户的机会。投诉的客户一方面要寻求公平的解决方案,另一方面也说明他们并没有对企业失去信心。只要处理得当,客户对企业的信任度还会大大增加。因此企业应重视建立和维护对客户的忠诚度,力求与客户建立并维持长期的关系,从这个意义上讲,企业不应惧怕客户投诉,而应该欢迎客户投诉。

客户投诉可为企业提供建立和巩固良好企业形象的素材。客户投诉若能够得到圆满解决,客户的满意度就会大幅度提高,他们就会不自觉地充当企业的宣传员。客户的正面宣传,有助于企业在社会公众中树立起客户至上的良好形象。

客户投诉能及时发现问题并留住客户。有一些客户的投诉，实际上并不是抱怨产品或者服务的缺点，而只是向你讲述对你的产品和服务的一种期望或是提出了他们对于产品的需求，这样的投诉，会给企业提供一个发展的机遇。事实上，客户的投诉对企业来讲是一种资源。

（5）投诉的客户才是真正的朋友　遭遇客户投诉当然不是一件愉快的事情。当遭遇客户投诉时，很多坐席代表都以敌对的态度看待客户的投诉，把客户当成眼不见心不烦的敌人。有的坐席代表在想：客户在找茬，客户想从我这里得到点好处，客户太笨了，为什么不看使用说明书，说过很多遍了为什么还是不懂，这个月的奖金又要泡汤了，又不是什么大不了的事，这不归我管……很多企业的坐席代表也把客户投诉当成一个"烫手山芋"，有的坐席代表认为：希望最好不要发生客户投诉；如果发生了，最好不是我处理；如果我处理，最好不是我的责任。但是如果没有投诉客户的存在，企业将不知道自己的产品是否存在问题，也不知道如何去改进自己的产品。因此，投诉的客户应该受到企业的重视和尊重，应该得到企业的感谢，投诉的客户才是企业真正的朋友。客户投诉的好处如图1-1所示。

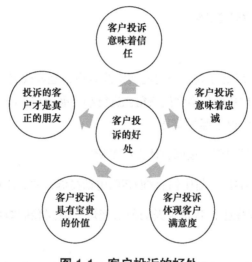

图1-1　客户投诉的好处

3. 正确识别投诉客户

投诉的客户大致分为以下几种类型：

1）扩散者（占28%）。如果得到不满意的回复，会对企业进行报复性的投诉，最大化地把所有能警示企业的行动都考虑实施。

2）愤怒者（占21%）。大多数情况下不向企业投诉，但最大化地向身边的人宣传，并不再成为企业的客户。

3）发言者（占37%）。大多只向企业投诉，对解决问题更感兴趣。

4）沉默者（占14%）。不投诉，也不宣传，或宣传的范围很小。这种顾客可能不在沉默中"死亡"（再不来消费），就在沉默中"爆发"（更严重的投诉）。

任务拓展

1. 小调查：遇到以下情况你会投诉吗？请说明投诉原因。

1）刚买的眼镜，镜片脱落。

2）刚买的计算机频繁死机。

3）刚充的话费就被提示余额不足。

4）在外用餐时吃出异物。

5）入住酒店洗澡时热水时断时续。

6）带打火机上飞机被没收。

7）用手机砸核桃导致屏幕破裂。

2. 角色扮演

将班级分成若干组，每组3人，分别轮换扮演客户、坐席代表、观察员角色，模拟练习以下场景对话。其中，客户角色和坐席代表角色进行小组展示与表演，观察员角色认真观察并找出坐席代表在这段通话中犯了哪些错误。

坐席代表：您好，中国电信，请问有什么可以帮您？

客户：你好，你是经理吧？我刚才打你们客服电话投诉，他们让我打你这个电话。

坐席代表：您好，吴先生，我是今天的值班经理，请问我们有哪方面的服务做得不好，让您不愉快了？

客户：我是去年办的包年宽带，你帮我看一下应该是在哪天到期？

坐席代表：您是哪一天办的宽带呢？

客户：你自己看。

坐席代表：很抱歉，吴先生，我这边看不到您的记录，您直接跟我说就行了。

客户：你看不到？我刚才打你们客服热线那个078号和042号都查到了，你是领导，你还看不到？

坐席代表：是的，吴先生，我这边确实看不到，那他们跟您说您的宽带是哪天到期了吗？

客户：我是去年的 1 月 26 号办的包年，但是我 2 月份的账单还显示我在按 80 元钱一个月缴费的。请问这是为什么？

坐席代表：您 1 月 26 号办的包年，那到今年的 1 月 26 号就到期。今天已经 2 月 5 号了，按理说您的宽带已经到期了。

客户：你说的啊，是 1 月 26 号就到期了。那我昨天还能上网，今天早上网就断了，为什么？

坐席代表：您已经到期了，我这边显示已经拆机了，所以网肯定断了。

客户：都拆机了？ 什么时候拆机的。

坐席代表：这边显示是昨天下午拆机的。

客户：好吧，你们都不通知我一声就拆机了？那我问你，既然我是 1 月 26 号就办的包年，那为什么我 2 月份的账单显示我在按 80 元钱一个月在缴费，你能帮我解释一下吗？

坐席代表：吴先生，这个问题您需要带上您的身份证到您当时办理业务的营业厅去核实一下。

客户：我核实过了，账单我都找到了。我现在就想让你们给我一个合理的解释。

坐席代表：吴先生，因为我们这边确实查不到您的具体开户和缴费记录，还是建议您到营业厅去查询。

客户：营业厅我都去过了，他们说是按系统显示的收费的，让我有不清楚的打你们客服热线。

坐席代表：那我们这边也不清楚是怎么回事，这样吧，我们先和营业厅那边联系核实情况，有消息给您回电话，可以吗？

客户：你们必须给我个说法，我等你们电话，3 天之内如果还不给我电话，我一定去投诉你们。

坐席代表：好的，吴先生，我尽量。

对于坐席代表所犯的错误，参考答案如下：

1）答非所问，客户在问账单的事，坐席代表却回答什么时候停机。

2）最大的问题就是推卸责任，不愿意帮助客户解决问题。坐席代表一直在说不知道，让客户自己去查。

3）客户表示自己已经核实过了，坐席代表还是不愿意正面回答客户的问题。

4）客户要求在限定的时间内回电话，坐席代表含糊其辞，不做正面承诺。

3. 拓展阅读：怎样看待客户投诉

善待客户投诉，因为投诉的客户是关心我们的客户；投诉使我们有机会正确认识自己一步；投诉的完满解决会帮助长期挽留客户；投诉使我们比竞争对手领先。

> 你只能从那些欣赏你、支持你、对你温柔的人身上学到东西吗？那些反对你、与你相争执、吵嚷的人从不给你任何启发吗？
>
> ——美国诗人沃尔特·惠特曼

客户的情绪表达了他们内心的声音，这声音并不总是动听的。在商业活动中，几乎各行各业的工作人员都难免听到客户的抱怨，面对客户的愤怒，这实在不是让人开心的事。有的人在接听投诉电话的时候，心里就已经打起了退堂鼓；也有人"积极应战"，用更加怒不可遏的姿态吓退来"找麻烦"的客户；还有人在去见提出投诉的客户的路上就在想："今天真倒霉……"然而，他们之中很多人都没有看到，客户的抱怨既可以是燃烧的火山，也可以是翻涌的油田，那里蕴藏着无限的机会。

我们可以从客户的抱怨声中学到许多东西。美国某公司的创办人华佛说："你应该喜欢抱怨，抱怨比赞美好，抱怨是别人使你了解你还没有满足他们。"

数据表明，不满意的客户中只有5%的人会提出投诉，直至高层管理者听到他们的声音为止。一般来说，一个满意的客户会向3个人介绍产品的优点，而一个不满意的客户会向11个人讲产品的坏话。如果扩展开来，则有负面影响的传播就会呈几何指数般上升。得到满意解决的投诉者往往会比从来没有不满意的客户更容易成为企业的最忠诚的客户，其重购率高达53%～95%。有的客户不抱怨，可能是因为不知道向谁提出，也有可能是不想浪费时间和精力，更有可能是不再成为该企业的客户。毕竟可以选择的商品和服务那么多，企业那么多，改变选择是件非常容易的事情。尽管不同的研究得出的数据不同，但结论是一致的，即：提出投诉的客户，往往是忠诚的客户。在日本被誉为"经营之神"的松下幸之助先生认为，对于客户的抱怨，不但不能厌烦，反而要当成一个好机会。他曾经告诫部下："客户肯上门来投诉，对企业而言实在是一次难得的纠正自身失误的好机会。有许多客户每逢买了次品或碰到了不良服务时，因怕麻烦或不好意思而不来投诉，但企业已在他们心中留下了坏印象、坏名声。"

实际上，处理客户投诉是一件非常有意思也很有意义的事。当你在清算一天共接了多少客户的抱怨电话时，可以想想你同时也帮助了这么多人，那是一件多么有意义的事情；当你接起电话，面临的可能是一个暴怒的客户，但是经过你的努力，对方不但满意地挂断电话，还不断地向你表示感谢，这给你带来多大的成就感；不是谁都有机会在一天内面临这么多形形色色的人，这是一个多么好的体验社会、了解人情世故的机会。我们为什么不乐观地面对它呢？

任务 2 投诉业务的处理流程

任务情景

花花：师傅，您现在忙吗？我有事想请教一下您。

糖糖：当然可以。花花，你遇到什么问题了吗？

花花：刚刚有一个客户打电话过来说，在我们网站购买的东西，送货人员态度非常差。客户很生气，要投诉送货人员，我一听说她要投诉，马上就有些慌乱，后面的沟通也不太顺畅，没有解决好问题。客户可能会连同我和送货人员一起投诉。

糖糖：你对投诉业务的处理流程还不太熟悉，所以接电话的过程中很紧张，一紧张就影响后面的处理结果。

花花：嗯，是的，我当时很紧张，那处理投诉业务要遵循什么流程呢？

糖糖：好的，那我们就一起来梳理下投诉业务的处理流程吧！

任务分析

投诉是客户对于某企业的信赖与期待，同时也是该企业的弱点，企业要妥善处理好投诉。处理好客户投诉将直接改善企业的经营状况，树立良好的企业形象。将客户投诉冲动消灭在萌芽状态，是上策；客户产生投诉后能够尽快解决，变不满意为满意是中策；企业的措施只能减少客户的不满意程度而不会增加客户满意度是下策。

企业其实不希望产生客户投诉，但投诉又是不可避免的。在实际工作中，坐席代表会遇到各种各样的投诉，这就要求坐席代表根据不同的情况按照正确的业务流程来处理每一次的投诉，提高服务质量与水平，从而提高客户的满意度。

本任务要求坐席代表熟练掌握投诉业务处理流程，能够按照标准的投诉业务处理流程处理投诉业务。

任务实施

1. 让客户发泄，注意聆听和理解

让客户尽情地宣泄不满的情绪，让客户尽情倾诉投诉的事情，聆听客户意见并且给予反馈，复述客户的话并且澄清细节问题。

（1）用心聆听　聆听是一门艺术，只有仔细聆听客户的意见，才能从中发现客户的真正需求，从而获得处理投诉的重要信息。不同客户投诉的原因是不同的，有些是对服务投诉，有些是对产品投诉，有些是客户自身原因，这些投诉中有些是呼叫中心能解决的，有些是超出呼叫中心职责范围的。但作为与客户直接交流的窗口，作为企业的形象代表，我们仍然要认真处理每一次投诉，解决投诉中反馈的问题或者收集信息反馈给相关部门。而要做到这一点，第一步就是通过聆听发现客户投诉的真正原因。

耐心倾听客户的抱怨，坚决避免与其争辩。一般的投诉客户多数是具有发泄性质的，情绪都不稳定，一旦发生争论，只会火上浇油，适得其反。因此，很多时候只需做一个耐心的聆听者，从聆听中找出问题的实质，并对症下药。

（2）向客户道歉　如果客户投诉的内容并不是因为呼叫中心服务错误而导致的，就可以坦然面对；如果是和呼叫中心的服务相关，也要勇于承认。但无论是哪种情况，我们需记住客户之所以动气，之所以投诉，肯定是遇上了问题，如果我们漠不关心或据理力争，找借口敷衍或拒绝给出任何解释，只会火上浇油。适时地表示歉意会起到意想不到的效果。

（3）运用同理心，站在顾客立场　漠视客户的痛苦是处理客户投诉的大忌。坐席代表要站在客户的立场上去思考问题，将心比心，诚心诚意地去表示理解和同情。因此，对于所有的客户投诉的处理，无论已经被证实，还是没有被证实，都不是先分清责任，而是运用同理心，站在客户的立场上为其着想。

2. 记录投诉要点，判断投诉是否成立

一般来说，投诉要点包括投诉人姓名、联系方式、投诉内容、投诉要求，同时要判断投诉要求是否合理、投诉理由是否充分。

（1）仔细询问　在处理客户投诉的过程中，需要引导客户说出重点，有的放矢。我们往往会发现，如果投诉客户知道你的确关心他的问题，也能了解他的心情，怒气便会削减一些。所以需要通过询问找出双方都同意的观点，表明你是真正在聆听投诉，你能理解他的问题。

（2）明晰的客户记录　完整的客户记录是为客户提供更好服务的基础，坐席代表如果能够事先通过记录查询了解情况，那么当客户致电的时候，就可以提供更加完善的服务，使服务过程更加愉快。客户记录一般包括六个要素：时间、地点、人物、起因、经过以及解决方案。对于客户在交流过程中所持的态度和观点，有必要的也要进行记录，便于今后其他同事为该客

户解决问题时，避免类似问题导致客户不满意或激怒客户，也便于避免过多地让客户重复自己的观点。举例来说，如果坐席代表给出的解答仍然不能让投诉客户满意，而需要更高一层的管理人员介入时，因为有前期的记录，管理人员不需要重新询问客户投诉的原因。

3. 提出并实施可以令客户接受的方案

坐席代表在处理客户投诉时必须采取行动，不能单纯地同情、理解，要迅速地给出解决方案。如果是常规问题，要向客户提出常规处理方式，客户同意了解决方案后，坐席代表要抓紧实施并且保证效果。如果客户不接受，要耐心询问客户有什么更好的提议或希望解决的方法。不论我们是否有权决定按照客户希望的方法解决，都需要让客户随时清楚地了解我们的进程。如果是新问题，自己不能够独立解决的话，要向上级汇报实际情况，听取上级意见，避免擅自做出决定，做出对客户没有保证的承诺。如果有可能的话，还可以提出多种解决方案，供客户做选择，表明自己解决问题的诚意，然后向客户提出具体方案，并说明好处。

4. 礼貌地结束谈话

当我们将这件不愉快的事情解决了之后，在结束通话前还应询问："请问您觉得这样处理可以吗？您还有别的问题吗？"如果没有，在向对方提出的问题和反馈表示感谢后挂机。

5. 定期跟踪回访

对于客户投诉的问题，处理完毕以后要定期跟踪回访，确认客户投诉的问题得以解决。定期对客户投诉的问题进行分类汇总，针对共性的问题，通过集中培训的方式有效规避同类问题的重复出现。个性问题可以通过单独辅导的形式帮助员工改进提升。对于典型的投诉问题，一定做成呼叫中心学习案例，放入案例库中供全体人员进行学习。

学习以下情景中坐席代表的投诉处理流程。

情景1：电视报修投诉

坐席代表：您好，这里是大唐电器客户服务中心，请问有什么可以帮您？

客户：我要投诉，你们的办事效率也太低了。

坐席代表：很抱歉，给您添麻烦了，您能否将详细情况给我说一下？（道歉，倾听，了解客户投诉的原因）

客户：我两天前给你们客服中心打电话，说我家的电视坏了，让派个维修师傅过来看下。当时你们的客服代表也答应了给我派师傅过来，可是都两天了，我连一个人都没看到。

坐席代表：您是说我们的师傅还没有上门去给您修理电视是吗？有师傅跟您打电话联系过吗？

客户：是呀，就中间给我打了个电话，问我家什么时候有人。我跟他说了我家天天都有人,他说好,尽快过来。这都两天了,到现在也没来。

坐席代表:您稍等,我帮您查询一下。请问您是138×××××××××的机主,叶女士吗?

客户:是的。

坐席代表:我这边有帮您查询到我们的记录,我们的师傅确实有到过您的家里,可是敲门,您家里没人,打电话,也没有接听。

客户:来过吗,什么时候?

坐席代表:这边记录的是昨天下午4点。

客户:昨天呀,哦想起来了,昨天我去幼儿园接我女儿放学了。一般4点钟我都去幼儿园了,手机没带。我看到有未接来电,我以为是陌生人就没有回电话。那你们来之前应该给我打个电话呀,怎么就那么不凑巧。

坐席代表:很抱歉,这点确实是我们忽略了。您看我现在联系附近的师傅去您家里看下,方便吗?(认同客户的感受,再次向客户道歉,并提出合理建议)

客户:那太好了,你看下吧。我现在在家,下午就要出门了。

坐席代表:好的,那我安排人现在过去,我让师傅直接跟您联系,可以吗?

客户:好的,好的,谢谢啦,再见!

坐席代表:不客气,我们应该做的,再见!

情景2:电脑出现故障投诉

坐席代表:您好,欢迎致电联想客户服务中心,请问有什么可以帮您?

客户:你们的电脑还让不让人用了?

坐席代表:对不起,女士让您烦心了。您能告诉我具体情况吗?(提问,探知客户投诉原因)

客户:我在去年元旦买的电脑,今年4月份就出了故障。上次你们的人已经来修过一次了,可是没过几天,电脑又不行了。我不是整天没事干,陪你们修这该死的电脑。为这破电脑,我耽误了多少工作。就因为这台电脑,害我丢失了很多资料,这个损失谁来赔偿?

坐席代表:对不起,张女士,我查到了您的维修记录。真的很抱歉,给您添麻烦了。我也能够想象那些资料对您有多重要,我也非常愿意帮助您。我想,现在对您来说最重要的还是想马上解决问题,对吗?(试探客户心理)

客户:我就是想不明白,怎么就买了你们的电脑呢?

坐席代表：我知道您现在很生气，请您相信，我们的售后服务承诺是有保证的。（承诺愿意承担责任）

客户：你们的售后服务？对，你们是有8小时的服务承诺，你们也按时来修了。可是你们已经修过一次了，最后修好了吗？8小时服务承诺，你就是1小时的服务承诺对我来说又有什么意义呢？

坐席代表：您说的情况是事实，我也很抱歉，我们会尽力地解决这个问题的。（道歉）

客户：我还怎么相信你，再修又坏了怎么办？我还要不要工作了？

坐席代表：这次您尽管放心，我们马上派工程师为您检查这台电脑。您能告诉我，这次电脑出了什么故障吗？（了解客户需要解决的问题）

客户：我不要修了，我要退货，比你们便宜的电脑满大街都是，我再另买一台。

坐席代表：我理解您的想法，我们公司的电脑价格是略高一点。但我们的售后服务是最好的。您当初选择我们的电脑，也是考虑了我们公司的信誉、保修年限和售后服务吧。

客户：当时是这么想的，但结果让我烦死了。上次开不了机，这次开机后系统无法启动。

坐席代表：两次的故障是不一样的，对吧？很快会有工程师上门为您服务的。我们一定会给您一个满意的解决方法，请您相信我和我们公司。（向客户提出合理化建议）

客户：好吧，再相信你们一次。

坐席代表：谢谢张女士对我们工作的理解。那您看我安排工程师明天早上九点上门可以吗？

客户：好吧好吧。再出现这种情况我是一定会投诉你们的，就这样吧，我还有事。

坐席代表：谢谢张女士。那先不打扰您工作了，再见。

客户：再见。

1. 正确处理客户投诉及抱怨的法则

经常听到这样的一句话：客户就是上帝，客户永远是对的。客户投诉一方面反映其要求，另一方面也体现我们的服务存在某些欠缺。正确地认识投诉，正确地面对投诉客户，是作为坐席代表必备的素质和技能要求。

1）对待客户的投诉和抱怨一定要以礼相待，坐席代表常说一句话："先处理心情，再处理事情"，所以在面对客户投诉时要耐心倾听对方的意见，先积极面对客户的情绪，安抚到位，即使是那些爱挑剔的客户，也要婉转忍让，要让客户感觉到问题可以在这里得到解决的安全感。

2）为了正确判断客户的投诉，我们必须站在客户的立场看待对方的投诉，时常站在对方的角度想一想，许多问题和投诉就较容易解决。客户关心的是他们的钱、他们的产品、他们丧失的机会、事情恶化的结果，以及他们的损失，而不是坐席代表的处境、借口，或是对发生的事情做何感想。

3）客户的投诉并不总是正确的，但让客户感到正确是有必要的。遇到客户投诉的案件，应以谦恭礼貌的态度迅速处理。常说的"对不起"往往让人觉得敷衍，如果的确是企业、产品或是服务的原因给客户带来了不良感受，就真心诚意地对客户致歉。

4）一般的场合下，客户的投诉是不可避免的，因而坐席代表对此不必过于敏感，不应把客户的投诉认为是自己的过错，而应把它当作正常的工作问题去处理。

5）客户不仅会因为产品的质量及价格等问题而抱怨，有时还会因为某种服务不符合其需求而投诉，坐席代表不应总是在产品质量或价格上进行处理，还要更多地注意客户需求的服务是否得到满足。

6）在处理客户正确的抱怨、投诉时，坐席代表要尽早着手处理，千万不要拖延耽搁，在处理问题时，不仅要以打电话的方式进行沟通处理，有时甚至要深入现场，与客户进行面对面的接触，要时刻记住处理客户的投诉，重要的不只是形式，而是实际行动与实际效果的落实。

7）在没有证实客户投诉的话不正确之前，不要轻易下结论，同时不责备客户总比责备客户好。因为即使是客户错了，在他的主观上也认为他是正确的。

8）不要向客户承诺一些不能兑现的保证，也不要进行不切实际的许愿，以免在今后的工作中引起不必要的纠纷。

9）在处理客户投诉的过程中，千万要注意方法、方式，每当碰到客户发怒时，要保持清醒的头脑，不要与之争辩，和一个发怒的人讲道理是没有用的，要尽最大可能平息对方的怒气。

10）无论我们的工作做得多好，客户对我们的投诉或抱怨总是存在的，因此，我们要正确面对它，不要把埋怨的心情带到工作中去，同时还要善于总结。学会与各种各样的客户进行沟通，培养能独立处理问题、解决问题的能力。

总之，客户的抱怨和投诉是多种多样的，如何去正确处理客户的投诉及妥善处理相关事情是每一位坐席代表在工作中的职责所在。

2. 有效询问的技巧

在与客户沟通过程中，坐席代表要仔细询问客户提出的问题，这样不仅可以引导客户说出问题的重点,而且还能使客户感觉到坐席代表的确很关心自己提出的问题,更能够找出双方认同的观点,促使问题顺利解决。

在实际工作中,坐席代表可以使用如下询问技巧:

(1)针对性询问　有针对性地提出问题有利于坐席代表获得具体的信息,能够对客户所遇到的问题进行了解。针对性的提问往往是开放式的提问。例如:

1)您现在屏幕上显示的错误代码是什么呢?

2)您现在重启手机电源后是什么反应呢?

(2)选择性询问　选择性询问的目的是澄清和发现问题,问题的答案只能是肯定或是否定。例如:

1)您是用我们发到您邮箱的登录密码进行登录的吗?

2)您上传的图片是否大于1M呢?

(3)核实性询问　核实性询问的目的是用来核对客户的一些信息,以确定客户身份属实。核实性问题在提出时,容易造成投诉客户的心理逆反,感觉坐席代表在怀疑他的身份,所以在询问时要注意措辞,告知核实的原因是为了及时处理问题。例如:

1)为了更好地帮助您,请您提供一下当时的来电号码,可以吗?

2)为了保护您的信息安全,需要与您核对一下机主信息,您方便提供一下吗?

(4)征求意见性询问　征求意见性询问是与客户探讨解决问题的方法、征求客户的意见的询问。例如:

1)就您提出的问题,我再发一个登录密码到您的邮箱,您再登录试一下,可以吗?

2)我现在帮助您联系一下投递人员,尽快让工作人员与您重新安排递送,好吗?

(5)关怀性询问　关怀性询问也是客户服务中常用的表达方式,是每一次客户服务电话即将结束时的结束语。例如:

1)请问您还有其他需要帮助的吗?

2)请问您还有其他问题需要咨询吗?

情景模拟练习

将班级分成若干组,每组5~6人,其中客户1人,坐席代表1人,观察员3~4人,坐席代表和客户自行编写电话脚本模拟以下场景对话（可以多组同时进行）。具体的实施步骤如下：①坐席代表角色与客户角色阅读情景材料、编写电话脚本；②客户角色和坐席代表角色进行小组展示与表演，观察员角色认真记录并填写观察员评估表（表1-2）；③模拟结束由观察员带领进行小组讨论；④将表格文件提交至授课教师；⑤教师审核评定并制订改进计划（教师提出问题并引导学生关注投诉处理的流程，对灵活运用话术的关键点予以强化，并适时强调同理心的作用）；⑥形成最佳话术，推选最佳表演者上台表演。

案例背景

2020年3月18日，金先生在华唐易购买了一台空调，预约好3月20日11时前送货上门，但是直到14时洗衣机扔未送到。金先生十分不满，致电呼叫中心投诉。观察员评估表见表1-2。

【核心提示】

1）呼叫系统显示货已发出。

2）在路途中可能会因为堵车、用户地址不清、旺季发货多、车辆紧张等原因导致送货延迟（原因自选）。

表1-2 观察员评估表

坐席代表表现					
组别		姓名			
	过程表现项目	欠佳	一般	良好	优秀
	规范服务用语				
	有效倾听				
	向客户道歉				
	同理心				
	仔细询问				
	明晰的客户记录				
	迅速采取行动				
	礼貌地结束谈话				
	综合评价				

任务 3 客户投诉的心理与投诉处理方法

花花：师傅，刚刚有一位客户，打进电话的时候情绪非常激动，说我们这边有坐席代表答应要回她电话却没有回，要投诉那位坐席代表，我说我帮她查询一下，让坐席代表稍后给她回电，她又说不用了，叫我帮她查一下我们酒店还有没有大床房了，帮她订到大床房之后她又立马很开心，好像也忘了她刚打电话进来的时候说的投诉的事情，这客户还真是奇怪。

糖糖：是吗？这说明客户这次打电话过来的目的并不是投诉，而是要解决问题。因投诉内容不同，进行投诉的客户心理也存在差异，我们应对的技巧和方法也会有所不同。

花花：这样啊，投诉客户都有哪些心理状态，又有哪些客户投诉处理方法呢？

任务分析

客户投诉的处理既能体现工作人员的道德修养、业务水平、工作能力等综合素养，又能体现一个企业的管理水平。投诉处理得好，双方都能满意，企业弥补了失误，赢得了客户的谅解与支持，有利于拉近与客户之间的距离，改善与客户之间的关系，提高客户的满意度与忠诚度。虽然企业可能会额外多支出一些成本，但这些损失可以通过客户的再次光临或者好的口碑传播带来新的客户而抵消。

在客户投诉中，因投诉的问题不同，进行投诉的客户的心理需求也存在差异。能够正确把握客户投诉心理，坐席代表在处理投诉时才能树立自信，处理任何类型的投诉才会得心应手。

本任务要求坐席代表要能够正确分析客户投诉的心理，并能灵活运用投诉方法和技巧应对不同投诉心理的客户。

1. 保持良好心态

良好心态对工作效率的提升和良好工作氛围的营造起着极其重要的作用。良好的心态有助于建立积极的价值观、获得健康的人生和释放强大的影响力。坐席代表每天接听各类咨询电话,聆听各种不同的声音,处理不同的客户投诉,还经常遭到客户毫无缘由的质问与指责、抱怨和不理解,有时甚至出言不逊,直接语言攻击侮辱,很容易造成坐席代表心态发生变化,这就需要其不断调整心态并培养积极向上的心态。每一个与客户打交道的人需记住的几句话有:"虽然客户不完全对,但客户终究是客户""信任客户,理解客户""客户不是上帝,是需要帮助的人,而我们是提供帮助的人"。

2. 探寻客户投诉心理

客户投诉的心理主要分为期待解决问题、渴望得到尊重、希望得到补偿、发泄不满情绪四种类型。

(1) 期待解决问题 如果客户期待问题能尽快解决,这意味着客户心理尚没有达到信任危机的状态,只要相关部门密切配合,在客户可以容忍的时限内解决了问题,那么客户的满意度和忠诚度就不会受到影响。

坐席代表在处理期待解决问题型客户投诉时,如果能够尽快解决客户投诉的问题,客户便可以继续使用我们的产品。所以,把握住"客户期待问题尽快解决"的心理后,应该马上做出行动。

(2) 渴望得到尊重 自尊心的一个重要表现,就是听不进去别人说自己的缺点,说自己不行。越是在某方面有缺陷,就越怕别人说他的缺陷。往往别人一说到自己不行,就会暴跳如雷。客户总希望他的投诉是对的,是有道理的,他们最希望得到的是同情、尊重和重视,处理投诉的坐席代表及时向其表示歉意,承诺进一步追查,并感谢客户的建议和支持,是化解客户因为自尊心受损导致不满的有效途径。

坐席代表在处理渴望得到尊重型客户投诉时,如果能有效地维护客户的尊严,使其受到礼遇,挽回客户的面子和尊严,那么危机就会变成机遇,就是将可能流失的客户变成了忠实的客户。因此,用积极、乐观的心态看待客户所要的理想结果,解决投诉的过程就会顺畅得多。

(3) 希望得到补偿 由于各方面的原因,企业提供给客户的产品或服务没达到客户的预期,并给客户造成物质上或精神上的不同程度的伤害,许多客户会用投诉这一渠道来寻求相应补偿。

任何企业都不可能确保自身产品和服务不发生任何差错。对坐席代表的工作来说,一旦差错出现,就意味着服务失败。一般来说,客户希望得到适当补偿的心理越急切,而又无法得到补偿时,其投诉升级的可能性就越高。投诉升级后,客户满意度和忠诚度都会严重下降,而且导致客户离开的可能性也极大。因此,从一开始把为什么没有补偿、在何种情况下可以得到补偿、怎么补偿等问题向客户解释明白,远比处理投诉升级来得快捷、有效。

坐席代表在处理希望得到补偿型客户投诉时,如果是坐席代表授权范围内可以给予的补偿,就应立即给予实施,以安抚客户。如果是超出坐席代表授权范围的补偿或者需要进一步确认的问题,那么应对客户表示呼叫中心会尽快地为他解决问题,并会及时与他联系,也欢迎和感谢客户主动沟通。

（4）发泄不满情绪　客户在带着怒气和抱怨进行投诉时，有可能只是为了发泄不满情绪，让郁闷或不快的心情得到释放和缓解，来维持心理上的平衡。直接发泄不满意的投诉情况多于重复投诉。

坐席代表在处理发泄不满情绪型客户投诉时，首先要鼓励客户发泄，因为客户只有在发泄完，才会认真听坐席代表说话。在客户发泄的过程中，坐席代表需要细心聆听，发现对解决问题有效的信息。也许此时客户表达得更多的是自己的感受和观点，但同样对解决问题有一定的参考价值。另外，坐席代表还需要控制自己的脾气。客户此时的发泄，并不是针对谁，只是想一吐心中的不快，所以，坐席代表千万不要一时控制不住自己，心里产生同客户的对抗情绪。

3. 采用正确的方法处理客户投诉

每一位呼叫中心坐席代表都有自己独特的处理抱怨的方法，不同的方法适用于不同的客户、产品和场合。坐席代表只有了解、掌握并灵活运用多种消除抱怨的方法，才能在处理客户投诉过程中得心应手。一般来说，处理客户投诉的方法主要有以下几种，如图1-2所示。

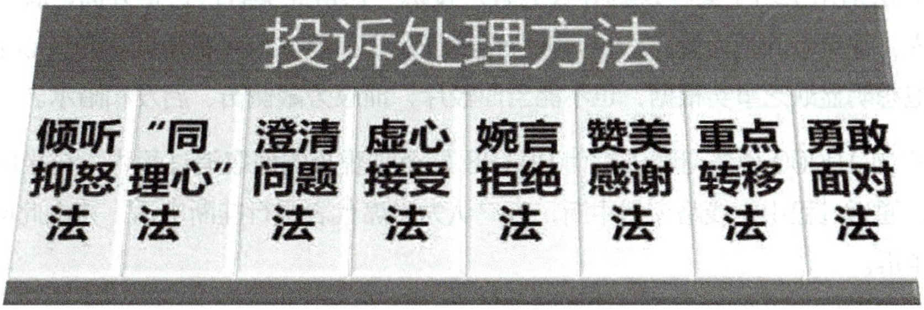

投诉处理方法

| 倾听抑怒法 | "同理心"法 | 澄清问题法 | 虚心接受法 | 婉言拒绝法 | 赞美感谢法 | 重点转移法 | 勇敢面对法 |

图1-2　投诉处理方法

（1）倾听抑怒法　通常，投诉的客户情绪大都非常激动，会带着怒气并语气极不友好地打来电话质问或抱怨。这时坐席代表应首先耐心、安静地倾听客户的投诉，哪怕客户的态度及语言十分的恶劣，也要等待客户倾诉完怨气，然后引导其讲出事情的整个过程，同时还要在倾听的过程中适时表示理解和赞同，以抑制和平息客户的怒气，最后找出客户投诉的根本原因并对症下药，解决问题。

这种方法的关键是：一听，二点头，三处理。一听，即认真耐心地倾听客户的投诉；二点头，即表示对客户投诉的充分理解；三处理，即尽快找出解决的办法，或给客户明确有效的承诺，最终使客户满意。

这种方法适用于所有的客户投诉，特别是对于那些打进电话只是表达情绪上的不满而没有实质问题需要解决的客户。积极配合并耐心倾听客户的投诉是非常重要的，这也是坐席代表解决客户投诉的第一步。

（2）"同理心"法　所谓的"同理心"就是通常所说的换位思考。"同理心"不仅限于感受对方的痛苦，还要运用"同理心"理解对方的想法，如果能真正站在对方的立场想问题，事情就会容易解决很多。作为一名坐席代表，应该以客户为中心，多为客户着想。恰当地运用"同理心"，不仅可以使客户感觉得到了尊重和重视，而且可以在解决问题中得到客户的谅解和支持。

这种方法适用于某种原因造成问题迟迟得不到解决而导致的客户投诉，通常此类客户明白事理，只求尽快解决问题即可。

（3）澄清问题法　如果坐席代表在倾听客户投诉时发现是由于某些误解所致，在客户陈述事情之后让客户明白问题所在，一旦客户认可矛盾是由于误解造成的，问题也就迎刃而解了。采用这种方法的关键，一是切记不要着急辩解问题责任不在自己一方，否则就会弄巧成拙，不但解决不了问题，还会使矛盾加深；二是要求坐席代表有丰富的经验，在与客户的沟通中及时判断问题是否由于双方误解而造成，特别当发现是由客户单方面原因造成的误解时，要适时、巧妙地告知客户，不能生硬地驳斥，而应旁敲侧击，做到既不让客户尴尬，又让客户逐渐明白自己投诉的问题不符合实际情况。

这种方法适用于由于某种误解导致的客户投诉，通常此类客户性格外向、脾气急躁，时常打断别人，很难听人把话说完，具有很强的独断意识。坐席代表在用此法时应心平气和，即使客户的抱怨明显缺乏事实根据，也不能当面驳斥，而应旁敲侧击、启发和暗示。

某客户向10000号咨询聊天短信96188是否收费及如何取消过程中，与坐席代表发生激烈争执，通话过程中，线路突然中断，客户认为坐席代表强行挂断电话，并由此向上级主管部门提出申诉。

坐席代表：您好，请问您是王先生吗？

客户：是的。

坐席代表：我是10000号服务督导，负责公司服务投诉管理。您昨天向省管局投诉了我台1037号服务态度不好，是吗？

（坐席代表主动向客户介绍自己的身份，介绍自己工作的重要性，从而获得客户信任和重视。一般来讲，客户对职位较高的服务人员更加信任。）

客户：是的。

坐席代表：对于您的投诉，我们领导非常重视，指示我们一定要认真调查，并严肃处理。今天我给您打电话的主要目的：一是了解一下当时的情况，我们不会单方面地听我们坐席代表的一面之词；二是希望能妥善解决您的问题。

（坐席代表介绍自己的来意，向客户表达电信公司解决客户问题的诚意。使客户感到被理解和尊重，给客户优越感，巧妙运用善意谎言，也使客户感觉坐席代表的处理一定是公平的，由此消除客户心中的怨气。）

客户：当时，我只是想咨询一下……

坐席代表：从您的谈话中，我觉得您是一个有稳定收入的人，其实您并不是在乎钱的问题……

（坐席代表用赞美来平息客户的怒气。）

坐席代表：对您的情况，我在我公司的系统中查了一下，您是在10月18号22：10分向我台咨询96188聊天短信收费的问题，当时我台1037号坐席代表受理了您，她与您的通话时长25分钟。1037号坐席代表是我台新招人员，因为当时她对您咨询的业务并不熟悉，所以想闭台，问一下值班长，结果因操作失误，造成了与您的通信中断。她并不是有意挂您的电话……

（坐席代表事前作了充分的调查准备工作，并将调查情况向客户作了认真解释。适时巧妙地运用澄清问题法将客户误解澄清。特别是在解释过程中，注明了当时投诉的准确时间、时长等数字，使客户感受我们的调查是细致、准确、可信的。）

坐席代表：对于1037号坐席代表的工作失误，给您带来不愉快，我代表电信公司向您道歉。对于1037号坐席代表，我们一定会根据公司有关规定严格考核，同时，我们将加大新员工培训力度，尽量避免在工作中出现类似错误。

客户：沉默片刻。

（适时沉默，倾听客户声音。）

坐席代表：我们这样处理您满意吗？

客户：满意。

坐席代表：您以后有什么问题需要解决，可以直接与我联系，我的电话是……，感谢您使用10000号服务热线。

（4）虚心接受法　任何人都不可能永远是正确的，有错误是很正常的，问题是发现了错误如何正确对待。如果企业的产品或服务的确存在问题或缺陷，不能令客户满意，就应该承认错误，争取客户的谅解，并尽快制订解决方案加以改进，决不能推卸责任或寻找借口，更不能找一些堂而皇之的理由来搪塞客户。因为任何推诿都会使矛盾激化、事态升级，所以虚心承认错误是首要的。其次要找出解决问题的方法，对给客户带来的损失要量化并承诺补偿金额和期限，不可拖延时间。在第一时间解决问题对企业和客户双方都有利，企业负担成本低，客户损失小，还可以让客户看到企业解决问题的诚意。而一旦时间延误，错过解决问题的最佳时机，就有可能引起不必要的麻烦，从而使企业陷入被动、尴尬的境地。

这种方法适用于由于企业内部自身原因造成的客户投诉，通常此类客户具有较高的专业知识和法律意识，所提问题有理有据，自我保护意识很强。

（5）婉言拒绝法　婉言拒绝是指用很婉转的话语拒绝对方的请求、意见，又不使对方感到难堪和不快。任何规章制度的制定和实施都是从大多数人的利益出发的，不可能涵盖所有人的意愿。对别人不切实际的想法或要求，要给予足够的理解和明确的否定，因为他们的想法或要求有很大的局限性和不可操作性，或者根本就是错误的、无理的，所以要明确表示回绝。但切记态度要诚恳，语气要委婉，在表示赞同的同时给予否定，经常用"是的，是的……但是……""您说得很有道理，可是……""也许以后……但目前……""除非……"的句型。

这种方法适用于由于客户自身的要求和想法错误或偏执造成的投诉，通常此类客户主观意识强、自负且自以为是。

例如，坐席代表："是的，我认为您说得很对，通过本机来电才能设置查询密码，这真是很不方便……（肯定客户的抱怨）只是，系统只能通过本机识别查询密码的设置，您知道，这也是对您负责的表现，要不这样，这次我先帮您人工查询话费，请回家后再设置查询密码好吗？（否定客户原本的要求）"

（6）赞美感谢法 任何产品和服务都是为最大限度地满足客户的需求设计的，因此客户的正确要求和合理建议是不断完善产品或服务的有效捷径，产品或服务的设计者受时间、地域、经验、专业知识等限制，在设计产品时不可能十全十美，存在缺陷和不足是很正常的。随着知识的不断更新和社会的进步，对产品和服务的及时改进和完善就显得十分迫切和必要，尤其当客户提出的意见和建议中肯而合理时，应立即接受并给予肯定，还要真诚地感谢客户的提议。同时，在职权范围内尽可能承诺实施改进的期限，让客户明确感到我们的诚意，消除客户的疑虑和怨气，对因产品或服务给客户带来的不便或不良影响表示诚挚的歉意，取得客户的谅解。

这种方法适用于因为产品或服务存在不足导致客户提出新的合理化要求或建议的投诉，此类客户往往文化知识水平较高，了解行业发展的最新状况，所提建议有很强的可操作性，很关注所提方案是否可行以及是否被认可，所以这种客户常以同行业人士居多。

（7）重点转移法 所谓重点转移法，是指当客户提出的投诉明显是无事生非或者比较荒谬时，坐席代表可以不直接应对客户的问题，而将话题有意转向其他方面，采取避重就轻的方法。这里的"重"是指客户提出的无理的投诉，"轻"是指有意转移的话题。有时客户的投诉是一时兴起、无端生事引起的，这时最好不要直接面对，不直接与客户产生冲突，而是迅速找出适当的话题转移客户的注意力，让客户感到坐席代表和自己没有根本分歧，这样不会使矛盾加剧。使用这种方法需相当谨慎，否则会使矛盾更加激化，加大解决问题的难度。因此采用此法应该注意以下几点：要准确判断客户投诉属于无理、荒谬或无事生非等情况时才可以使用此方法；情况判断无误后准许采取不予理睬的态度，但在与客户的沟通中不能让客户有丝毫感觉，若客户感到自己被冷落、敷衍，后果则将不堪设想；当确认客户的无理投诉在通话过程中已经不存在时，可自然、巧妙地转移到另一话题，使客户在舒服、顺畅的环境中结束通话。

需要强调的是，如果坐席代表已经采取重点转移的方法解决过客户的投诉，但客户仍就同一问题再次提出投诉，这表明客户并不认为自己的投诉无理或荒谬，这时坐席代表应给予足够的重视，采取积极的态度，使用恰当、有效的方法妥善处理问题，使客户满意。

这种方法适用于由于客户自身心情不好、情绪低落引发的投诉。一般此类客户自制力差，受外界影响大，情绪易波动，空闲时间相对较多。

（8）勇敢面对法　来电投诉的客户绝大多数是善意的、友好的，但不排除有些客户粗鲁无理、谩骂蛮横，甚至出言不逊、恶语伤人。对后一种客户，坐席代表应勇敢面对，有理有节地制止客户过分的语言或者行为，不要与客户计较，更不能因此影响自己的情绪，要保持良好的心态。必要时可运用专业的技巧打断客户的话，从而控制局面。这种方法适用于完全由客户单方面恶意、无聊等因素造成的投诉。

4. 积极面对暴躁客户

只要企业打开服务之门，投诉就无法回避。只要坐席代表戴起耳麦，遇到口吐莲花的人也是常有的事。对于坐席代表来说：投诉无大小，都需要认真对待。客户无高低，都需要全心"服务"。积极面对暴躁客户，可遵循如下阶段。

第一个阶段： 这个阶段服务的目标是要把客户从攻击模式往情感模式拉。

步骤1："没有关系，您痛痛快快地说出来，我会尽力协助您来处理的，请告诉我发生了什么事情？"让对方一吐为快，这可以让客户从盲目的攻击，进入宣泄情绪和感受情绪中来，客户讲得越多，骂得越凶，释放得越充分，坐席代表获取的信息也就越多。最担心的是，客户什么都不讲，一味施加压力，反倒更难办了。

步骤2："为了确保我准确理解了您的意思，好让我们接下来的沟通更顺利，我总结一下您刚才的意思是……"然后把对方说的话准确地复述出来，声音要镇静，不带一丝生气或者讽刺，然后加上一句："我说的对吗？"

步骤3：等待客户一个"是""是的""你说的对"的认同出现。如果他（她）反复纠正你，暂时就顺着他（她）的话重新说一遍，剔除负面情绪字眼和事情定性结论部分，只做事实部分重复。

步骤4：现在可以共情了。"这件事情让您生气\失望\焦虑\窝火\愤怒，或者是……"选一个能恰当描述他（她）的情绪的词，最好是中性的词汇，不能是太极端的负面词汇。再等待他的一个认同，这样就创造了连续两次的认同。这时候客户心中的敌意会慢慢消减。

第二阶段： 这个阶段服务的目标是要把客户从情感模式往理智模式拉。

第一阶段做得好，第二阶段就会顺利很多；第一阶段铺垫不到位，到了第二阶段可能还会往第一阶段反复纠缠几个回合。

步骤1："对您来讲解决这个问题或改善目前的状况是非常的重要，原因是……"坐席代表需要准确地描述问题的原因，客户可能会再次重复强调他的感受和不满。此刻不要慌张，认可客户的情绪后，"马上"进入下一个步骤，强调"马上"这个词儿，这显示出你明白他的需求有多么的迫切。让彼此开始进入事情讨论中来。

步骤2：指出方向。如果客户的情况不严重，直接解释说明一下，提出解决问题的方案。如果客户的情况很严重，认真提出接下来可能采取的措施，努力的方向，以试探客户的反应，探寻他的诉求期望值底线。"或者我们也可以这样……不知道您有什么想法，我们也可以探讨一下。"

步骤3：给予提醒，以防损失扩大。"我们可以两边努力，我这边接下来会去……同时我也温馨给您一个小小的提醒，您这边也可以……以防止……"当客户出现不理智行为的时候，作为坐席代表一定要保持头脑的清醒，不能被客户的情绪所感染，这样事情就更难办了。

1. 投诉处理禁忌

除了投诉处理的技巧，在处理投诉的时候也要特别注意有些问题是要避免的，具体归纳为以下几点：

1）坐席代表缺乏专业知识。

2）在服务过程中怠慢客户。

3）缺乏耐心，急于打发客户。

4）允诺客户自己做不到的事。

5）急于为自己开脱，将责任推到企业或产品身上。

6）本可以一次解决的问题，反而造成客户的升级投诉。

另外，在处理投诉时还要切忌一些语言，如："这不是我做的，不是我的错，这不归我管。""我们的规定业务是……这不是我处理的，我不知道。""我们只是一个受理部门，处理是由相关部门来处理，我们只能为您反映……"

解决客户投诉是坐席代表的主要职责，当接到客户的投诉时应及时给予解决，一般的投诉可依据企业的规章制度及各种具体实施办法予以完善解决，从而达到令客户满意的目的。除了一般的投诉，在实际工作中还常常会遇到这样或那样的非常规客户投诉。要想成为一名优秀的坐席代表，只有了解、掌握客户投诉的受理方法和技巧，才有可能应对和解决各种客户投诉。

2. 针对不同类型客户的处理技巧

（1）理智型、专业型客户 客户表现：有一定的背景，理智，熟悉移动业务，通常会自己披露身份；高傲，难沟通，希望引起重视，得到认可；很会引导，通过各种方式达成自己的目的。

应对方法——关键词：赞美、专业、坦诚、能做什么。

第一步：赞美他，让其感觉到受到重视。尽量迅速高效地解决问题，征询对方的意见："您觉得怎么处理会好一些呢？"

第二步：坦诚业务对于客户的优缺点，展示您的专业性，但同时不能让其有受挫感。

第三步：暗示对方提出的要求比较难以满足。

最后：如果对方还是坚持，应礼貌重复能做什么而非不能做什么。

（2）愤怒型客户　客户表现：脾气比较暴躁、易发怒，打电话一上来就破口大骂，喋喋不休地抱怨、指责，以此释放和缓解郁闷或不快心情，维持心理上的平衡。

应对方法——关键词：深呼吸、耐心友好、适当复述。

第一步：调整自己的情绪，使用自我催眠法。

第二步：尽可能营造愉悦氛围，引导客户情绪，但需要注意客户个性特征并把握好尺度。

第三步：保持专业友好形象，表明解决问题的决心，不随便打断客户说话，耐心倾听。

第四步：做好记录，适当地复述客户情感及事实。

（3）骚扰型客户（极少数）　客户表现：客户预期与从企业得到的结果相差过大，以及客户在宣泄情绪过程中受阻或受到新的伤害时，演变成报复心理。如致电时问遍所有的问题，故意刁难，长时间不挂线。

应对方法——关键词：抓住主动权、赞美、适当提醒。

第一步：把握电话的控制权，使之想挂电话。

第二步：赞美，感谢客户对我企业业务的关注。

第三步：在适当的时候提醒客户理性看待问题。

第四步：为客户提供其他的查询途径，以暗示客户结束电话。

第五步：通话中不存在服务质量时，且客户问题已多次详细解释的情况下，执行流程做好登记报备。

（4）居高临下型客户　客户表现：要求领导来应答；展示自己与领导的特殊关系；对坐席代表进行人格侮辱，轻视坐席代表；不信任坐席代表提出的解决方案；表明自己的特殊身份。

应对方法——关键词：主动查询、迅速告知、给客户台阶下。

第一步：主动查询来话、工单记录。

第二步：不要让客户复述问题。

第三步：迅速主动告知客户所反映问题的处理情况。

第四步：如客户有不当之处，也要让客户有台阶下，满足客户的自尊心。

（5）敏感型客户　客户表现：客户关注业务、关注社会热点、关注自身的权益（个人信息安全等），存在较大的投诉风险。

应对方法——关键词：关注热点、灵活运用话术。

第一步：自身要关注社会热点、社会舆论对企业的导向等。

第二步：要及时掌握及灵活运用企业最新的应对政策及口径。

（6）啰唆抱怨型客户　客户表现：不断重复问题，反复表达个人的意愿，长时间不挂线。

应对方法——关键词：复述问题、集中解答。

第一步：耐心倾听，并复述问题。

第二步：集中逐一解答，如"请问您的问题是……好的，那我现在对这个问题为您进行解答，请您先听听。第一……第二……"

第三步：多次解答后，客户依然纠缠，结束语建议改为"除了这个问题以外，您有没有其他补充？"

第四步：通话中不存在服务质量时，且客户问题已多次详细解释的情况下，执行流程做好登记报备。

3. 处理投诉时应有的态度及常用语句

1）耐心聆听，令客户觉得你是关心其投诉的问题；并作出相应的反映，或以不同的语句重复其主要论点。常用语句：

好的，我明白了；

我明白您的意思；

先生/女士，我很明白您现在的心情。

明白了，您的问题我刚刚详细记录下来了。

2）投诉可能有理，也可能无理，但对方正表露不快时，你先应向对方致歉以平息其怒气，方便事件的处理。常用语句：

对不起；

先生/女士，非常抱歉，还请您原谅；

先生／女士，我听到这件事也觉得非常抱歉，是我们做错了，让您的购买体验出现了瑕疵，对不起。

3）假如错在企业，必须向对方道歉并保证立即采取补救行动。常用语句：先生／女士，发生这件事，我觉得十分抱歉，但我会马上尽力补救，尽力帮您解决这个问题。

4）当有需要时，向客户保证不会发生同样错误。常用语句：希望您能相信我，以后绝不会有类似的事发生，我保证不会有同样事情发生。（此时可以告知顾客你的工号，或是姓名，让顾客增强信心）

5）令客户知道你有心帮助他／她，提出各种可能解决问题的办法。常用语句：先生／女士，这其实是最好的解决方法，不过如您认为不方便的话，我建议……您看我们可不可以这样安排……

6）当你必须拒绝对方要求时，应婉转地作出表示，有礼貌地解释其中理由。常用语句：

先生／女士，真对不起，这件事只可以在……情况下才可以。

先生／女士，真不好意思，请恕我们无法办到，因为……

先生／女士，真不好意思，这件事只怕暂时帮不了您，因为……

先生／女士，多谢您还能打电话来再找我们，我很乐意向您解释这件事。

先生／女士，这件事请恕我无法帮忙，希望下次可以办得到。

先生／女士，您的问题我详细记录了，我会及时反映给相关部门，希望在您下次购买的时候能处理您遇到的同类问题。

7）与顾客沟通完毕之前要有礼貌地表示感谢或歉意。常用语句：

先生／女士，谢谢您打电话来。

先生／女士，谢谢您通知我们。

8）若需比你级别高的人员来处理投诉，须让对方知道会找适当人选处理有关问题。常用语句：先生／女士，这件事请恕我无法帮助您，不过我可以请我的上司跟您谈谈，好吗？

4. 升级投诉处理技巧

在处理升级投诉时，可以用到以下技巧：

1）处理升级投诉之前一定要对用户投诉的问题进行全面的了解，做到心中有数。

2）假设可能出现的几种情景，并提前准备好应对措施。

3）在了解客户投诉意图的基础上，提出并准备多种处理预案供客户选择。

4）把握最终处理的原则，超出原则，则不予接受。

5. 难缠客户投诉处理技巧

坐席代表在面对一些难缠的客户时，有时会束手无策，当致歉和承诺都不能平复客户的情绪时，究竟怎样才能顺利化解难缠的投诉呢？坐席代表在应对难缠客户时应做好以下心理准备：我是问题的解决者，我要控制住局面；我要用良好的情绪影响她，并获知事情的来龙去脉；客户的抱怨不是针对我，而是针对企业的产品或服务；客户的情绪很激动，但我不能受他影响。

在处理难缠客户时，可以用到以下技巧：

1）用微笑化解冰霜，转移目标，角色转换或替代，不留余地。

2）缓兵之计，博取同情，真心真意拉近距离。

3）转移场所，主动回访。

4）适当让步，给客户优越感。

5）小小手脚，善意谎言。

6）勇于认错，以权威制胜。

6. 处理投诉客户的情绪压力

一位优秀的坐席代表首先要具备一个良好的心态，遇事不慌，冷静思考，无论客户和蔼还是严厉，温柔还是暴躁，都需学会处理客户的情绪压力，在服务过程中，慢慢地让自己的内心变得越来越成熟，总结问题，锤炼心智。

1. 分析以下场景中的客户投诉心理，并运用合适的客户投诉处理技巧和方法完成对话

情景1：网络订餐配送要求

坐席代表：您好，大唐客户服务中心，很高兴为您服务。

客户：我要投诉，你们凭什么不给我送餐？

坐席代表：您好，女士，很抱歉给您添麻烦了，可以告诉我发生了什么事吗？

客户：是这样的，我今天加班没时间去吃饭，就在你们网站上订了一份餐。但是当我提交订单的时候，你们网站上却说我的地址超出了你们的送餐范围，所以订单又给退回来了。

坐席代表：非常抱歉，因为我们的网点目前来说还不是特别密集，人员配送有限，所以我们网站都有配送范围。如果配送范围超出的话，我们就没有能力安排配送，这点请您谅解。

客户：我查了一下你们的配送范围，跟我住的地方不过就500米还不到，怎么就不能安

排配送了，能花你们多长时间呀？

（客户投诉心理：客户希望自己被认同，尊重，主要还是想要成功订餐。）

参考话术如下：

坐席代表：如果是这样的话，请稍等，我帮您查询一下。请问您是郭女士，您家的地址是东城区玫瑰家园小区3号楼502室吗？

客户：是的，这是我在你们网站上订餐时留的地址。

坐席代表：感谢郭女士对我们网站的支持，我这边有帮您留意到确实跟我们的配送范围只有400米左右。您看这样可以吗？我现在安排人员帮您送餐，我也会将您的问题反映给我们公司领导，下次再出现您这种情况都统一安排配送。

客户：你这样说还差不多，做生意要懂得变通。

坐席代表：是，您的建议我会尽快向公司反映，也谢谢您的理解与支持，您看您再提交一下订单，我现在帮您安排配送可以吗？

客户：好吧，那我现在重新订餐，谢谢你。

坐席代表：感谢您的来电，祝您用餐愉快，再见！

客户：好的，再见。

情景2：租赁费用纠纷

坐席代表：您好，302号很高兴为您服务，请问有什么可以帮您？

客户：我要投诉，之前通过你们出租了一套房子，人是你们给我找的，合同签了一年的，现在住了半年了，水电费和电话费就没交过，我问他们时总是找借口，你们怎么这样啊？我现在该怎么办？

坐席代表：女士，您好，请您先不要着急，您的意思是指承租人一直不缴纳水费、电费、电话费等费用，对吗？

客户：对呀。我都不想租给他们了，水电费和电话费总不能要我出啊，对吧？

坐席代表：是的，在这种情况下，出租人可以用承租人的押金抵扣。

客户：哦，有用吗？如果押金抵扣完了该如何办？或者押金都不够扣呢？

（客户投诉心理：客户希望客服代表给出建议，解决问题。）

参考话术如下：

坐席代表：建议您在合同中应当约定补足押金的方案，即每次出租人用押金抵扣相关费用后，承租人应当在合理期限内补足押金，如果经出租人通知后一定时间内未补足的话，则出租人可以单方解约，并追究承租人相应的违约责任。

客户：哦，我们签订的合同有这条吗？当时的合同是你们给的。

坐席代表：女士，我们的合同范本里对此是有约束的，您可以先查看，再与承租人协商。

客户：那好吧，谢谢啊！

坐席代表：不客气，请问还有什么可以帮您的吗？

客户：没有了。

坐席代表：好的，感谢您致电，再见！

客户：再见。

情景3：维修人员未按时上门维修

坐席代表：您好，仇女士，很高兴为您服务。

客户：我说你们怎么回事啊？放我鸽子呢？不是说好今天给我来修电脑的吗？人呢？

坐席代表：很抱歉，仇女士，请您稍等，我查询一下您的服务记录，（5秒后）您是电脑蓝屏了，约定好今天我们的工作人员会为您上门服务的，对吧？

客户：对啊，我连今天的事都给推掉了，在家里等着，这都几点了，我一天的损失你给我赔偿吗？太过分了。有你们这么做服务的吗？

（客户投诉心理：客户希望自己被尊重，明明定好的事情被爽约，发泄一下自己的情绪。）

参考话术如下：

坐席代表：仇女士，很抱歉，请您不要生气。我们的工程师一天的行程都是安排好的，让您等的时间久了一点，可能是因为在某位客户家里，维修机器花费了比较长的时间，请您谅解。

客户：那你们到底还来不来啊？

坐席代表：非常抱歉，仇女士，我先与我们的上门维修的工程师联络一下，看一下他那边的实际情况，20分钟内我再和您联系，您看可以吗？

客户：好，那我等你电话吧！

坐席代表：好的，仇女士，感谢您的理解和对我们工作的配合，祝您生活愉快！再见！

客户：再见。

情景4：客服人员态度不好遭投诉

坐席代表：您好，欢迎致电大唐售后服务中心，0032号很高兴为您服务。

客户：我让你们气死了，你们这客服中心都有些什么人啊，居然骂我傻。今天你们必须给我个说法，你们都找的什么人接电话呀！

坐席代表：很抱歉，先生，您的意思是指我们的坐席代表服务态度不好，对吗？

客户：是呀。我买了个你们的手机。但是有几项功能我还不是太明白。可能就多问了两句，你们那坐席代表就这态度？太过分了，我这口气出不了我肯定不会罢休。

（客户投诉心理：客户被客服代表骂，心里非常不舒服，希望能讨个说法。）

参考话术：

坐席代表：真的很抱歉，先生，我理解您的心情，这个确实是我们工作人员的不对，稍后我一定通知相关领导对此员工进行处罚，你看可以吗？

客户：不行。你们内部怎么处罚，我怎么知道。我要求你们让她给我道歉，必须得给我个说法，真是气死我了。

坐席代表：很抱歉，先生，您看这样好吗？我先记录您的问题，请示相关领导后我尽快回复您，务必给您一个满意的答复。

客户：你们赶快去处理吧，我等你们的消息。

坐席代表：好的，我会尽快回复您的。

客户：希望如此，再见。

坐席代表：感谢您的来电，再见！

客户：再见。

情景5：客服未按约定回电话

坐席代表：郑女士，您好，欢迎致电供电客户服务中心，请问有什么可以帮您？

客户：你们怎么回事，说话怎么不算数呢，做不到就别答应我，拿我们用户开玩笑呢？

坐席代表：郑女士，很抱歉让您感到不愉快了，请问您能告诉我发生什么事情了吗，让我来帮助您好吗？

客户：我就想问问插卡电表怎么看，你们那一小姑娘是不是新来的，说不清楚，说去问问别人再给我回电话。这都等了快一天了怎么也没给我电话呢，怎么回事呀？还想不想干了？

（客户投诉心理：客户很生气，因为坐席代表答应要回电话却没有回，客户可能只是想抱怨一下。）

参考话术：

坐席代表：郑女士，给您带来不愉快了，很抱歉，可能是我们的坐席代表还未来得及给您回电。请您谅解，就让我来跟您解释一下好吗？

客户：看你这么尽职我就不再说什么了，你给我讲讲吧，我不会。

坐席代表：插卡电表的显示为多重数据循环显示，但剩余电表的数据表示小数点后只有一位，如果您需要查询剩余电量，只要多等一会儿就可以看到了。另外，提示您一下，如果您一不留神电用光了，但卡还没有充值，也可以拿空卡插进电表"预支"10度电。

客户：哦，你这样说我就会了。这么简单的问题，至于花这么长时间去问人吗，真是的。

坐席代表：再次向您表示道歉，郑女士。请问您是否还需要其他的帮助呢？

客户：不用了，谢谢。

坐席代表：不客气，感谢您的来电，郑女士再见。

客户：再见。

2. 案例分析题

坐席代表：您好，中国电信1215号为您服务，请问有什么可以帮您？

客户：我是××大学的一名老师，今年7月份办理了900元的宽带包年业务，这个月你们公司在我校推出宽带优惠活动，年使用费只有700元，我希望你们把我的宽带使用费改成700元。

坐席代表：您已经签订了协议，没办法。

客户：你听没听清楚呀！我是你们中国电信的老用户，我为你们电信的发展做了重大贡献，你们应当给我更多的优惠。可我的邻居，以前没有用你们的宽带，对你们的贡献没有我多，但他的宽带年使用费却是700元。这样太不合理了。

坐席代表：听清楚了，您的情况我们已经很清楚，我们只是一个受理部门，处理是有相关部门来处理，我会帮您反映。

客户：你不用讲了，我找你们领导去。

试分析该客服代表在处理客户投诉时犯了什么样的禁忌。

3. 拓展阅读：通信行业"投诉专业户"是怎样炼成的

每家通信运营商都必须面临一个共同的问题——客户投诉。客观地说，任何的通信服务，乃至任何服务都不可能做到十全十美、无可挑剔的境界，只要面向客户提供产品和服务，就有可能在产品使用或者服务体验过程的任何一个环节上产生客户投诉。营销学的相关知识告诉我们，当客户所获得的价值交付低于客户心目中的期望值时，就会产生不满意，而不满意就是投诉产生的最主要原因。在通信运营商的实际运营工作当中，毫不为过地说，是客户投诉伴随着三大通信运营商的成长；但是令通信运营商感到头痛的是，总有一些"难缠"的客户、具有"专业水准"的投诉客户，这些投诉客户往往能够抓住产品或服务上的某些"不足"或"漏洞"，通过升级投诉甚至诉诸法律手段，给通信运营商带来经济上或名誉上的损失，少部分该类型的投诉客户甚至会向通信运营商索要不合理的经济赔偿。曾在业界炒得沸沸扬扬的"北京电信胜诉后支付 300 元补偿金"的案例便是其中之一。

这样类型的客户俗称为"投诉专业户"，之所以称之为"专业"，其含义有二：一是该类客户往往对政府和主管单位在通信行业和市场经营的各类政策法规较为熟稔，能够迅速而准确地找出通信运营商的"不足"或"漏洞"，加以举证并能够援引相关政策法规证明通信运营商存在过失，这是投诉手法上的"专业"；二是该类客户将监督通信运营商的业务和服务作为自身的一项"专业"工作，有少部分投诉专业户的目的是谋求利益，甚至将通信运营商或相关从业者作为经济收入来源之一，这是操作上的"专业"。

投诉专业户的存在是运营工作中不可避免的，通信运营商不应该对之抱有敌视态度，而是更多地要从自身角度去寻找其产生的原因。

（1）流程不畅、存在漏洞　在通信运营商的营销和服务过程中，往往一个营销方案、一次服务活动都要牵涉多个不同的线条和部门；对于通信运营商的服务对象而言，客户往往难以了解到通信运营商的内部运作情况，客户所能够沟通和理解的只是他们能够接触的界面。因此，在制订营销服务方案或活动之前，必须进行严格的流程测试和漏洞测试，以确保信息和资源的传递必须流畅、准确、到位，同时确保各线条所有的部门和相关岗位人员都必须有统一的理解和执行。在实际运营中，许多客户投诉就是因为信息传递不及时出现"政令不一"的现象，进而导致客户投诉。例如，客服热线和营业前台的信息不对称，客户在客服热线咨询到的情况和营业前台提供的信息不同，容易造成客户理解认知上的混淆和不确定。又或者由于资源传递不到位、营销服务政策执行不彻底，导致营销服务活动的传播工作已经启动，而实际营销、服务资源无法提供给客户，形成"欺诈客户"的现象。

（2）专业不足、培训不力　通信运营商的市场运作必须遵循国家和上级主管单位所制定的各项政策法规，除了一般的市场经营法规之外，还应充分考虑通信市场特殊的规定和要求，这就要求通信运营商的市场策划人员必须熟知各项相关政策法规，避免出现"低级错误"或"误踩雷区"。例如，通信主管单位明确要求通信运营商及其辖下的业务代理商在业务宣传材料中不得明确使用不同运营商、不同产品之间的直接比对，以此来抬高自身的竞争力或打压对手的营销服务活动，某些通信运营商为了加强营销活动成效而直接将此类信息散布给客户，甚至夸大自身的优势，在出现客户投诉的同时，还招致竞争对手的抗议甚至申告。

除了政策法规方面的完善，通信运营商的一线人员的营销服务水平不足、培训不力往往也是招致客户升级投诉的重要原因。在一般情况下，客户上门投诉往往是因为他们对通信运营商还抱有一定的期望值，期望借助投诉能够明晰原因、解决问题、消弭情绪上的不良感受，进而止住或挽回损失。但是部分通信运营商的一线人员存在投诉处理技巧不足的现象，或者由于语言表述不够合理精确到位，或者只针对客户投诉问题而忽略了对客户感情的关注，或者干脆对客户的投诉采取推诿、拖延、不理睬，甚至对抗的行为，使得本来可以轻松简单解决的问题变成升级投诉，变成客户和通信运营商都"双输"的结果。

（3）过分迁就、息事宁人　近年来，通信运营商在服务质量和服务考评的提升方面投入力度很大。一方面是出于对竞争能力提升的考虑，在市场竞争当中，谁都无法忽视口碑效应的作用，价格固然是客户考虑的重要因素，但客户对服务水准的要求也在日益提高，服务品牌的建设和应用在影响客户对通信运营商的选择时已经成为竞争利器；另一方面，媒体和业界对通信行业的关注程度和监管力度在不断提升，这也促使通信运营商必须不断地完善自我，务必做到"洁身自好"。毋庸置疑，服务质量考核已经成为衡量通信运营商中的干部和相关从业人员的重要指标之一。也是基于此种原因，当出现客户投诉的时候，有些通信运营商往往采取多一事不如少一事、能够息事宁人就低调处理的原则，为了尽可能地将问题消弭在萌芽状态而采取了过分退让和迁就的处理方式，而不是从实际出发、从法规政策出发去理性地解决问题，错误地认为只要不顾原则地给予补偿就能够将一切投诉"摆平"，这也给极少部分恶意投诉用户创造了可乘之机。

综上所述，"投诉专业户"并不是与生俱来的，是通信运营商在实际运营工作中种种内因和外因相结合而产生的。如何正确地看待"投诉专业户"、将客户投诉转化为自身不断成长进步的动力，是每个通信运营商的坐席代表必须深入考虑的。

面对"投诉专业户"，我们不能简单地将目光聚焦在他们给通信运营商所带来的负面影响。所谓"有则改之，无则加勉"，通过"投诉专业户"深入而细致的监督，实际上也有利于通信运营商改善自身的营销服务工作，提升服务品牌和市场竞争力。对于合理的投诉，通信运营商应当深入剖析自身的不足并加以改进，在解决当前投诉的同时还可以防止今后类似投诉的产生；即便是不合理的投诉，也是通信运营商进一步检验流程和制度的合理性，提升投诉处理人员的应对技巧和能力的"流程穿越"。

任务4　客户投诉管理体系建设

糖糖：花花，公司投诉管理体系建设工作小组要招新成员了，下周公司内训师会给有意向的员工做一个投诉管理体系建设的培训，你先填一下报名表。

花花：师傅，投诉管理体系建设的培训主要都培训些什么内容呢？

糖糖：主要是让你们对公司投诉管理体系建设有一个初步的、正确的了解，对照课程内容，自查自纠平时投诉工作中的不足和偏差，培训师会通过观察你们在课堂上的表现，对适合参与项目建设和学习的员工做出初步提名和选择。

花花：好的，师傅，我一定会好好表现的。

任务分析

随着日趋激烈的市场竞争和买方市场的全面形成，市场竞争手段、竞争意识更具知识化和专业化，提供高质量、高技术的产品和优质服务是企业永恒的主题。企业的成功取决于能否使顾客满意，企业为了寻求持续发展就需要适应"以顾客满意为中心"这一新的竞争形式下建立的竞争法则。投诉管理是企业产品和服务管理系统中的一个组件，它是"以优质服务为顾客创造价值"为核心理念，为顾客快速、圆满地解决投诉，赢得顾客满意和忠诚的重要法宝，也是当今企业获得竞争优势的利器。

目前，企业普遍设立了客户投诉机构和管理体系，派专人处理客户投诉，为客户投诉管理打下了良好基础。客户投诉管理体制的建设主要包括：建立投诉管理组织体系、建立投诉闭环管理机制、培养投诉处理专家队伍及做好培训的跟踪服务等。建立了客户投诉管理体系以后，需要将其制度化、规范化，使客户投诉处理有章可循，设置专人进行客户投诉管理，并定期对客户投诉管理工作进行考核。

任务实施

客户服务部门作为企业客户价值提升的窗口，发挥着传感器和导航器的作用，而客户投诉服务管理则是衔接客户服务部门与企业相关产品部门、专业技术部门的桥梁和纽带，更是客户服务工作的基础。因此，对企业而言，投诉服务管理体系的构建非常重要。建立投诉服务管理体系主要涉及组织体系、管理机制、专家队伍等方面。

1. 建立投诉管理组织体系

（1）建立投诉平台　建立投诉平台的目的主要有两个：一个是建立企业与客户之间的联系纽带，让客户有地方可以发泄自己的不满；另一个是建立企业投诉数据库，为企业改善产品和服务提供第一手材料。

从心理角度来说，当人产生了不满情绪后，最终会发泄到生活中的某个地方。对于投诉无门的客户来说，对产品和服务的不满意最终会传递到周围人身上，并对他人产生重要影响。因为口碑的力量永远大于广告的力量，开通投诉热线，是希望客户将不满情绪送回到企业中，而不影响他人，从而减少不满情绪传播的范围。

建立投诉数据库对于企业来说还有另一层意义，即企业可以通过投诉平台收集投诉客户群、投诉内容、投诉频率、投诉原因以及投诉产品，并对这些数据进行统计分析，由此可以找到产品和客户期望值之间的差距并进行改进，从而提高产品质量和服务质量，增加客户满意度，进而获得更强的竞争力。

（2）建立投诉流程　企业搭建完投诉平台后，首先要做的事情是设计投诉流程。众所周知，呼叫中心只是客户与企业的联络枢纽，投诉问题的最终解决要依赖于企业的各个部门。一方面，一个投诉问题的解决可能要涉及市场部、产品部、运营部、财务部；另一方面，这些部门往往会认为解决投诉是呼叫中心的职责，不会积极主动配合呼叫中心处理顾客投诉。如何协调这些部门，让其在投诉解决过程中发挥应有作用？这就需要建立一套完整的投诉管理流程。

呼叫中心在设计投诉流程时，需取得人力资源部门的配合，尽可能详尽地掌握各个部门的职责范围，根据各部门的职责范围划分其在解决投诉中扮演的角色和承担的责任。另外，流程中应该明确规定各部门的处理周期和负责人，最好每个部门都有专人与呼叫中心的投诉部门对接，以保证投诉解决的时效性。一个好的投诉处理流程可以有效处理各种投诉，并能保障投诉信息最终运用在自身工作的改进上。

（3）投诉处理　客户投诉的处理既能体现工作人员道德修养、业务水平、工作能力等综合素养，又能体现一个企业的管理水平。因此，投诉处理是客户投诉管理的重中之重，投诉处理的好坏直接关系服务质量的高低。如果投诉处理得好，那么双方都能满意，企业弥补了失误，赢得了客户的谅解与支持，有利于拉进与客户之间的距离，改善与客户之间的关系，提高客户的满意度与忠诚度。虽然企业可能会额外多支出一些成本，但这些损失可以通过客户的再次光临或者好的口碑传播带来新的客户而抵消。在进行投诉处理时，除了需要坐席代表有娴熟的应对技巧外，多部门联动和迅速果断的处理也十分关键。

（4）投诉分析及结果运用　在处理完客户投诉后，还应定期做好投诉分析。做投诉分析时需要关注什么样的事情引发的投诉频率最高、哪些坐席代表容易收到客户投诉、相应的解决方案是什么、负责人是谁、希望问题解决的时间点等问题。

做好投诉分析，可以发现相应服务中的缺陷和盲点，以便及时总结经验，吸取教训，这些缺陷和不足可以是个人的也可以是与流程相关的。同时可以从中挖掘出客户需求信息，了解客户的期望值，让企业更加贴近客户，更加贴近市场。因此，投诉分析提供了持续改进服务和管理的方向和依据。

经验表明，投诉人群可以分为以下两类。

1）企业的忠诚顾客。他们长期关注企业的产品和服务，希望企业能不断提高自己的能力，优化产品和服务。他们对企业有较高的期望值，同时也愿意向周围人推荐企业的产品。

2）企业的现有顾客。他们正在使用企业产品或服务，可能成为企业的忠诚客户，但是一且使用时感觉达不到要求，将选择其他企业。

投诉者为企业带来产品使用的原始数据和改进建议，是企业产品改进最为主要的数据。只有以满足客户需要为导向的企业，才能永远吸引客户。所以对投诉案件进行总结分析，并反馈到相应部门，才能真正实现投诉的价值的螺旋上升。

2. 建立投诉闭环管理机制

对于大型企业的投诉管理和处理，可能涉及较多的层次，需要明确各级管理部门、服务部门和相关业务部门在投诉管理和投诉处理中的职责和定位，对于投诉服务管理组织的设置需要适当地集中化，便于资源的集约和规范的统一，以形成一体化的投诉服务管理组织体系。

投诉闭环管理需要企业建立起投诉的事前预防、事中控制、事后改善"三位一体"的长效运营机制。

（1）投诉事前预防　投诉事前预防就是根据不同投诉问题类型产生的原因，有针对性地分别建立起相应的预防措施，及时识别和发现引起客户投诉的潜在因素，以采取迅速有效的预防及应急措施，防止或减少新的投诉发生。例如，通过建立新产品在正式商用前的测评机制，在推出新产品之前需由客户服务部门进行把关，通过对以往的类似产品引起投诉情况的分析，提出需改进完善的地方交相关产品部门进行补充和完善，并明确客户针对新产品提出投诉问题时的投诉处理流程和预案，以有效地减少客户投诉并在客户投诉时能够快速有效地做好应对。

（2）投诉事中控制　投诉事中控制是能否处理好投诉问题、影响客户投诉满意度的关键。为有效地做好投诉事中控制，企业可以重点考虑建立以下机制：

1）授权机制。投诉处理的授权就是明确客服界面各层级投诉处理人员所享有的权限，适度的授权能够更好地快速响应客户需求，提高投诉现场解决率，提升客户的满意度。常见的授权内容主要包括退费、退货、赔偿、赠送、问题解决、书面道歉等。当然授权的程度取决于企业对外服务承诺的水平，同时也要考虑因授权引起的管理成本，所以需要权衡授权的程度高低。

2）联动机制。投诉处理需要客户服务部门与各专业部门之间建立起高效的联动机制，可考虑通过绩效驱动的压力传递，将各项投诉管理指标合理分解到相关部门。例如，对于客户服务部门，可以直接将客户满意度作为其考核的主要指标；而对于设计、开发、实施等部门，可将客户服务部门的评价（如相关部门对问题回复及时率、问题回复满意度等）和客户满意度同时作为其主要考核指标，以使客服界面能够得到高效的支撑，确保投诉问题得到及时处理和回复。

3）升级机制。投诉处理的升级机制主要是根据客户投诉性质及投诉问题情况的不同，分别建立起紧急升级流程，以确保重要紧急投诉、批量投诉、疑难投诉等问题得到快速响应。例如，针对 VIP 客户投诉，可考虑建立绿色服务快速处理通道；针对因某一部门原因引起的影响量较大的批量投诉，可考虑建立企业内部的预警通报机制；针对难以定位问题原因的疑难投诉，可考虑建立跨部门的联合会诊机制。

（3）投诉事后改善　投诉事后改善是推动投诉问题得到最终解决并做好投诉事前预防的重要环节，其中，做好严谨的事后分析是前提，建立完善的问责机制是关键，做好客户的后续回访是根本。

1）分析机制。面临市场环境、客户需求和企业自身产品的不断变化，企业需要建立起投诉的事后分析体系，可根据全面关注和专题分析相结合的方式，寻找客户投诉的热点疑难问题，挖掘投诉管理和投诉处理的薄弱环节，并进行重点有针对性的改善。可定期召开企业最高层及各部门领导参加的投诉联席会议，分析投诉问题产生的深层原因，将投诉难点立为攻关项目，提高企业的快速反应和持续改善能力。

2）问责机制。投诉问题的事后问责机制主要是对于相关部门因工作过错或疏忽造成客户大批量投诉或升级投诉，或者在出现客户投诉问题后因处理不当造成问题扩大，从而为企业形象带来重大负面影响或者为企业带来直接和间接的重大经济损失的情况，在经过查证清楚原因后，对于相关部门直接责任人和主管领导追究相应的责任，以提升企业各相关部门对客户投诉问题的重视。

3）回访机制。投诉问题的事后回访关怀可通过认真分析有投诉历史的客户特征，按照不同的投诉类型、不同客户分类、投诉时间，采用信函、电话、短信、上门等不同的方式进行，以搜集有价值的客户信息，更真实地了解客户的需求和建议，从而不断提升服务水平。例如，可通过定期开展投诉客户的满意度调查，了解企业的投诉渠道方便程度、人员服务态度和能力、投诉处理时间、投诉处理效果等各环节存在的问题，以做好重点持续改善。

3. 培养投诉处理专家队伍

投诉服务管理工作需要培养一批投诉处理的专家队伍来最终落实，应重点做好投诉处理人员专业的服务意识、专业的业务能力、专业的处理技巧三方面能力的培养。

（1）专业的服务意识　在企业的组织体系中，服务意识应扎根于每一位成员心中，尤其对于企业各层级领导，服务意识更是不可或缺，在上下级之间首先需要形成客户制的行为模式，后台专业部门投诉处理人员应树立对前端坐席代表专业的支撑服务意识，这样作为客户服务窗口的专家的投诉处理人员才能在面对客户时展现出更加专业的服务意识。在投诉处理人员的素质能力中，专业的服务意识最为重要，如果一个投诉处理人员没有乐于助人、设身处地为客户排忧解难的意愿，很难想象投诉处理的结果能够让客户满意。

（2）专业的业务能力　作为客户服务窗口的专家，投诉处理人员需要向客户展示更加专业的形象，因此必须具备相对普通坐席代表更加专业的业务能力。同时作为后台专业部门的投诉处理人员，更应具备扎实的业务能力，这样才能有效地解决客户的问题，并及时总结各类投诉问题的解决方案，适时向前端坐席代表和投诉处理人员进行专业的培训，不断提升前端坐席代表及投诉处理人员的一站式解决问题的能力。

（3）专业的处理技巧　客户投诉处理过程中的核心思想是运用各种技巧争取客户满意，因此投诉处理人员除了具备专业的服务意识和业务能力外，还需要掌握专业的投诉处理技巧。投诉处理技巧能够灵活运用需要具备多方面的综合知识和能力，例如，需要具备良好的沟通能力，善于运用语言的技巧，快速把握客户的心理；需要具备一定的情绪管理能力，能有效避免个人情绪的失控，并对情绪激动的客户能够做好安抚；需要具备一定的法律法规知识，用来保护客户和企业的共同利益，不仅为客户提供满意的服务，并适当对部分要求超过法律底线的客户进行教育。这一切都需要企业对投诉处理人员进行有针对性的培养。

快递企业呼叫中心客户投诉管理制度样文

【目的】

1）以客户为导向，从满足客户需求出发，提高服务质量及投诉处理时效，切实做好优质服务工作。

2）进一步重视客户服务投诉，并在遇到各类异常及突发事件时有章可循，避免事态扩大，做到既让客户满意，又最大限度地维护企业品牌形象和利益。

3）本制度规定呼叫中心及企业各层面在客户投诉管理工作中的职责和权限，确定了投诉管理的流程和服务规范，是企业客户服务中心、营业部门进行客户投诉管理的指南，同时也是对企业各层面客户投诉管理工作监控、考核的依据。

【范围】

适用于本企业，用于指导正确处理客户投诉。

【适用文件】

此制度制定后，可依据相关内容制定相应的实施细则。

【内容】

1. 投诉来源

1）外部投诉，指来源于企业外部客户的投诉。

2）内部投诉，指来源于企业内部员工的投诉。

2. 投诉渠道

1）外部投诉渠道，包括：全国统一服务热线投诉、××网站（www.××.com）在线留言投诉、××网站总经理信箱投诉、电话回访投诉、传真投诉、外部网站投诉、全国

12315平台投诉、送货满意度调查短信投诉等。

2）内部投诉渠道，包括：OA邮箱投诉、腾讯通在线投诉、传真投诉等。

3. 投诉类型

（1）业务投诉　主要针对企业业务销售或运作上的差错而引起，主要分为：货损、货差、时效延误、财务、理赔、价格、信息、问题差错及其他类型投诉等。

1）货损类投诉，包括：货物潮湿、外包装破损、内物破损。

2）货差类投诉，包括：企业内部丢货、汽运网点丢货、空运网点丢货。

3）时效延误类投诉，包括：中转不及时、分拨不及时、配载不及时、通知提货不及时、送货不及时、接货不及时。

4）财务类投诉，包括：佣金、代收货款、发票、税金。

5）理赔类投诉，包括：理赔时效不及时、理赔结果不满意。

6）信息类投诉，包括：手机信息反馈错误、无信息反馈、GPS信息反馈错误。

7）业务差错类投诉，包括：开单差错、分批配载、标签差错、承诺不兑现、信息反馈不及时、虚假签收、货物被冒领。

（2）服务态度投诉　主要针对企业服务人员的服务品质、语言、行为、态度方面等服务礼仪不满而引起的投诉。

（3）其他类型投诉　除以上类型以外的业务投诉。

4. 投诉程度

（1）业务投诉

1）一般投诉，指投诉事项属实且事态比较一般，未造成企业利益损失或损失金额在1000元以下的投诉。

2）中度投诉，指投诉事项属实且造成企业损失金额或索赔金额在1000~5000元（含5000元）的投诉。

3）重大投诉，指投诉事项属实且造成客户2次以上投诉、严重不满，或造成企业损失金额或索赔金额5000元以上的投诉。

（2）服务态度投诉

1）一般投诉。①接听或挂断电话没有使用企业标准服务用语的，通话过程中离开未作任何解释将客户电话放在一边的；②当客户到营业部门发货时，没有微笑服务，出现不倒水、不耐烦、客户咨询不回答等现象的；③当客户查询货物时，不接受查询，或接受查询后，但是不回复的；④对待他人咨询问题敷衍了事，急于打发；⑤语气推托，事不关己，高高挂起；⑥客户要求得到某项服务时部门间相互推托等；⑦客户提出某项服务自身无法解决时，没有给予正确的引导。

2）中度投诉。①通话未结束，主动挂断电话的；②故意向客户提供错误或虚假信息的；③对客户或同事出言不逊的；④语气粗暴；⑤服务意识差、爱理不理、态度傲慢、与他人斗嘴、强词夺理等；⑥当着客户面指责客户及评价客户缺点。

3）重度投诉。①与客户发生争吵的；②与客户或同事发生言语冲突，用言语行为进行威胁的；③与客户或同事发生肢体冲突，打架的。

5. 投诉处理时效

对于客户的投诉，各部门应通力合作，迅速作出反应，力争在最短的时间内全面解决问题，给客户满意的答复。

（1）业务投诉时效

1）一般投诉，接到投诉起一个工作日内处理完毕。

2）中度投诉，接到投诉起三个工作日内处理完毕。

3）重度投诉，接到投诉起七个工作日内处理完毕。

（2）服务态度投诉时效　接到投诉起两个工作日内处理完毕。

6. 投诉处理流程

（1）投诉受理　全国统一服务热线坐席代表负责受理投诉信息。坐席代表接到投诉时，必须详细准确地记录投诉人反馈的内容，综合已有信息，初步判断投诉是否成立，对于当场即可判断不成立的投诉，需做好解释工作；对于投诉成立或需进一步调查了解的投诉，必须在5分钟将信息内容反馈给相关责任部门要求处理，对于规定时间内未处理妥善的需将投诉升级，同时告知投诉人事情处理进度并跟踪到底，在承诺客户回复时效内回复投诉人。

（2）投诉处理

1）业务投诉处理。坐席代表接到来自客户的业务投诉后，首先判断投诉的严重性及紧急程度。①一般性业务投诉：由坐席代表直接电话联系相关责任部门经理处理，相关责任部门经理必须无条件配合呼叫中心工作，如部门经理因故不能直接处理的，必须安排专人负责，并保证在20分钟内做出建议方案并回复投诉客户，呼叫中心坐席代表自接到投诉后30分钟对客户进行满意度回访；②紧急或重大业务投诉：初步判断责任部门20分钟内无法处理完毕的，坐席代表需于接到投诉后5分钟内将投诉内容升级到相关部门上一层级领导，并上报本部门经理处理；③内部业务投诉：为了促进企业内部的横向沟通和解决效率，对于货物异常等问题，先于相关部门之间进行横向沟通处理，如果沟通未果，可以进一步向品质管理中心要求协助处理。如已超出品质管理中心职责而无法处理的，可以进一步向呼叫中心要求协助处理。

2）服务态度投诉处理过程。

①外部服务态度投诉处理：呼叫中心接到外部（客户）服务态度投诉后，如实详细地记录客户投诉的内容，填写《服务态度投诉管理表单》，通过 OA 邮件形式发送到相关部门负责人（一般为被投诉人的上一级领导）处，并指定接到表单 1 个工作日内回复事件经过。呼叫中心根据部门调查结果及客户投诉的内容作出判断，1 个工作日内作出处理结果，并回复客户；②内部服务态度投诉处理：呼叫中心接到内部服务态度投诉后，如实详细地记录投诉人投诉的内容，填写《服务态度投诉管理表单》，通过 OA 邮件形式发送给行政部经理或经理指定专人进行调查核实，并指定接到表单 1 个工作日内做出判决结果和处理方案（如遇星期日、节假日，时间顺延；特殊情况不能及时处理完毕的，必须提前电话联系呼叫中心说明情况，并承诺回复时间）回复呼叫中心，呼叫中心对投诉客户进行满意度回访。

【奖惩依据】

1. 业务投诉处罚细则

客户通过全国统一服务热线进行业务投诉，经核实成立的，给予责任部门负责人 50 元／次的负激励，在当月工资中体现。部门负责人针对被投诉事项填写《投诉整改表》，并于 1 个工作日内提交到呼叫中心。

2. 服务态度投诉处罚细则

（1）一般服务态度投诉　同一责任人累计只允许出现 3 次。一般服务态度投诉成立的，对责任人处以负激励 50 元／次，停岗 1 天，同时对责任人所在部门的负责人罚款 20 元；同一责任人一个月内出现 2 次一般服务态度投诉，对责任人处以负激励 100 元，并降薪一级；同一责任人 1 年内出现 3 次一般服务态度投诉，退回人力资源部，责任人上一级领导处以负激励 100 元，并停岗 1 天。

（2）中度服务态度投诉　同一责任人累计只允许出现 2 次。中度服务态度投诉成立的，对责任人处于负激励 100 元／次；同一责任人出现 2 次中度服务态度投诉，退回人力资源部，责任人上一级领导负激励 100 元，并停岗 1 天。

（3）重度服务态度投诉　出现重度服务态度投诉，一经核实成立，立即将责任人退回人力资源部。责任人上一级领导负激励 100 元，并停岗 1 天。

出现服务态度被投诉的责任人，核实投诉成立后，必须在一个工作日内到呼叫中心进行服务态度培训一天，并提交不少于 500 字的整改书。

出现外部（客户）服务态度被投诉，经核实投诉成立的，责任部门的直接分管领导均需亲自上门拜访客户，做好客户安抚工作，并将拜访情况在 3 个工作日内反馈到呼叫中心，由呼叫中心跟进最终处理结果及回复客户；如果该分管领导未按规定执行或反馈的，一经查实，处以负激励100元。

3. 查询、投诉处理不回复或未及时回复处罚细则

在查询、投诉处理过程中，出现1次不回复或未及时回复呼叫中心的，对责任人处以负激励50元/次，对部门负责人处以负激励100元/次，在当月工资中扣除体现；同一部门一月内累计2次未及时回复呼叫中心，对部门负责人作降薪一级处理，对其上级领导处罚100元/次。同一部门一月内累计3次未及时回复呼叫中心，对于部门负责人作退回人力资源部处理，对其直接分管领导作降薪一级处理。

4. 内部业务投诉没有经过内部横向沟通，直接投诉到呼叫中心的处罚细则

业务投诉没有经过内部横向沟通，直接投诉到呼叫中心的，呼叫中心将对投诉人处以负激励50元/次，并撤回投诉。

5. 投诉处理结案不及时的处罚细则

投诉处理结案不及时的，给予部门负责人负激励50元/次，在当月工资中扣除体现；责任部门一个月内累计3次处理结案时效不合格，呼叫中心将对部门负责人及其直接上级领导进行OA通报批评。

6. 不执行呼叫中心指令的处罚细则

呼叫中心在联系各部门处理投诉时，出现拒绝执行呼叫中心指令的，立即对责任部门经理作退回人力资源部处理，直接分管领导负连带责任，处罚200元/次，并同时给予OA通报批评。

7. 相关奖励

客户致电呼叫中心表扬部门或个人，呼叫中心将相关内容如实记录，并填写《表扬信》，及时发送给行政部调查核实，如属实，将进行通报表扬，同时将先进事迹上报至企业文化处，在《××人》上进行宣传。

营业服务过程中，难免会遇到一些故意刁难、无理取闹的客户，发生出口伤人或动手打人的情况。为鼓励员工在服务过程中坚持"骂不还口，打不还手"原则，对能坚持此服务原则的员工与行为，给予精神及物质奖励。企业设立"安抚奖"，部门经理通过OA安抚奖流程进行申报，给予30~150元奖励，并撰写通报进行表扬。

【权限】

1）起草部门：呼叫中心。

2）审核部门：制度管理部。

3）批准部门：总经理。

4）执行部门：本企业所有部门。

【例外】

无

【解释】

1）本规定自发文之日起生效。

2）本制度规定解释的主管部门：呼叫中心。

【附录】

呼叫中心坐席代表业务投诉处理规定细则见表 1-3。

表 1-3　呼叫中心坐席代表业务投诉处理规定细则

时限分类	分类描述	数据来源	时限要求	备注
基本原则：企业利益高于一切，解决客户眼前问题是当务之急。				
1	坐席代表接到投诉后 30 分钟内必须回复投诉人	以投诉为准	30 分钟	回复方式包括：电话、邮件、备注信息、短消息等。特殊情况不能及时处理完成回复，须及时通知呼叫中心相关坐席代表，并承诺下次回复时间
2	坐席代表联系各部门经理处理业务投诉，包括一般性业务投诉及重大业务投诉，各部门需在 20 分钟内回复	坐席代表监督	20 分钟	
3	坐席代表接到业务投诉后 5 分钟内必须电话联系相关部门处理	以投诉为准	5 分钟	
4	各部门在处理业务投诉 20 分钟内仍未有最终处理结果，必须在超出规定时间 5 分钟内电话通知呼叫中心相应坐席代表			
5	对于升级的重大业务投诉，相关领导（部门经理级以上）在 20 分钟内无法处理完毕，需及时通知呼叫中心	坐席代表监督	20 分钟	
6	服务态度投诉处理 2 个工作日内处理完毕	坐席代表监督	1 个工作日	
7	一般业务投诉处理 1 个工作日内处理完毕	坐席代表监督	1 个工作日	
8	中度业务投诉处理 3 个工作日内处理完毕	坐席代表监督	3 个工作日	
9	重大业务投诉处理 7 个工作日内处理完毕	坐席代表监督	7 个工作日	
10	因服务态度被投诉，分管领导需于 3 个工作日内对客户进行回访并回复呼叫中心	坐席代表监督	3 个工作日	

拓展阅读

1. 投诉预防

从"曲突徙薪"看投诉预防

有一个成语叫"曲突徙薪",说的是这样一个故事:一位客人到某人家里做客,看见主人家灶上的烟囱是直的,旁边又有很多柴草。客人告诉主人说,烟囱要改成弯的,移走柴草,否则将可能会发生火灾,主人听了不以为然。不久主人家里果然失火,邻居赶紧跑来救火,火被扑灭了,主人宴请四邻,以酬谢他们救火,但并没有请当初提建议的那个人。其实,如果当初听了那位先生的话,今天也不会有火灾。

俗话说:"预防重于治疗",防患于未然比事后再来摆平问题更为难得。重大的客户投诉,在发生前一定有一些预兆。某国劳工灾害法则提道:"一件重大灾害的背后,有29件较轻灾害,其背后还有300件没有造成伤害但令人后怕的事故发生。"客户投诉管理,要由过去的事后处理变为事前防范,在客户重大投诉还没有出现之前,就要从蛛丝马迹中发现问题,及时处理。避免客户投诉的产生。而事前防范的种种措施,归结到一点就是:提高产品的服务质量。如果能做到这一点,就从根源上断绝了客户的投诉。

做好投诉的预防,要求我们有敏锐的洞察力和高度的处事能力,两者缺一不可。作为呼叫中心,要在服务工作的每一个环节下功夫,做好方方面面、点点滴滴,做到面面俱到、滴水不漏。但在服务工作中出现纰漏时,要在客户刚出现抱怨的第一时间把它处理好。诚然,这给呼叫中心的工作带来了很大的挑战,需要对员工多加指导,调动员工的主观能动性,在把服务做到尽善尽美的同时,处理好客户的投诉。

从"扁鹊的医术"看投诉预防

魏文王问名医扁鹊说:"你们家兄弟三人都精于医术,到底哪一位最好?"扁鹊答:"大哥最好,二哥次之,我最差。"文王再问:"那么为什么你最出名呢?"扁鹊答:"大哥治病,是治病于病情发作之前。由于一般人不知道他事先能铲除病因,所以他的名气无法传出去;二哥治病,是治病于病情初起时。一般人以为他只能治轻微的小病,所以他的名气只及本乡里。而我是治病于病情严重之时。一般人都看到我在经脉上穿针管放血、在皮肤上敷药等大手术,所以以为我的医术高明,名气因此响遍全国。"

从上述故事中可以看到:事后控制不如事中控制,事中控制不如事前控制。联想到客户投诉管理,可以得到这样的启示:在客户投诉管理工作中,最重要的环节在于投诉预防工作阶段,而不是等到客户投诉以后去亡羊补牢。重视投诉预防,做到未雨绸缪,可以将客户不满消灭在萌芽状态,既提高了客户满意度,密切了客户与企业的关系,也为企业节约了成本,可谓是一举多得,我们何乐而不为呢?

2. 将客户投诉转化为商机

为达到将投诉转化为商机的目标，在处理客户投诉时，应注意以下几点。

1）及时有效地响应客户投诉。妥善处理投诉，不让普通问题升级，问题得到解决后，再次向顾客重申企业产品和服务的质量，以增加客户的信心。

2）了解自己的身份，随时准备提供帮助，绝对不可以用"不关我的事，不是我们部门负责的"等语言来推脱责任。

3）耐心询问客户，确保所得到的资料是准确的，在还没有得到足够信息之前不要轻易下任何结论。

4）当电话必须交给另外一个同事处理时，要尽量减少客户的等候时间，并向那位同事提供已知的所有情况。

5）不要与投诉的客户进行争辩，要承认问题已经发生并且尽量站在客户的立场上来考虑问题。要懂得使用礼貌用语来称呼客户。

6）不要老是和客户说这点做不到，那点做不到，要记得多向客户强调你可以提供帮助的地方。

7）勇于承认错误并且及时道歉。千万不能在客户面前抱怨计算机系统、企业的其他员工或政策。

8）使用清晰明了的语言回答客户问题，尽量避免使用术语或者技术性名词。

9）不要轻易承诺，只有在非常有把握的前提下才可以对客户进行承诺。

另外，坐席代表在处理客户投诉时要通过客户投诉挖掘客户的真实想法，不要一味就事论事，同时要从细节入手，转移客户的关注点，推出可替代的优惠方案，优秀的坐席代表要适时做到反客为主，变被动为主动，推荐合适产品。

客户投诉可以帮助企业发现之前尚未发现的问题，并予以解决，这样不仅能够留住客户，还可提高公众形象；客户投诉还可以帮助企业提高服务质量，避免同样的投诉再次发生。客户的投诉能够形成高品质的管理，改进企业流程，提高绩效标准，减少产品缺陷。为此，坐席代表需要不断加强自身的客户服务技巧。

1. 实训目的

通过本项目训练，能对常见的客户投诉业务进行处理，了解客户投诉处理的基本方法和技巧，在面对客户投诉的危机处理时，能设身处地地为客户着想，提高客户的满意度，从而将满意的客户培养成忠诚的客户。

2. 实训要求

投诉处理项目通过系统还原真实客户投诉场景，要求能够根据知识库中的项目背景资料，正确分析客户投诉原因，运用同理心化解客户情绪，结合产品知识、投诉处理技巧、业务权限为客户提供最终的投诉处理解决方案。

3. 评价标准

投诉处理评分标准见表1-4。

表1-4 投诉处理评分标准

评价内容	评定方法	评分标准	单项权重	总分值
投诉处理	评委人工评分	专业化语言表达	2	15
		具备良好的服务意识，及时化解客户情绪	2	
		能够运用投诉处理技巧，灵活处理异议	3	
		能够运用同理心，管理客户期望	5	
		能够提供完整的解决方案	3	

4. 系统操作

1）打开系统页面，单击"登录"按钮，如图1-3所示，输入对应的账号信息，登录并进入系统，如图1-4所示。

图1-3 系统登录入口

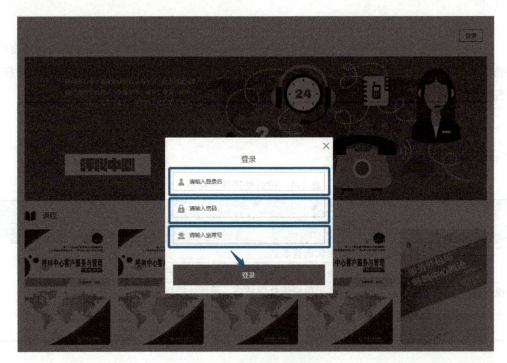

图 1-4 账号输入登录

2）进入系统页面，单击"考题管理"按钮，开始项目实训。项目实训入口如图 1-5 所示。

图 1-5 项目实训入口

3）选择对应的"中级技能考核"，进行项目类型选择。单击"开始考试"按钮，如图 1-6 所示。

图 1-6　项目类型选择

4）单击"开始考试"按钮，进入项目训练，项目训练入口如图 1-7 所示。

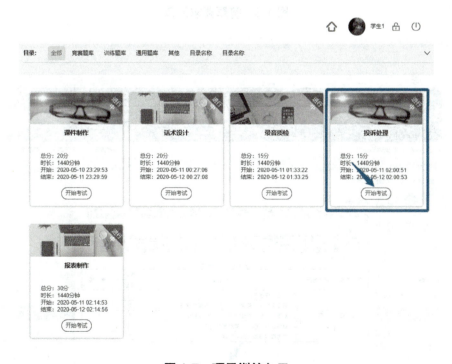

图 1-7　项目训练入口

5）进入项目训练页面后，需单击"答题要求"按钮，根据要求进行答题，如图 1-8 所示。确保了解答题要求后单击"确认"按钮,开始答题,如图1-9所示。

图1-8 答题要求入口

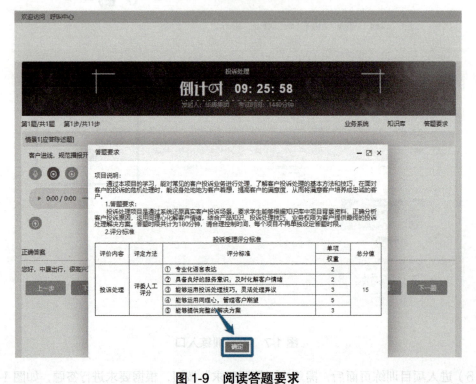

图1-9 阅读答题要求

6）根据答题要求单击"知识库"按钮，了解项目资料。项目资料入口及查看分别如图 1-10 和图 1-11 所示。

图 1-10　项目资料入口

图 1-11　项目资料查看

7)单击黄色按钮（录音键）进行投诉受理，弹出"正在录音"页面，即可开始录音，录音完成后单击"点击停止"按钮即可完成录音，黄色按钮后面的蓝色与绿色按钮为暂停及播放键，可单击听取已完成的录音，如图1-12所示。

图1-12　答题上传试卷

8)单击绿色按钮（上传键）可将录音上传，弹出"上传成功"页面，表示已上传完成，如需重新录音可直接单击黄色按钮重新录音，录音将覆盖上一条已上传成功的录音。录音上传完成后单击"下一步"按钮继续答题，如图1-13所示。

图1-13　录音完成上传

9)单击播放键可听取客户语音,根据客户语音内容完成情景语音互动,完成后单击"下一步"按钮,继续答题,如图 1-14 所示。

图 1-14 语音情景互动

10)根据投诉处理业务流程,需实时记录客户工单,标"※"项均为必填项,如答题过程中涉及客户工单填写,需在填写完成后单击"确认"按钮,再进行答题,或单击"下一步"按钮,继续答题,如图 1-15 所示。

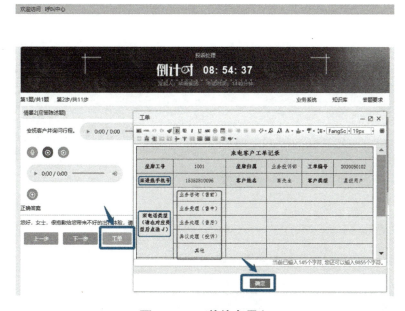

图 1-15 工单信息录入

11）完成答题后可分别单击"上一步""下一步""工单"等功能键，检查已完成答题内容，如没问题可直接单击"交卷"按钮，显示"交卷成功！稍后窗口将自动关闭"后，单击"OK"按钮即可完成答题。

Project 2

项目 2
呼叫中心现场管理

项目描述

花花经过两年的积累，终于走上了初级管理者岗位，通过企业内部竞聘，成功竞聘为班组长，即日起担任项目 A 组的组长，主管要求立即走马上任，开展小组的管理工作。

呼叫中心现场管理是一个动态的管理过程，主要由班组长现场负责，实施管理。需要根据现场发现或发生的实际情况，及时对问题进行预测，并采取必要的措施，在解决现有问题的同时避免潜在问题的发生，提供业务支持，保证服务和质量的连续性。班组长在现场管理过程中，必须进行现场走动式管理，实时控制现场服务质量，及时发现问题并解决问题。班组长现场管理内容包括数据监控、业务支撑、质量监控与辅导以及现场控制。

本项目中，通过系统学习，学生可掌握呼叫中心关键绩效计算方法，掌握呼叫中心关键绩效指标分析的方法及改善措施，掌握呼叫中心现场管理实训任务，掌握呼叫中心现场管理的工作内容和方法，能够熟练运用 KPI 进行小组工作效率和效能的监控和管理，能够根据运营数据制作数据分析报表，能够通过会议执行、员工辅导等方式针对团队的业绩进行改善，提高工作效率。

项目内容

呼叫中心关键绩效指标

呼叫中心绩效指标的分析与监控

呼叫中心运营报表制作

班组长现场管理

呼叫中心客户服务与管理（中级技能）

任务 1 呼叫中心关键绩效指标

任务情景

花花：主管，你好，我是今天刚刚报到的 A 组的组长花花。

主管：欢迎你花花，班组长是呼叫中心基层管理第一线，俗称兵头将尾，你做好准备开启新的职业篇章了吗？

花花：主管，我已经在呼叫中心工作了将近 2 年的时间，在多个岗位进行了轮岗，这是第一次做管理，心里还是很忐忑的，不知道班组长都要做什么。

主管：不要慌张，从今天起，我会带着你们这批新的班组长，从头开始学习。逐步掌握呼叫中心班组管理的工作内容和方法。

花花：好的，谢谢主管，今天我们学习什么呢？

主管：作为班组管理的第一步，我们先学习呼叫中心关键绩效指标吧。

花花：好的，我一定认真跟你学习。

任务分析

关键绩效指标（KPI，Key Performance Indicator）管理即 KPI 管理是呼叫中心管理工作的灵魂，KPI 管理的概念在呼叫中心管理工作中得到了充分的表现，是数字化、精细化、目标化管理的一种有效形式。多种多样的数据指标组成了呼叫中心工作的经纬线，将整个呼叫中心的所有工作内容紧密联系在一起，通过一个个数据就能反映出整个呼叫中心管理中所存在的问题。而对关键数据的分析和预测，也是呼叫中心最基础的工作之一。

通过本任务的学习，班组长应掌握呼叫中心的关键绩效指标的定义、计算原理，了解各个指标之间的关联作用，以 KPI 数据为基础来指导班组日常工作。

任务实施

目前呼叫中心越来越趋向精细化、数字化管理，KPI 管理成为一种有效的管理手段。通常,呼叫中心的运营管理者们通过分解运营目标,制订各种 KPI,通过 KPI 来引导坐席代表行为,从而完成项目运营目标。现在,先让我们掌握各类 KPI 的定义和计算方法吧!

【认识与电话接听相关的指标】

1. 接通率(CCR,Call Capture Rate)

接通率是指交互式话音应答(IVR)终级服务单元的接通量与人工座席的接通量之和与进入呼叫中心的呼叫总量之比。对于呼出式业务来说,接通率是指坐席代表呼出电话后接通量与呼出电话总量之比。它是衡量呼叫中心服务质量好坏的重要指标之一。

该指标的行业标准基本都会超过 90%,但是现在每家企业通过对客户群的细分、对产品线的细分,也有低于 90% 的情况。

1)关联因素:人员排班是否符合来电变化规律;坐席代表的数量;坐席代表工作效率,主要指平均处理时长;系统软硬件性能。

2)计算公式:接通率=(电话接起总量/有效来电总量)×100%。

2. 平均排队时长(ADH,Average Delay to Handle)

平均排队时长主要表示某段时间内,客户电话被接入自动呼叫分配器(ACD)队列等待直至坐席代表将电话接起之间的时长。

该项指标和服务水平指标接近,都是反映呼叫中心的运营能力及客户的耐心的指标。

1)关联因素:基本与电话接通率相同。

2)计算公式:平均排队时长=单通电话排队时长之和/来电总量。

3. 放弃率(Abandon Rate)

放弃率是指某段时间内,客户电话被接入 ACD 队列,但是由于迟迟没有坐席代表将电话接起来,客户自己挂断的比例。

放弃率反映了呼叫中心的容量问题,行业标准通常在 1%~5% 之间。

1)关联因素:基本与服务水平相同。

2)计算公式:放弃率=客户等待过程中挂线数量/来电总量。

4. 服务水平(SL,Service Level)

服务水平的概念经常被人误解为客户满意度水平,其实服务水平就是指在一定的时限内接起的电话量和总接起电话量的比,行业内常见的指标有 15 秒服务水平、20 秒服务水平和 30 秒服务水平等,有的呼叫中心会比较直白地表示振铃三声内接起电话。

设置该指标主要是为了衡量呼叫中心的运营能力,让客户的来电能够及时地被接通。如果客户的电话在短时间内未被接通,客户则会丧失耐心,对该企业的服务产生怀疑,通常行业标准在 80%~95% 之间。

1)关联因素:人员排班是否符合来电变化规律;坐席代表的数量;坐席代表工作效率,即平均处理时长;系统软硬件性能。

2)计算公式:服务水平=(规定时间内电话接起量/电话接起总量)×100%。

5. 日呼出量

日呼出量一般是针对呼出项目制订的 KPI,指坐席代表每天需要呼出的电话量。数据来源主要是项目经理根据业务特点,对通话时长、后处理时长的分析,确定每个员工每天的呼出量,是实行坐席代表目标管理的一种有力的措施。

管理者需要定期检查坐席代表的呼出量完成情况,对于经常不能完成的员工进行问题分析,帮助员工提高业务知识、呼出技巧,控制非工作事务的浪费等。

行业无统一标准,根据业务不同,日呼出量范围在 150~350 个之间。

1)关联因素:坐席代表工作效率,即平均处理时长;坐席代表责任心;坐席代表的业务能力。

2)计算公式:无,可以从 CTI 和 ACD 中提取所需要的数据。

【认识与通话效率相关的指标】

1. 平均通话时长(ATT,Average Talk Time)

平均通话时长是指人均每一通电话的时间,通话的时间就是坐席代表与客户进行直接沟通的时间,通话时间的长短能够反映出该坐席代表处理问题的能力。

信息服务类业务中,该指标的标准大约平均在 1~3 分钟左右,而业务咨询类或者产品服务类业务中,通常在 3~7 分钟不等。不同业务需要制订不同的处理时间标准。

1)关联因素:坐席代表业务能力;坐席代表语速;坐席代表沟通技巧。

2)计算公式:平均通话时长=总通话时长/电话接起总量。

2. 平均就绪时长(Average Idle Time)

平均就绪时长是指员工在准备接入电话到电话接起之间的时间长度,这个时间长度能够反映出人员安排的合理性,和人力成本直接关联。

呼叫中心系统可设置挂机后自动就绪的功能,坐席代表也可手动调整"就绪"或"后处理"状态。所以,这个指标很容易受到坐席代表的人为影响,所以无法形成统一的标准。

1)关联因素:人力安排;来电量变化;员工责任心;员工业务能力。

2）计算公式：平均就绪时长＝就绪时长总和／来电总量。

3. 平均案面时长（ACW，After Call Work）

平均案面时长，也称平均话后时间，是指坐席代表通话完毕后继续进行一些记录和处理工作，这个时间长短能够反映出员工的个人能力和人员的工作效率。

由于业务不同和工作内容不同，所以该指标没有行业标准。

1）关联因素：员工业务能力；员工打字速度；系统功能支持。

2）计算公式：平均案面时长＝案面时长总和／来电总量。

4. 平均处理时长（AHT，Average Handle Time）

平均处理时长是指坐席代表平均完成一次电话服务的时间，这能够有效地反映出呼叫中心处理问题的效率，也能体现出每位坐席代表的工作能力水平。

该指标的行业标准不一，通常会在3~6分钟左右，这主要和业务内容有关。平均处理时长越短，越能提高固定时间内的接话量。

1）关联因素：坐席代表业务能力水平；坐席代表沟通技巧；坐席代表打字速度。

2）计算公式：平均处理时长＝（总通话时长＋总案面时长）／总通话量。

也有部分企业将就绪时间计入平均处理时长，即：

平均处理时长＝（总就绪时长＋总通话时长＋总案面时长）／总通话量。

5. 转接率（Hand Off Rate）

随着呼叫中心的发展，坐席代表也被分成了一线员工、二线员工，即使没有这样进行分配，坐席代表在工作过程中也会将部分电话进行跨队列转接、跨部门转接，也有可能内部转接给二线或者班组长处理。

转接率过高表示整个业务运营上存在很大的问题，使得效率降低，会引起客户满意度下降。

1）关联因素：员工工作能力；软硬件问题；产品线设置问题。

2）计算公式：转接率＝转接电话总量／电话接起总量×100%。

6. 成单率（Rate of Success）

成单率，也称成功率，指成功办理某业务的数量与电话接通量之间的比，是销售类业务中呼入、呼出项目的重要考核指标，如套餐办理的成单率、保险销售的成功率、电销订购成单率等。成单率的管理是实行目标管理的常用且有效的措施。

成单率往往追求的是越高越好，电话接通量 × 成单率 × 单价＝销售额，所以成单率也意味着该坐席代表当天的收益情况。

1）关联因素：电话接通量；员工工作能力；产品的相关性。

2）计算公式：成单率＝成功办理的订单数／电话接起总量×100%。

【认识与服务质量相关的指标】

1. 客户满意度（CSI，Customer Satisfaction Index）★

客户满意度是由客户的反馈情况统计得出的结果，表现了客户在使用呼叫中心服务后的一个整体评价。通常情况下可以在 IVR 中进行直接选择，也可以通过短信、邮件、电话回访等方式进行统计。

该指标行业标准差别比较大，主要要考虑到客户的可操作性，通常范围在 80%~100% 之间。由于这是客户的直接感受，所以很多呼叫中心非常重视客户满意度的指标，如果发现某些通话满意度低，都会安排进行回访，帮助客户解决问题。

1）关联因素：服务水平；坐席代表业务能力；坐席代表服务态度。

2）计算公式：

a）满意度＝（客户选择满意的电话数量／来电总量）×100%。

b）满意度＝（客户选择满意的电话数量／参加满意度调查的电话数量）×100%。

2. 重复来电率（一次解决率）（FCR，First-Call Resolution）

重复来电率主要表示客户就同一个问题来电多次寻求帮助，有的呼叫中心也用一次解决率来进行衡量，这体现了呼叫中心解决问题的能力，有的呼叫中心会对客户的多次来电进行24 小时、48 小时、72 小时的监控，也有的呼叫中心将二次来电、三次来电、四次来电分开进行统计分析。

该指标行业差别也比较大，主要还是和业务内容相关，也和计算方式有关，但是通常情况下一次性解决率应保持在 80% 以上。

1）关联因素：坐席代表业务能力；知识库方案的完整性；坐席代表责任心。

2）计算公式：

a）重复来电率＝（多次来电量／人工处理总话量）×100%。

b）一次解决率＝（一次来电量／人工处理总话量）×100%。

3. 投诉率（Complain Rate）★

投诉率是指某一段时间内产生的客户投诉的比率，大多呼叫中心使用投诉率来进行计算，但是通常情况下投诉的量很小并且偶然性比较高，所以也有呼叫中心更愿意用数量来进行记录。

投诉率的数据统计就涉及了一个问题——什么叫作投诉。投诉的概念往往不同，而对于呼叫中心的管理者来说，主要关心的是呼叫中心内部人员自身问题引起的客户投诉，而由于产品本身或者其他部门，如维修站或者经销商等引起的投诉，并非呼叫中心所存在的问题。

投诉率是衡量呼叫中心工作的一个标准，直接反映了呼叫中心的服务品质，坐席代表的能力素质水平。

关联因素：坐席代表的服务态度；坐席代表的业务能力。

4. 合格率

合格率是指某段时间内，质检人员抽取电话进行检查后合格话量所占的比例，它是呼叫中心内部制订的一个指标，由质检部门主导，这个指标主要是用来反映坐席代表的整体服务质量。

该指标有一定的人为因素，是否合格要根据企业要求来进行确定，所以没有行业标准。但是对于同一个呼叫中心而言，尽量能够保持质检标准的统一性，这样这个数据才能有意义，才能给工作带来指导。

在监听录音时，建议按致命错误准确率（如监控电话的缺陷率）和非致命错误准确率（如不会导致整个业务有缺陷的准确性错误，包括软技能专业化程度和数据输入错误）两个维度进行监测统计。

1）关联因素：顾客满意度；一次性解决率；平均处理时长。

2）计算公式：合格率＝质检合格电话量/抽取电话量×100%。

【认识与员工效率相关的指标】

1. 出勤率

出勤率是指在某个统计时段内，某个班组实际出勤的人数与计划出勤的人数之比。出勤率对于保证呼叫中心项目正常运营具有非常重大的意义。如果某个项目的出勤率一直较低，要进行详细的问题调查，分析是员工个体行为还是整个项目普遍存在的问题。如果是某个员工的原因，需要与员工进行充分沟通；如果是普遍存在的问题，需要检查企业激励机制和管理制度。

行业标准为95%以上，建议根据项目数量的不同，制订不同的出勤率，但是基本要控制在90%以上。

1）关联因素：员工排班；坐席代表责任心。

2）计算公式：出勤率＝实际出勤人数/计划出勤人数×100%。

2. 员工利用率（Agent Utilization/Occupancy）

员工利用率主要表示员工的有效工作时间，如以8小时工作时间为例，就是表示8小时工作中，员工有多少时间在进行工作。员工利用率是和成本息息相关的，利用率越高，员工越辛苦，而对于企业来说，利用率越高，成本越低。

员工利用率通常和员工自身的关系不太大，而是与呼叫中心的运营能力相关，岗位的安排、人员的分配、班制的调整等都与员工利用率关系密切，有的企业领导看到员工利用率比较低，会认为是员工工作不努力不认真，或者是管理者管理不严格，要求太松导致的，这是完全错误的想法。

员工利用率直接反映了该呼叫中心的运营水平，但是员工利用率并非越高越好，员工感受也是管理者必须要考虑到的，因为超负荷的工作状态也会引起很多其他问题。

员工利用率的行业标准大概在 70%~85% 之间，不宜过高或过低。

1）关联因素：日常排班；人力安排；员工工作能力；部门策略。

2）计算公式：

a）员工利用率 =（就绪时长 + 通话时长 + 案面处理时长）/ 登录系统时长 ×100%。

b）员工利用率 =（通话时长 + 案面处理时长）/ 登录系统时长 ×100%。

对于员工利用率这个指标，很多企业有不同的见解，就绪时间是否算工作时间？时间基数是按登录系统时长还是按工作制时间算？会议和员工被调用怎么算？这些都是很多企业产生差异的原因。但是他们的目标都是一致的，就是了解员工的工作状态，分析呼叫中心的整体效率。

3. 中文录入速度

中文录入速度是指坐席代表每分钟录入中文的字数。中文录入速度是呼叫中心坐席代表的一种基本技能，速度过慢会影响工作效率，增加呼叫中心的成本。所以管理者必须对录入速度做出明确的规定，并定期进行检查，并将检查的结果与员工的奖金或是其他工资进行挂钩，产生控制和激励的作用。

行业标准为大于或等于 60 字 / 分钟，建议标准为大于或等于 80 字 / 分钟。

1）关联因素：坐席代表后处理时长；坐席代表通话时长。

2）计算公式：中文录入速度 = 正确的录入字数 / 总用时。

4. 业务考核成绩

业务考核成绩反映呼叫中心坐席代表对业务知识的掌握程度。呼叫中心需要明确规定对坐席代表业务知识熟练程度的要求。呼叫中心管理需要制订抽查或考核的方法、内容、周期。对于不合格的坐席代表要对其业务掌握程度进行分析，并寻求培训部的帮助，及时对员工进行指导和培训。

行业标准：无，建议标准：要求坐席代表的业务知识的考核成绩在 80 分以上。

1）关联因素：顾客满意度；一次性解决率；平均处理时长。

2）计算公式：可以进行抽查和每月例行考核。

1. 关键绩效指标定义

关键绩效指标是通过对组织内部某一流程的输入端、输出端的关键参数进行设置、取样、计算、分析，以衡量流程绩效的一种目标式量化管理指标，是把企业的战略目标分解为可运作的远景目标的工具，是企业绩效管理系统的基础。

呼叫中心运营管理 KPI 是呼叫中心日常管理的纲要，对一个以呼入项目为主的呼叫中心来说，常见的指标主要包含综合指标、效率指标和质量指标三大类，具体见表 2-1。

表 2-1 呼叫中心运营管理 KPI

呼叫中心运营管理 KPI		
综合指标		来话接通率
		一次解决率
		客户满意率
		客户知晓率
		员工满意度
效率指标	话务量	总呼叫量
		成功呼叫总量
		成功呼叫率
	坐席代表	人均每小时电话处理量
		在线利用率
		工时利用率
		出勤率
	处理时长	平均处理时长
		平均持线（等待）时长
		平均交谈时长
	排班	排班有效率
		排班吻合率
	系统支撑	系统满负荷率
		系统故障率
		故障处理及时率

（续）

呼叫中心运营管理 KPI		
质量指标	招聘	人员招聘及时率
		到岗及时率
		新员工转正率
	培训	培训满意度
		培训按时完成率
		培训出勤率
		培训合格率
	质检	质检差错率
	投诉	客户投诉率
		投诉处理及时率
		投诉处理满意率
	系统	支撑系统满意率
		知识库满意率

2. KPI 管理的意义

（1）职责更加明确　KPI 体系的主要功能就是让无论是管理者还是员工都能够职务清晰，责任到位，如果出现问题能够快速找到原因，找到责任人。

（2）目标更加统一　由于 KPI 是依据企业的战略目标而制订的，所以通过 KPI 体系的带动，会使个人的目标、部门的目标和企业的目标相互一致，有利于企业整体的长期发展。

（3）竞争更加客观　量化的管理方式会建立良好的竞争机制，由于所有的绩效指标都公开透明，数据客观公正，会督促员工努力做好工作，不断地提升整体水平。

（4）管理更加有效　公平公开透明的量化管理，减少了管理者的压力，能够让管理者更加有效地掌握工作重点，更加准确地确立工作目标，更加及时地掌握工作状况；通过对绩效指标的统计分析，还能够对工作可能会出现的问题进行预测，制订相应措施。

（5）考核更加方便　有了统一公开的绩效指标后，对于工作的考核、员工的考核会变得非常方便，工作成绩的量化可以直观地反映某项工作的完成情况、某个员工的工作能力水平，可以看到工作变化的规律和趋势。这种相对科学合理的考核方式，能够使企业和员工达到双赢。

任务拓展

1. 任务要求：请计算以下 KPI 数据

(1) 请计算表 2-2 中小组的平均通话时长。

表 2-2　平均通话时长计算练习

工号	姓名	接起量	通话时长	平均通话时长
1047	小雪	330	3：17：28	
1048	小丹	333	3：21：37	
1049	小萌	295	2：47：25	
1050	小星	429	3：49：12	

(2) 请计算表 2-3 中小雪当日的平均案面时长和平均处理时长。

表 2-3　平均案面时长及平均处理时长计算练习

工号	姓名	时间段	呼入总量	接起量	通话时长	就绪时长	案面时长	平均案面时长	平均处理时长
1047	小雪	8：00–12：00	130	120	2：05：20	1：27：02	2：00：00		
1047	小雪	13：00–17：00	150	140	2：18：00	1：02：00	1：30：00		

(3) 请计算表 2-4 中团队的服务水平。

表 2-4　服务水平计算练习

工号	姓名	呼入总量	接起量	未接量	20 秒内电话接起量	服务水平
8047	小微	350	345	5	330	
8048	小丹	345	341	4	333	
8049	小萌	301	295	6	295	
8050	小星	439	432	7	429	

(4) 请计算表 2-5 中 4 个人的接通率（请保留两位小数点）。

表 2-5　接通率计算练习

工号	姓名	呼入总量	接起量	未接量	接通率
8047	小微	350	345	5	
8048	小丹	345	341	4	
8049	小萌	301	295	6	
8050	小星	439	432	7	

（5）请用两种方式计算表2-6中4个人的客户满意度（请保留两位小数点）。

表2-6　客户满意度计算练习

工号	姓名	接起量	转满意度量	参与满意度量	选择满意数	客户满意度
8047	小微	345	335	329	299	
8048	小丹	341	332	330	287	
8049	小萌	295	287	285	270	
8050	小星	432	427	415	399	

（6）请计算表2-7中的24小时重复来电率（请保留两位小数点）。

表2-7　24小时重复来电率计算练习

工号	姓名	接起量	24小时二次来电量	24小时三次来电量	24小时重复来电率
8047	小微	345	21	3	
8048	小丹	341	35	4	
8049	小萌	295	23	7	
8050	小星	432	40	9	

（7）请计算表2-8中4个人的成单率（请保留两位小数点）。

表2-8　成单率计算练习

工号	姓名	呼入总量	成单量	成单率
8047	小微	345	80	
8048	小丹	341	76	
8049	小萌	295	48	
8050	小星	432	120	

（8）请计算表2-9中4个人的合格率（请保留两位小数点）。

表2-9　合格率计算练习

工号	姓名	呼入总量	成单量	合格量	合格率
8047	小微	345	80	76	
8048	小丹	341	76	72	
8049	小萌	295	48	47	
8050	小星	432	120	117	

（9）请计算表 2-10 中的抽检合格率（请保留两位小数点）。

表 2-10　抽检合格率计算练习

工号	姓名	成单量	合格量	抽检量	抽检合格量	抽检合格率
8047	小微	80	76	50	48	
8048	小丹	76	72	45	42	
8049	小萌	48	47	35	30	
8050	小星	120	117	65	60	

（10）请计算表 2-11 中该团队 10 月 21 日当天的接通率及服务水平。

表 2-11　接通率及服务水平计算练习

项目	日期	来电总量	接起量	20 秒内接起量	接通率	服务水平
呼入项目	10-21	980	960	958		

任务 2　呼叫中心绩效指标的分析与监控

花花：主管，我已经掌握了呼叫中心常用 KPI 指标，在工作中也掌握了各类指标的作用和数据计算方法，但我该怎么运用他们呢？

主管：是的，花花，作为基层管理者，我们的要求不仅是了解和掌握 KPI，而是运用 KPI 指标进行运营的管理，从而更好地对于员工状态、运营质量、服务质量进行管理，进行持续的改善。

花花：是的，我发现我们组昨天的接通率非常的低，是全部小组中的最后一名，我作为班组长有不可推卸的责任。

主管：业绩不好，作为班组长不仅仅要关注结果，还要关注过程，我们要逐一分析各类指标的影响因素和相关关联的作用，从而找到解决办法，更好地提升小组成绩。

花花：嗯，我略微明白了一些，今天就请主管给我们讲讲该如何完成 KPI 指标的分析与监控吧！

任务分析

呼叫中心最常见的各项 KPI 中，有很大一部分是不需要班组长进行长期关注和分析的，班组长需要关注的是与员工绩效直接相关的部分，基层管理者必须关注这部分 KPI，对数据进行分析，因为这些指标既关系到员工的绩效考核结果，也关系到了小组的绩效成绩，通过这些 KPI 数据，能够反映出当前的工作存在哪些问题，哪方面需要提升。所以，做好 KPI 数据分析，是班组长非常重要的能力之一。

任务实施

呼叫中心的数据比较繁杂，统计分析也是比较深奥的一门专业，所以我们这里所谈到的数据分析只是针对部分 KPI 所进行的简要解读，分析某些指标发生变化的主要原因，提出改进方案，依据这些数据来指导自己的工作。

1. 数据分析的一般流程

1）目标确立，根据周例会、月总结会以及上级安排来确定小组绩效指标的目标。

2）通过各渠道收集呼叫中心的运营数据。

3）数据整理，根据目标内容，对现有的各项数据进行整理。

4）问题分析，对现有数据所反映出来的问题进行分析，寻找未能达成目标的原因。

5）数据预测，根据历史数据变化规律对后期的数据变化进行预测，有助于设定合理的目标。

6）出具分析报告，提出建议和方案。

2. KPI 关联性分析

下面我们简单举几个例子来进行解析，找出一些指标之间的关联性，并且简单看一下这些指标对于实际管理工作所具有的指导性。

（1）电话接起量　电话接起量是指整个小组或者每个员工接起电话的数量，这个指标比较简单，是一个最基础的数据，但是它又是在员工绩效计算中权重最大的一个指标，电话接起量越高，表面上来看表示员工工作越努力，所以我们在这里对它进行一下简单分析。

与这个指标相互关联的有哪些指标呢？

直接相关指标：通话时长、案面时长、员工利用率。

间接相关指标：合格率、客户满意度、就绪时长、转接率、重复来电率。

在呼叫中心里，员工努力提高电话接起量的情况很普遍，那么当你发现某个员工电话接起量不断上涨的时候，通常他的通话时长和案面时长一定要缩短，但是总的工作时长通常会增加，这样他的员工利用率会提高，但是也存在着一定的风险，由于追求电话接起量，有意减少与客户沟通的时长，一方面可能会影响客户的感受，另一方面可能没有获取客户端相关的信息，导致问题处理不彻底，所以客户满意度会下降而重复来电有可能会增加。另外，班组长也要关注是否员工在增加接起电话量的同时，增加了转接电话给二线的情况，因为转接之后，疑难问题不需要自己进行处理，这样可以降低通话时长，从而提高电话接起量，而员工为了减少案面时长，也可能会减少录入的内容，导致录入系统的内容不能符合要求。

反之，如果有员工近期电话接起量下降，那么可能直接关联的也是通话时长和案面时长，由于案面时长相对来说在短时间内不会发生太大变化，那么员工可能是通话时长增加了，通话时长的增加会有两个原因，一方面是新的业务掌握不好，在通话过程中查询知识库的时间增加，对问题的判断过程较长，另一方面可能是员工为了提高客户满意度主动和客户增加沟通。

但是，如果发现员工虽然电话接起量下降了，但是通话时长和案面时长并没有什么变化，那么就需要去关注一下就绪时长，也就是员工等待电话接入的时间，员工可能有意少接入电话引起了电话接起量的下降，所以就绪时长可能会较其他员工比较短。如果你发现电话量少了，通话时长、案面时长、就绪时长都没有问题，那么需要看一下员工利用率，也要分析一下员工的休息时间点，是否在来电量较多的时候该员工选择了休息，而来电量低的时候，就绪时长的减少情况得以弥补。

所以，当一个员工能力水平和工作主动性上没有大的变化，而电话接起量发生明显变化时，他的KPI变化见表2-12和表2-13。

表2-12　电话接起量上升的关联影响因素

电话接起量↑	案面时长	↓
	通话时长	↓
	员工利用率	↑
	合格率	↑
	客户满意度	↓
	就绪时长	↑
	重复来电率	↑
	转接率	↑

表 2-13　电话接起量下降的关联影响因素

电话接起量↓	案面时长	↑
	通话时长	↑
	员工利用率	↓
	合格率	↓
	客户满意度	↑
	就绪时长	↑
	重复来电率	↓
	转接率	↓

（2）**客户满意度**　对于员工而言，绩效指标中的客户满意度主要是指客户参与满意度评价后对本次服务所给予的评价，所以这个指标主要能表现出员工服务态度和业务能力水平以及沟通技巧。

那么与这个指标相关联的有哪些指标呢？

直接相关指标：通话时长、重复来电率、员工利用率。

间接相关指标：合格率、业务考核成绩、投诉量。

多数情况下，与客户进行较为深入的沟通，了解客户各项需求并给予帮助，往往能够带动客户参与满意度调查的热情，也就容易让该指标提升，在客户满意度上升的同时，通话时长一般都会增加，由于沟通很充分，问题得到了很好的解决，那么重复来电率会下降，由于处理时间的增加，员工利用率通常也会上升。而且与之相关的合格率也会提升。而要想提供给客户满意的解决方案，业务水平也一定要好，所以业务考核成绩应该比较高；电话处理得好，客户满意度高，那么投诉量肯定会降低。

如果客户满意度发生明显的下降，就会有几种可能，一种是为了提高电话接起量而缩短通话时长，另一种就是业务能力存在问题，导致给予客户的解答让客户并不能完全满意。还有就是员工个人问题，情绪波动影响了服务态度，这样很容易产生投诉。

当客户满意度发生上升或下降时，其关联影响因素分别见表 2-14 和表 2-15。

表 2-14　客户满意度上升的关联影响因素

客户满意度↑	通话时长	↑
	重复来电率	↓
	员工利用率	↑
	合格率	↑
	业务考核成绩	↑
	投诉量	↓

表 2-15 客户满意度下降的关联影响因素

客户满意度↓	通话时长	↓
	重复来电率	↑
	员工利用率	↓
	合格率	↓
	业务考核成绩	↓
	投诉量	↑

（3）员工利用率 员工利用率是员工的有效工作时长，也就是工作饱和度的一个体现，这个指标很容易反映出员工的工作状态，而员工利用率和整个部门的运营能力有着很大的关系。

从整个部门角度来说，与员工利用率直接相关的因素有人力配备、排班合理性、人员管理等。最简单的理解就是，如果电话接起量一定，安排的人越多，则员工利用率越低，来电量高峰时人少，低谷时人多，员工利用率就肯定下降。

那么从员工角度来分析，它和哪些指标相互关联呢？

直接相关指标：服务水平、接通率、放弃率、就绪时长。

间接相关指标：客户满意度、通话时长、重复来电率、投诉量、人员流失率。

当某个时间段员工利用率明显提高时，通常的状态是来电量较大，人力不足，导致电话形成积压，对于员工而言的状态就是刚挂了上一个电话，下一个电话就已经响起。这种状态下，客户等待时长会增加，服务水平会下降，接通率也会下降，很多客户打来一直没有人接起，就会造成放弃率增加。这种情况下，员工的就绪时长肯定会很短，因为电话一直在排队。

与之相关，员工会很疲惫，工作热情会下降，而客户等待时间又过长，于是导致客户满意度下降，可能会产生投诉；管理者为了降低放弃率，会影响员工尽量多地接听电话，那么就会导致通话时长缩短，由于没有充分沟通导致重复来电率提高。如果员工长期处于这样一种高压的工作状态下，很可能也会引起员工的流失。

反之，如果员工利用率很低，说明安排的人很多，但是工作量不高，那么服务水平、接通率一定会提高，放弃率会减少，就绪时长会增加，因为大家都在等电话。

由于时间充分，员工精神状态良好，与客户沟通充分，那么相关的客户满意度就会较高，通话时长增长，重复来电率下降，投诉量下降。

另外，员工利用率的变化和员工自身也有很大的关系，越努力的员工，其利用率就一定会越高。

当员工利用率发生上升或下降时，其关联影响因素分别见表 2-16 和表 2-17。

表 2-16　员工利用率上升的关联影响因素

员工利用率↑	服务水平	↓
	接通率	↓
	放弃率	↑
	就绪时长	↓
	客户满意度	↓
	通话时长	↓
	重复来电率	↑
	投诉量	↑
	人员流失率	↑

表 2-17　员工利用率下降的关联影响因素

员工利用率↓	服务水平	↑
	接通率	↑
	放弃率	↓
	就绪时长	↑
	客户满意度	↑
	通话时长	↑
	重复来电率	↓
	投诉量	↓
	人员流失率	↓

以上我们找了三个 KPI 数据简单做了一下分析，这个结果只是基于员工自身状态和一些外界条件不发生变化的前提之下的分析。当坐席代表自身发生很大的进步或者部门运营上出现明显的问题时，这些关系又会不同。

例如，员工业务能力提升，那么完全能在不影响任何其他指标的情况下既能提高通话量也能提高客户满意度等一些指标；当排班合理性更强时，也能够在不影响任何指标的情况下提高员工利用率。

所以，KPI 数据的分析是一个动态的过程，它和很多其他因素相互关联。行业不同，KPI 的选取、标准、算法、关联性都有可能不同，所以 KPI 管理的行业标准和模式可以提供参考，但是具体还需要和自身特点进行结合分析。

3. KPI 影响因素分析

我们以 AHT 为例，对某项 KPI 的影响因素进行分析，来找出隐藏在指标背后的内容，如图 2-1 所示。

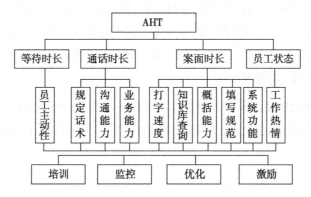

图 2-1　AHT 影响因素分析

从图 2-1 可以看出，如果单独对 AHT 一个指标进行分解，我们会看到很多与之相关的因素，这些因素就是组成 AHT 结果的原因，要想对 AHT 指标进行调整，就要分析从与它相关联的哪几个因素入手，采取哪种方式来进行。所以，当某项指标发生变化时，要看到在它的背后可能发生了什么情况，需要通过什么方法来进行调整。

目前呼叫中心已经正式迈入大数据分析时代。分析解决方案所做的不是交易数量获取、呼叫评估这么简单，而是从数据中找出趋势，进而提出可作为行动依据的建议，用来改善运营绩效，或显示战略问题或更多提升价值。具体来说，呼叫中心数据分析管理的作用主要包括以下 5 个方面：

1）目标设定。无论是呼叫中心的整体工作目标（整体 KPI）还是以小组为单位或者是以个人为单位的工作目标（个体 KPI）的设定，均需要通过专业科学的数据来体现，同时数据还发挥着目标传递和分解的作用。

2）结果展现。既然设定的目标是以数据来展示的，那么工作的结果也必须用数据来展现，通过数据来验证目标完成的契合程度。

3）趋势预测。在呼叫中心的运营管理中，对于未来数据的预测是一项非常重要且常规性的工作，预测出的数据能够有效指导各项工作的开展，使呼叫中心未来的运营轨迹处在可监控、可预知的态势中。

4）业务分析。呼叫中心在企业中扮演着双重角色，一方面向客户传递企业的产品及服务信息，对外树立起企业的形象和品牌；另一方面也需要向企业各相关部门反馈客户的需求，使企业的产品和服务得以不断优化。而这些业务方面的意见和建议，正是通过对大量的客户手里数据进行综合分析后的结果，承载这些分析结果的则是业务类的分析报告。

5）反馈问题。在整个运营管理中，最直接、最快速、最客观反映问题的就是数据。例如，同时段同等的电话进量，接通率却出现下滑，这无疑是向管理者传递着人力安排存在问题的信号；相比前一天，客户满意度指标严重下滑，则要求管理者必须立即采取行动，调查客户不满意的真正原因并加以改进等。

总之，通过数据反映出的问题需要立即加以分析并改进，否则运营将陷入失控状态。因此，我们可以通过数据在运营上重点控制三件事情：客户呼入总量、合理缩短通话时长、合理调整排班。

1. 呼叫中心企业制订 KPI 原则

1）以目标为导向。用全局的观念把个人和部门的目标与企业的整体战略目标联系起来，遵循从大到小的制订原则，采用层层分解的办法制订呼叫中心的 KPI 体系。

首先根据呼叫中心总体经营目标制订总的 KPI，这个指标可能只有三五个，呼叫中心的总经理只需要关注这几个 KPI 就可以清楚了解呼叫中心的运营情况。其次将呼叫中心总的 KPI 分解到各业务部门，制订各业务部门的 KPI，这时部门关注的指标数量相较之下会有大幅度的增加。然后由部门经理根据部门指标制订部门员工的具体指标。这种层层分解的制订方法，最终可能会导致不同的管理层和业务部门关注的 KPI 各不相同。但是各种 KPI 最终保证了最高管理层 KPI 的实现，如图 2-2 所示。

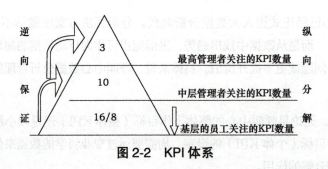

图 2-2　KPI 体系

2）以业务类型和客户需求为基础，设计不同的 KPI。在综合型的外包呼叫中心，业务类型非常多，要根据不同的业务类型制订不同的 KPI。一般根据电话进出可将呼叫中心分为呼入型和呼出型呼叫中心。

呼入型呼叫中心关注的 KPI 见表 2-18。

表 2-18 呼入型呼叫中心关注的 KPI

	高层管理	中层管理	基层员工
客户满意度	☆	☆	
员工利用率		☆	
成本利润率	☆	☆	
平均单呼成本	☆	☆	
平均通话时长			☆
平均案面时长			☆
重复来电解决率		☆	☆
投诉率		☆	☆
平均就绪时长		☆	
服务态度		☆	
行业服务水平	☆	☆	
平均电话接起量			☆
接通率		☆	
业务考核成绩		☆	☆
合格率		☆	☆

而对于呼出型业务来说，还要根据不同的呼叫业务制订具体的 KPI。例如，对于市场调查项目，客户关心的是呼叫中心能否按量、按质、按时提交最终的调查结果，而呼叫中心的高层管理者关心的是这个项目是否让客户满意、能否按时收回服务费用以及该项目最终能否赢利。呼出型呼叫中心关注的 KPI 见表 2-19。

表 2-19 呼出型呼叫中心关注的 KPI

	高层管理	中层管理	基层员工
客户满意度	☆	☆	
成本利润率	☆	☆	
员工利用率		☆	
平均单呼成本	☆	☆	
行业竞争力	☆	☆	
平均通话时长		☆	☆
平均案面时长		☆	☆
平均呼出量		☆	☆
接通率		☆	
成单率		☆	☆
出勤率		☆	☆

3）注重工作质量，建立工作质量相关的 KPI。例如，建立客户满意度、业务考核成绩、合格率、投诉率等 KPI。

4）KPI 具有明确的定义和可操作性，保证可以收集到相关的数据。制订的指标不应该太复杂，而应该容易理解和接受。

5）强调流程管理，对关键的输入、输出端点设置 KPI，加强整体控制效果。制订的指标必须比较稳定，并且可以控制。在流程不变的情况下，KPI 最好不要经常变动。

2. 数据分析实施

数据分析过程的主要活动包含识别信息需求、收集数据、分析数据等。

（1）识别信息需求　识别信息需求是确保数据分析过程有效性的首要条件，可以为收集数据、分析数据提供清晰的目标。识别信息需求是管理者的职责，管理者应根据决策和过程控制的需求，提出对信息的需求。就过程控制而言，管理者应识别要利用哪些信息支持评审过程输入、过程输出、资源配置的合理性、过程活动的优化方案和过程异常变异的发现。

（2）收集数据　有目的地收集数据，是确保数据分析过程有效的基础。组织需要对收集数据的内容、渠道、方法进行策划。策划时应考虑：将识别的需求转化为具体的要求，如评价供方时，需要收集的数据可能包括其过程能力、测量系统不确定度等相关数据；明确由谁在何时何处，通过何种渠道和方法收集数据；记录表应便于使用；采取有效措施，防止数据丢失和虚假数据对系统的干扰。

（3）分析数据

1）对比分析法。对比分析法也称比较分析法，是对客观事物进行比较以认识事物的本质和规律，并做出正确的评价的方法。对比分析法通常是把两个相互联系的指标数据进行比较，从数量上展示和说明研究对象规模的大小、水平的高低、速度的快慢以及各种关系是否协调，从而得出有价值的决策信息。对比分析法简单且直观易懂，应用非常普遍。

对比分析法的主要作用在于揭示客观存在的差异，是一种分析其数量关系、总结成绩、发现问题的方法。利用这种差异可以考察任务完成情况，显示指标变动趋势，从而评价呼叫中心团队成员的工作绩效。

对比分析法按其比较基数不同，有实际与计划比较，不同时期比较，同类企业间、不同团队间、不同个体间的比较等形式。

将实际数据与计划数值进行比较，能够检查指标的计划完成情况。

将不同时期的指标数据进行比较，能够考察指标的变动趋势。不同时期的比较分为同比和环比，其中同比也叫同期比，表示和上一年同一时间段的比较；环比表示本月和上月的比较。一般会结合图形进行分析，使结果更加明显。

2）结构分析法。结构分析法是对指标的内部构成以及各部分所占比重的变化情况进行分析的一种方法，也称作比重分析法或构成分析法。它是在统计分组的基础上，计算各组成部分所占比重，进而分析某一总体现象的内部结构特征、总体的性质、总体内部结构依时间推移而表现出的变化规律性的统计方法。

结构分析法在呼叫中心运用报表中主要适用于业务组成、工单分类、质检错误分析、工作完成占比等项目的分析。在运营管理过程中，通过对指标内部构成变化情况的分析，可以及时发现问题，揭示总体内部构成的合理性，预测事物变化的趋势，掌握业务发展的规律。

运用结构分析法，首先要确定总指标的内部构成，计算出各部分指标在总指标中所占比重，然后将各部分指标的比重数与前期（或计划）数比较，反映出内部结构的变化情况，并对变化的合理性进行分析。

结构分析法的基本表现形式是计算结构指标。其公式是：

$$结构指标 = \frac{总体中某一部分的量}{总体总量} \times 100\%$$

3）平均分析法。平均分析法是指利用平均指标对社会经济现象进行分析的方法。平均指标又称平均数，是反映社会经济现象总体和单位在一定时间、地点条件下某一数量特征的一般水平。

平均分析法作用有：①比较同类现象之间的本质性差距；②对某一指标在不同时间上的水平进行比较，以说明现象的发展趋势和规律；③分析现象之间的依存关系；④进行数量上的推算。

平均分析法的特征有：①平均数是一个代表值，具有代表性；②平均数是一个抽象化的数值，具有抽象性；③平均数可用来说明总体内各单位标志值的集中趋势；④平均数的值介于最小值和最大值之间；⑤平均数可以有小数，对离散变量也是如此。

4）趋势分析法。趋势分析法是通过对经营报表中各类相关的数字进行分析比较，得出他们的增减变动方向、数额和幅度，以揭示企业的运营状况和变化趋势的一种分析方法。

趋势分析法的目的在于确定引起企业运营状况和经营成果变动的主要原因，预测未来发展的趋势。

趋势分析的方法有：①趋势平均法，根据时间数列资料，逐项递推移动，依次计算包含一定项数的扩大时距平均数，形成一个新的时间数列，是一种反映长期趋势的方法；②指数平滑法，是一种加权平均法，利用本期实际值和本期趋势预测值分别赋予不同权数进行加权，求得指数平滑值，作为下一期预测值的预测方法；③直线趋势法，运用最小平方法进行预测，用直线斜率来表示增长趋势的一种外推预测方法，关键是求得趋势直线，以利用趋势直线的延伸求得预值；④非直线趋势法，也叫作曲线趋势预测法，是指当变量与时间之间存在曲线而非直线联系时，通过变量（纵坐标）改用按指数值的差距"刻度"，将曲线关系直线化，形成一条对数线趋势线，再按直线趋势法求解。

趋势分析法的计算可以借助于 Excel 自带函数的功能实现，不需要手工完成。

除此之外，呼叫中心还有很多种数据分析的图表工具和方法：

老七种工具，即排列图、因果图、分层法、调查表、散步图、直方图、控制图。

新七种工具，即关联图、系统图、矩阵图、KJ 法、计划评审技术、PDPCE、矩阵数据图。

这些工具的具体用法我们可以通过后续的学习逐步掌握。

3. 数据统计和分析维度

（1）数据报表统计的维度　各类报表统计维度会略有差异，不同的客服中心根据自身的业务不同，会有自己的维度统计，同一张报表可以同时出现多个维度的限定统计。数据报表统计的维度一般为以下几类：

1）按不同时间维度划分：15 分钟、半小时、小时、日、周、月、季、年。

2）按不同区域划分：各省份，各地、市、州。

3）按不同的技能组划分：根据自身的技能统计。

4）按不同的业务类型划分：根据自身的业务发展统计。

5）按组织架构划分：部门、小组。

6）根据自身的业务情况划分维度。

（2）数据报表横向分析和纵向分析思路

1）通过人员、班组、业务的相关数据做横向分析。

2）通过不同时间的数据对比做纵向分析。

坐席代表接起电话以前，电话铃响的时间：衡量坐席代表的服务态度。

在坐席代表通话以前，客户在 ACD 队列中的等待时间：衡量呼叫中心资源分配的合理性。

客户电话被挂起的次数和总时长：衡量坐席代表服务是否专业。

客户和坐席代表通话时长：衡量坐席代表的业务熟悉程度。坐席代表处于待机状态时间：衡量坐席代表业务流程合理性。

坐席代表处理一个来电/外拨的时间：工作效率。

坐席代表输入资料的时间：衡量坐席代表业务熟悉程度。

（3）报表的内部分析和外部分析思路　呼叫中心分析系统主要可分为两种：内部分析——针对呼叫中心整体运营绩效和坐席代表的个人绩效；外部分析——针对客户。

1）内部分析应用，一般包含以下几种功能：

质量保证／计分：测量坐席代表对内部策略和流程的执行度。

IVR 分析：采集、评估应用的绩效，判断其工作态度，以及需要加强的方面。

绩效管理：通过将部门目标与企业整体目标相结合，改善呼叫中心的绩效。这类应用同样也能生成"仪表盘"（像仪表盘一样将所有数据展现在一起），用来测量个人、小组和呼叫中心整体的绩效。

桌面数据分析：这是一种新应用，以测量坐席代表与桌面服务应用程序之间的互动，并评估桌面支持系统的整体绩效。桌面数据分析是指通过分析业务支持系统、知识库系统等应用程序的桌面活动，鉴别坐席代表使用应用程序的顺序、方式方法、起止时间和使用时长等，从而为系统和程序应用性能问题识别、流程自动化机会识别、坐席代表培训和实时指导需求识别等提供支持。

2）外部分析应用，一般包含以下几种功能：

语音分析：记录呼叫对话样本，采集结构与未结构化数据，系统化识别客户问题、需求和想法的根本原因，提供行动建议。

预测分析：使用预测运算实时识别最恰当的服务和销售方式，能够增加客户服务最佳方式的确定性，减少"猜测"工作。

实时分析：从客户的 E-mail、传真、反馈表格、即时通信记录或其他文本格式的资料中采集结构和未结构化数据，识别客户需要。

Web 分析：评估、测量客户使用 Web 自助服务环境与企业进行互动的效率，能够侦测出哪些功能执行良好、哪些需要改善，让企业网站更易于为客户使用。

客户反馈：包括调研应用在内，用以收集并测量客户对企业产品或服务的满意度。

客户价值分析：测量并向坐席代表提示每一名客户或每一次呼叫的价值。这类应用已被市场部门使用多年，现在进入到呼叫中心，被用来排定呼叫路由优先等级，以及协助坐席代表决定如何正确处理不同的客户呼叫。

数据分析永远都是为解决问题而服务的。通过以上的数据收集与分析，监控日常运营和战略实施的进展，发现问题找出原因并采取相应的解决措施直到问题彻底解决，这样的过程循环进行，以保证绩效的持续改善。

任务拓展

1. 实训任务：结合表 2-20 和表 2-21 中的 KPI 数据，分析团队及人员工作状态，并提出改善建议

2. 任务形式：每 3 人为一组进行讨论，要求每组独立完成后进行互评

3. 任务时限：20 分钟

4. 任务要求：要求每个小组在限定时间内把发现的问题和改善方法呈现在白板纸上，并选派代表讲解本组的分析过程

表 2-20　呼叫中心关键 KPI（周）

呼叫中心关键 KPI	周一	周二	周三	周四	周五
电话接起量	2155	1772	2008	1903	2212
放弃量	163	128	114	101	85
来电总量	2318	1900	2122	2004	2297
接通率	92.95%	93.28%	94.62%	94.95%	96.28%
平均通话时长	0:01:23	0:01:46	0:01:19	0:01:58	0:01:19
平均应答速度	0:00:11	0:00:09	0:00:05	0:00:08	0:00:04
上线坐席代表数量	19	17	16	18	15

表 2-21　呼叫中心坐席代表 KPI

姓名	通话次数	通话均长	工作时长	休息次数	总休息时长
刘巧	127	0:02:33	8:16:51	3	0:22:56
王勇	132	0:02:40	7:42:04	2	0:23:56
小丽	128	0:02:35	7:08:50	3	0:21:56
娜依	102	0:02:33	8:16:51	12	0:19:26
李强	103	0:02:40	7:42:04	8	0:29:26
月亮	129	0:02:35	7:08:50	3	0:24:56
张欣	130	0:02:33	8:16:51	3	0:23:16
宋玉	132	0:02:40	7:42:04	2	0:21:16
小蓉	122	0:02:35	7:08:50	4	0:22:18
张生	127	0:02:33	8:16:51	3	0:22:56
美丽	132	0:02:40	7:42:04	2	0:23:56
小芳	128	0:02:35	7:08:50	3	0:21:56
新员工	56	0:03:35	7:08:50	3	0:24:56
新员工	77	0:04:13	8:16:51	3	0:23:16
新员工	68	0:03:51	7:42:04	2	0:21:16

（续）

姓名	通话次数	通话均长	工作时长	休息次数	总休息时长
新员工	72	0:02:59	7:08:50	2	0:22:18
新员工	43	0:04:07	8:16:51	1	0:23:17
新员工	89	0:03:29	7:42:04	3	0:21:17
新员工	61	0:03:37	7:08:50	2	0:22:19

任务3 呼叫中心运营报表制作

任务情景

花花：主管，请问我昨天做的运营日报为什么给退回来了？

主管：是啊，花花，我今天也要跟你聊聊昨天的报表，昨天的报表中有一些数据引用错误，格式也有不对的情况。

花花：主管，实在抱歉，我之前没有做过这项工作，昨天的报表也是按照模板照猫画虎做出来的，其中的确也有些不太理解的地方。

主管：没关系，趁今天线上不忙，我给你们几个新晋升的班组长，把报表制作的要求培训一下吧！

花花：好的，谢谢您，我马上叫他们一起来听课。

任务分析

制作每日运营情况报表是班组长每日必备工作，无论是呼入业务还是呼出业务，每一通电话都会在业务系统中进行记录，每天都会产生大量数据。通过报表，能看出个人表现也能看出团队绩效。可以说，在管理中随时需要以报表为依据，报表是管理工作必不可少的工具之一。

本任务中，通过对呼叫中心运营报表制作过程的学习，掌握报表格式的基本操作、呼叫中心数据整理与分析、呼叫中心常用函数与公式、报表的美化等知识和技能，最终能够独立完成运营报表的制作。

1. 呼叫中心运营报表的基本内容

（1）呼叫中心常用报表类型　从报表的类型上看，呼叫中心系统的报表可以涵盖呼叫中心管理的方方面面，如绩效统计、事件记录、销售报表等，报表助力于我们掌握呼叫中心管理的方方面面。

报表可以从不同的维度制作。从内容方面，可以分为人员管理报表、销售数据报表、工作事件报表等，也可以说，内容报表就是管理维度报表。从时间方面，报表可以分为日报表、周报表、月报表、年报表等。从使用角度，可分为坐席代表报表、管理报表、客户报表等。从表现形式分，可分为数据图表、柱状图、饼形图、散点图等。

对于班组长来说，主要应掌握运营报表的制作，其次在工作中要能够正确理解和引用其他管理报表内容，如绩效报表、排班表、质检评估表、人员情况表、考核统计表等。

（2）呼叫中心运营报表内容　即呼叫中心运营报表应包含各项目的业务数据，包括来电总量、电话接起量等基本数据，还需包括成单量、成单率等。通常通过时间维度、个人维度、团队维度进行统计和分析。

1）个人工作表现报表。此报表可包括电话接起量、通话时长、平均通话时长、就绪时长、平均就绪时长、案面时长、平均案面时长等。如果将所有与坐席代表相关的指标组合成报表，通常从时间维度加以统计，如图 2-3 所示。

第一组运营数据报表											
序号	编号	姓名	未接量	接通量	接通率	合格量	合格率	成单量	成单率	通话时长	平均通话时长
1	1011	赵婷	0	0	0.00%	0	0.00%	0	0.00%	0:00:00	0:00:00
2	1012	秦人枫	3	143	97.95%	5	83.33%	6	4.20%	1:51:09	0:00:47
3	1013	李丹阳	0	0	0.00%	0	0.00%	0	0.00%	0:00:00	0:00:00
4	1015	付莹哲	2	126	98.44%	5	100.00%	4	3.17%	1:38:13	0:00:47
5	1016	李睿	4	97	96.04%	8	100.00%	8	8.25%	1:53:56	0:01:10
6	1017	高素鸽	6	163	96.45%	10	90.91%	11	6.75%	2:21:06	0:00:52
7	1018	杨玉菲	10	167	94.35%	3	100.00%	3	1.80%	1:48:22	0:00:39
8	1019	张立波	4	170	97.70%	6	100.00%	6	3.53%	2:01:23	0:00:43
9	1020	娄向丽	1	163	99.39%	7	100.00%	7	4.29%	2:14:08	0:00:49

图 2-3　坐席代表个人工作表现数据

2）团队工作表现报表。此报表可包括来电总量、电话接起量、20 秒内电话接起量、接通率、放弃率、服务水平、通话时长、案面时长等。如果将所有关于呼叫中心运营的指标组合成报表，通常从时间维度和团队维度加以统计和对比分析，分别如图 2-4 和图 2-5 所示。

******项目运营周报

制作日期：××年×月×日　　　　　　　　　　　　　　　　　　　　　　　　　　　　　　制表人：××

本周总体运营情况							
本周汇总	出勤人数	平均签入时长	平均电话量	平均接通率	平均处理时长	平均工时利用率	20秒服务水平
	134	8.52	76.85	99.07%	125.15	0.94	74.78%
每天运营情况							
日期	出勤人数	平均签入时长	平均电话量	平均接通率	平均通话时长	平均工时利用率	20秒服务水平
10月14日	27	8.39	78	99.19%	126.63	95.08%	75.56%
10月15日	27	8.50	78	99.33%	123.68	92.97%	75.56%
10月16日	26	8.80	83	98.85%	122.40	96.18%	80.15%
10月17日	28	8.08	71	98.68%	125.41	92.49%	69.54%
10月18日	26	8.84	74	99.31%	127.62	92.71%	73.12%

图 2-4　呼叫中心项目运营周报（以时间维度进行统计）

华唐物流中心呼叫中心运营日报

制表时间：8月11日　　　　　　　　　　　　　　　　　　　　　　　　　　制表人：张三

组别	呼入总量	呼入通话量	呼入通话率	呼出总量	呼出通话量	呼出通话率	平均在线(登录)总时长	平均通话时长	平均离面时长	平均员工利用率
A组	426	424	99.5%	41	28	68.3%	8:16:10	1:33:34	0:30:01	24.91%
B组	314	314	100.0%	34	27	79.4%	9:29:49	1:15:19	0:16:36	16.13%
C组	484	483	99.8%	57	48	84.2%	7:51:36	2:06:56	0:30:01	33.28%

图 2-5　呼叫中心项目运营周报（以团队维度进行统计）

通常呼叫中心的报表都有统一的模板，班组长每天将各项统计好的数据进行整理和计算后，填写到模板中。但也要求班组长能够根据报表内容独立制作和设计报表格式。

> **试一试：**
>
> 制作一份"12306项目运营日报"，要求体现整个团队本日汇总数据（包括：出勤人数、平均电量、平均通话时长、转接率、客户满意度、重复来电率等），以及每个坐席代表的关键指标（包括：平均电话接起量、平均通话时长、平均就绪时长、转接率、客户满意度等）。原始数据请从"呼叫中心客户服务与管理实训平台"中下载。

2. 呼叫中心运营报表数据整理

数据分析的第一步是提高数据质量，统一数据标准，否则直接影响数据分析结论。针对拼写错误、数据异常点、数据缺失、无用信息等做初步处理，进行文本、格式以及无效数据的清洗和转换。很多数据并不是直接拿来就能用的，需要经过数据分析人员的清理。数据越多，这个步骤花费的时间越长。常见数据格式错误如图2-6所示。

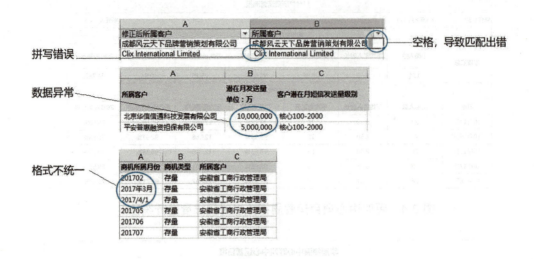

图 2-6 常见数据格式错误

（1）输入数据 要输入到 Excel 表格中进行处理保存的数据，大致为 3 种类型：数值型、文本或公式型、日期时间型。在输入这几类数据时，Excel 会自动识别数据类型，不需要再另外设置，但是也会非常容易因为多加入了不必要的符号、空格，以及格式不对等原因，导致数据进行计算时出现较大的偏差，无法进行接下来的数据计算分析。

1）数值型数据。数值型数据是 Excel 处理数据中最常见的类型，有包括 0～9 中的数字以及含有正号、负号、货币符号、百分号等任一种符号的数据。在 Excel 的默认情况下，这类数据自动沿单元格右边对齐，如图 2-7 所示。

工号	呼入总数	呼入接通数
8029	116	115
8071	102	101
8233	164	164
8214	60	60
8030	84	84
8073	63	61
8048	55	54
8027	61	61

图 2-7 常见数据格式

如果输入的数值需要保留 2 位小数，则选中数值，在"开始"菜单的"数字"选项卡中单击  按钮，增加小数位数；或者右击鼠标，在快捷菜单中执行"设置单元格格式"命令，出现"设置单元格格式"对话框，在分类列表中选择"数值"，右侧小数位数设置为 2，单击"确定"即可，如图 2-8 所示。

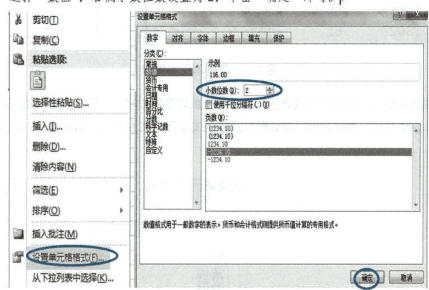

图 2-8　单元格格式设置

在输入过程中，有以下两种比较特殊的情况要注意。

负数。在单元格数值前加一个"-"号或把数值放在括号里，都可以输入负数，单元格中显示"（数值）"或"- 数值"。

分数。要在单元格中输入分数形式的数据，应先在编辑栏中输入"0"和一个空格，然后再输入分数，否则 Excel 会把分数当作日期处理，例如：

在单元格中直接输入 3/4 则显示出"3 月 4 日"的日期格式；

在单元格中输入 3/4 前，输入"0"和"　"（空格）则显示分数"3/4"。

2）文本或公式型数据。在 Excel 中，这类数据一般包括汉字、英文字母、数字和键盘能输入的符号，系统默认是左对齐方式，以文本形式输入的纯数字在单元格左上角会有绿色小三角。若输入的文本内容较长超出单元格的宽度，可以调整单元格的列宽，如图 2-9 所示。

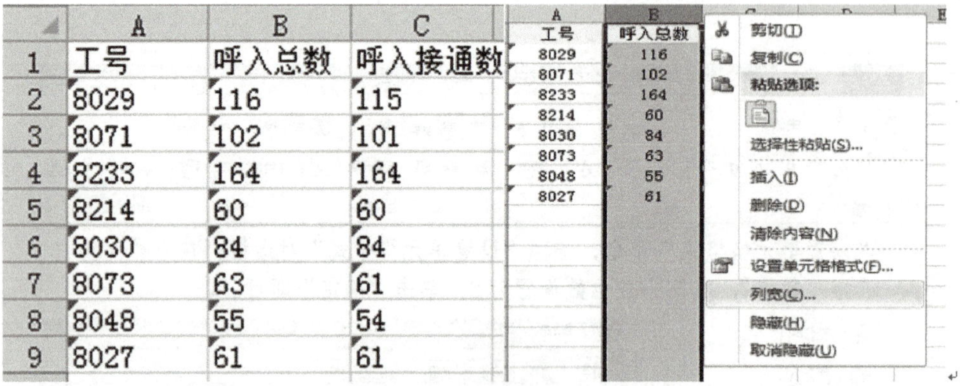

图 2-9　调整单元格列宽

如果需要输入身份证号码或者银行卡号等位数较多的数字时，Excel 自动将这些数据转换为科学计数法显示，此时我们只需要把单元格格式设置为文本即可，如图 2-10 所示。

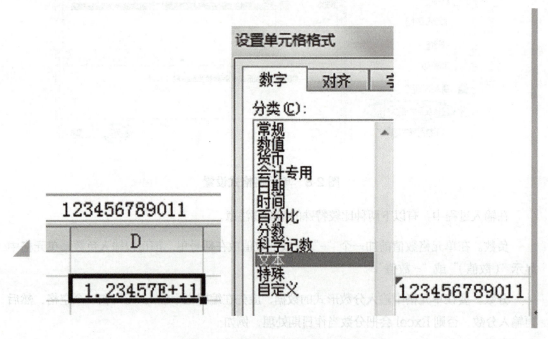

图 2-10　数字格式调整为文本格式

由系统中导出的数据，往往都是文本格式，如果需要对数值进行运算，就需要将文本转换为数字格式，如图 2-11 所示。

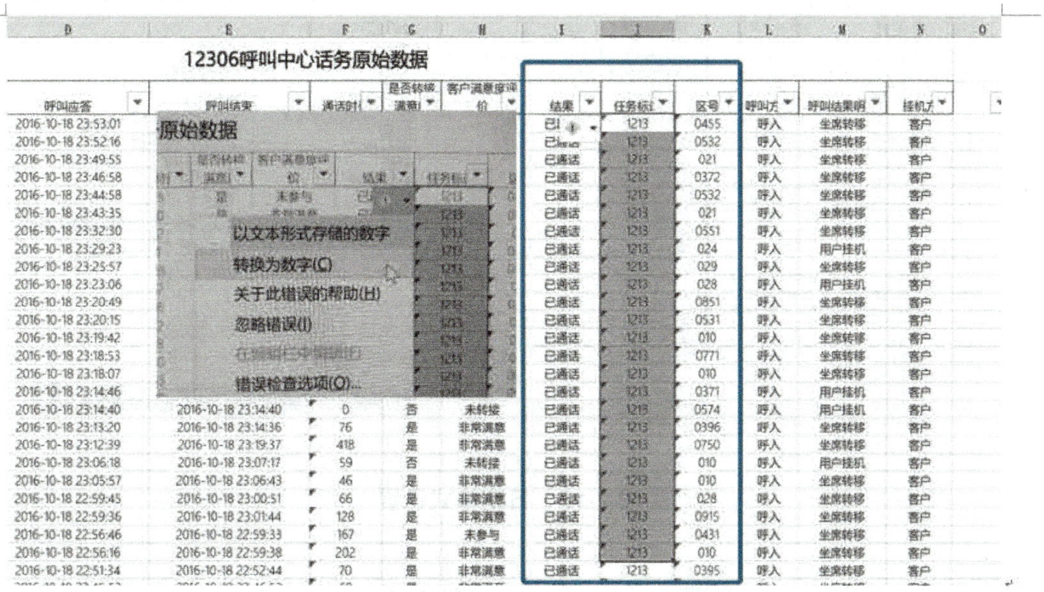

图 2-11　文本格式数字转换为数值

3）日期时间型数据。很多人对这类数据的输入非常随意，有时候输入的"日期"并不是真正的日期格式。例如，人们常常将日期输入为 2020.3.25；从数据库中导出的数据也可能不是数据而是文本。

正确的日期格式是年、月、日 3 个数字间用减号（-）或者斜杠（/）隔开。所以，输入的 2020.3.25 就是错误的日期格式。要输入日期 2020-3-25，可以用以下方式输入：

输入"2020-3-25"；　　　　　输入"2020/3/25"；

输入"2020 年 3 月 25 日"；　　输入"20-3-25"；

输入"20/3/25"；　　　　　　输入"3 月 25 日"；

输入"25-Mar-2020"。

也可以用设置单元格格式法输入日期，如图 2-12 所示。

输入时间时，常用"："来分割时间中的时、分、秒部分。时间和日期的输入方法差不多，方法如图 2-13 所示。

图 2-12　日期格式设置

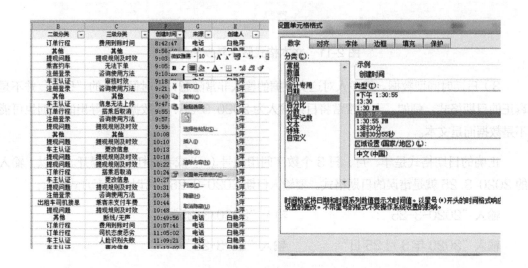

图 2-13　时间格式设置

如果是要输入当前的日期，可以用〈Ctrl〉+〈 ; 〉组合键快速在单元格中输入当前日期；如果是要输入当前的时间，可以用〈Ctrl〉+〈Shift〉+〈 ; 〉组合键快速在单元格中输入当前时间。

4）高效快速输入数据。当输入的数据是遵循某种规律或者重复性时，Excel 提供了一些快速输入数据的方法，可以灵活地应用一些填充功能，快速准确地输入数据，使输入工作事半功倍。

➢ 使用记忆输入

如果需要在一个表格的某一列中输入许多相同的数据，可以使用"记忆输入"功能来简化操作，可以先输出部分字段余下的记忆内容，此部分为黑色字体显示，如图 2-14 所示。

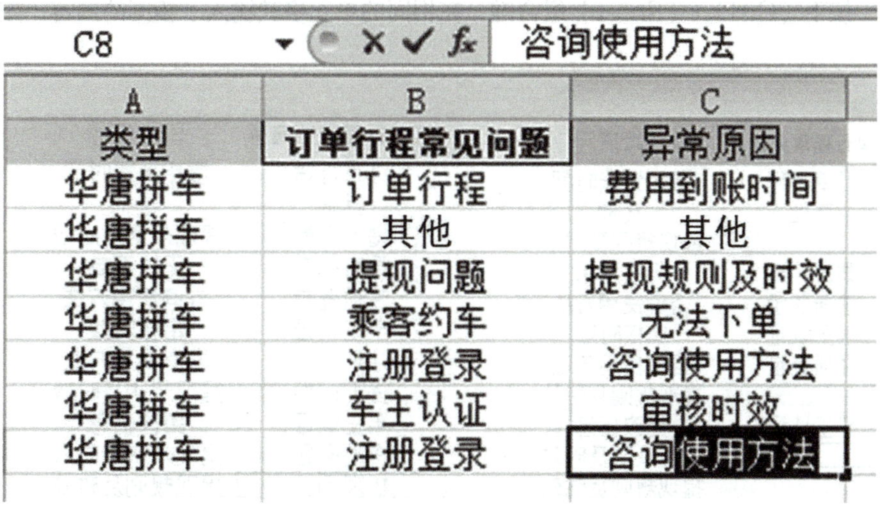

图 2-14　记忆输入

➢ 使用填充序列

在输入数据过程中，经常会遇到许多有规律的序列数据，如数字序列、月份序列等。对于这类数据，使用 Excel 提供的"填充序列"功能可以简化操作，提高数据输入效率。

将指针移动到选定的数据右下角，变成"+"时，按住鼠标左键，往需要填充数据的方向拖放，选择填充序列，号列即可填充完毕。也可通过双击"+"进行快速填充序列，如图 2-15 所示。

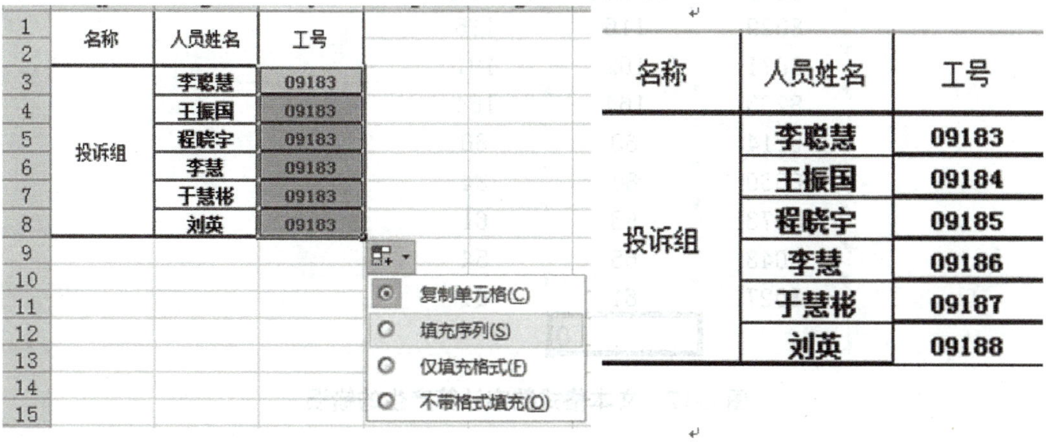

图 2-15　快速填充序列

➢ 巧用〈Ctrl〉+〈Enter〉组合键填充内容

向那些不连续的单元格输入相同的内容时，可以用〈Ctrl〉+〈Enter〉组合键来实现。

表中空白地方均为相同内容，按住〈Ctrl〉键的同时，选择需要输入的单元格，输入“提现问题”，按下〈Ctrl〉+〈Enter〉组合键，在相同的单元格就输入了相同的内容，如图 2-16 所示。

订单行程常见问题	异常原因
订单行程	费用到账时间
其他	其他
	提现规则及时效
乘客约车	无法下单
注册登录	咨询使用方法
车主认证	审核时效
注册登录	咨询使用方法
	提现规则及时效
车主认证	更改信息
	提现规则及时效
	提现规则及时效

订单行程常见问题	异常原因
订单行程	费用到账时间
其他	其他
提现问题	提现规则及时效
乘客约车	无法下单
注册登录	咨询使用方法
车主认证	审核时效
注册登录	咨询使用方法
提现问题	提现规则及时效
车主认证	更改信息
提现问题	提现规则及时效
提现问题	提现规则及时效

图 2-16　组合键填充内容

➢ 文本和数值数据之间的转换

有些情况下，工作表中的数据并不是真正的数字，而是文本，此时如果使用函数进行计算可能就会得到零的结果，如图 2-17 所示。

B10　fx　=SUM(B2:B9)

A	B	C	D
工号	呼入总数	呼入接通数	
8029	116	115	
8071	102	101	
8233	164	164	
8214	60	60	
8030	84	84	
8073	63	61	
8048	55	54	
8027	61	61	
	0		

图 2-17　文本格式数字计算产生的错误

因此，在分析数据之前，要先将文本型数据转换为能够使用函数、可以计算的数值数据。在这里介绍 3 种方法，分别是利用智能标记、利用选择性粘贴和利用“分列”工具来进行文本和数值数据之间的转换。

利用智能标记将文本型数据转换为数值数据的方法非常简单。首先选择要进行数据转换的单元格或单元格区域，单击智能标记 ⚠️ ，在下拉菜单中选择"转换为数字"命令即可，如图 2-18 所示。

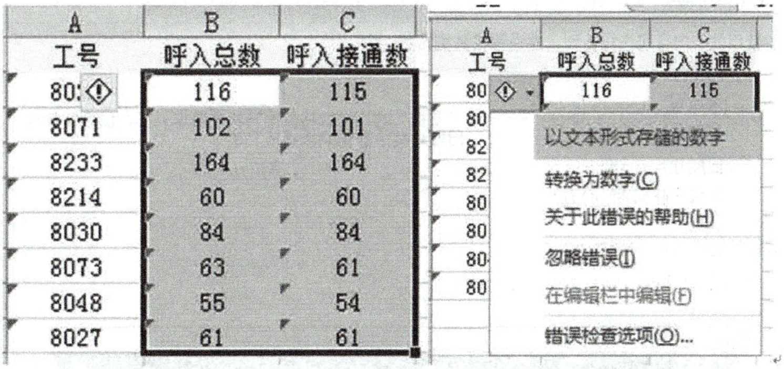

图 2-18　利用智能标记将文本型数据转换为数值数据

尽管使用智能标记的方法非常简单，但是也只能用在有智能标记的场合，如果没有出现智能标记，就需要采用其他方法了。

利用选择性粘贴进行转换的方法比较简单也比较常见，使用频率也是最高的。选择需要复制的单元格或单元格区域内容，按下〈Ctrl〉+〈C〉组合键，右击目标单元格或单元格区域，打开"选择性粘贴"对话框，选择"数值"进行粘贴，如图 2-19 所示。

图 2-19　利用选择性粘贴将文本型数据转换为数值数据

还可以利用"分列"工具快速将文本型数据转换为数值数据。先选取要转换的数据列（每次只能选择一列数据），单击"数据"选项卡中"数据工具"功能组里的"分列"命令，打开"文本分列向导"对话框，单击"下一步"进入到第三步，"数据格式"选择"常规"，单击"完成"按钮，即可实现文本数据向数值数据的转换，如图2-20所示。

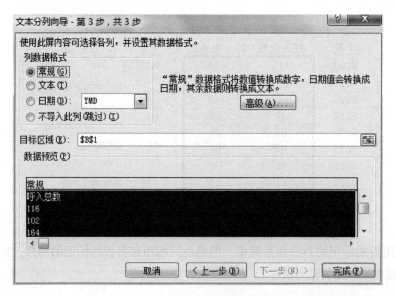

图2-20 利用"分列"工具将文本型数据转换为数值数据

利用"分列"工具，也可以实现时间、日期等的转换。方法同上，在第三步时选择日期格式，单击"完成"按钮，即可将A列数据分成三列保存，最后再将A列的单元格格式设置为日期格式即可，如图2-21所示。

图2-21 利用"分列"工具将文本型数据转换为日期时间型数据

> 数据筛选排序

Excel 的筛选排序功能非常强大。

筛选。可以单条件筛选，也可以多条件筛选，对于不同的格式也会有不同的筛选方法，如文本包含"等于""不等于"等，数字包含"等于""不等于""大于""小于""大于或等于"等，如图 2-22 所示。

图 2-22　筛选

排序。对于普通的排序，选中所要排序列的某一个单元格，单击"排序"，选择要升序还是降序即可，如图 2-23 所示。

对于自定义排序，操作方法和普通排序是一样的，只是自定义排序可以选择多个条件。

图 2-23 排序

➢ 格式刷快速设定表格格式

Excel 中有多种方式可以完成复制粘贴的操作，用格式刷也能进行复制粘贴。方法是：先框选要复制的表格范围，然后双击格式刷，后单击选择要粘贴的目标单元格，选择目标单元格后，按〈Enter〉键，则之前选择的表格范围就粘贴到目标单元格中了。

（2）呼叫中心运营报表数据的运算　在完成的报表的设计和数据的整理后，就需要对数据进行函数运算，以达到精准的数据呈现和分析。在呼叫中心运营报表的制作中，我们常用的函数包括日期与时间函数、逻辑函数、查询和引用函数、统计函数、文本函数等。

> 练一练
>
> 1. 请按照图 2-24 所示的运营数据报表基本内容样图绘制一个相同内容及格式的表格。
>
> 2. 运用 KPI 运算公式，计算红色区域的数值，要求保留公式原格式。

| 第一组运营数据报表 ||||||||||||
组别	序号	编号	姓名	未接量	接通量	接通率	合格量	合格率	成功客户量	成功客户率	通话总时长	平均通话时长
第一组	1	1011	赵婷	0	0	0.00%	0	0.00%	0	0.00%	0:00:00	0:00:00
	2	1012	秦人帜	3	143		5	83.33%	6		1:51:09	
	3	1013	李丹阳	0	0	0.00%	0	0.00%	0	0.00%	0:00:00	0:00:00
	4	1015	付莹哲	2	126		5	100.00%	4		1:38:13	
	5	1016	李睿	4	97		8	100.00%	8		1:53:56	
	6	1017	高素鸽	6	163		10	90.91%	11		2:21:06	
	7	1018	杨玉菲	10	167		3	100.00%	3		1:48:22	
	8	1019	张立波	4	170		6	100.00%	6		2:01:23	
	9	1020	娄向丽	1	163		7	100.00%	7		2:14:08	
	均值											

图 2-24 运营数据报表基本内容样图

（3）数据的逻辑判断与处理 在实际工作中，对数据进行逻辑判断和处理时，既可以在公式中使用条件表达式，也可以使用逻辑判断函数。常用的逻辑判断函数主要包括 IF 函数、AND 函数、OR 函数。

1）IF 函数，它是 Excel 中的条件判断函数。IF 函数的语法结构为：IF（条件，结果 1，结果 2），它由条件与两个返回结果组成，当条件成立时，返回结果 1，否则返回结果 2。运用 IF 函数判断坐席代表的"外呼成功量"，当大于等于"500"时则返回"达标"，不满足条件时则返回"不达标"，如图 2-25 所示。

	=IF(C2>=500,"达标","未达标")	
B	C	D
坐席代表	外呼成功量	是否达标
杨东艳	758	达标
周伟男	174	未达标
宋珩	920	达标
白杉杉	210	未达标
程彪	411	未达标
王永强	288	未达标
李阳	715	达标
孙超	137	未达标
林有明	435	未达标
赵宠	724	达标
帅彤	392	未达标
田丽丽	102	未达标
贾静文	12	未达标
杨一晨	434	未达标
格根塔那	758	达标
周小可	79	未达标
崔久波	102	未达标
王佳玉	610	达标

图 2-25 IF 函数应用案例

IF 函数还可以采用套嵌的方式实现多重计算。如图 2-26 所示案例，根据员工的在职时间计算员工质检抽听的比例，需要实现员工在职时间越长，质检抽听的比例越低的计算逻辑。当员工在职时间超过 6 个月时，质检抽听比例返回为"2%"，如员工在职不足 6 个月，但超过 3 个月的，质检抽听比例返回"5%"，如员工在职少于 3 个月，质检抽听比例则返回"10%"。

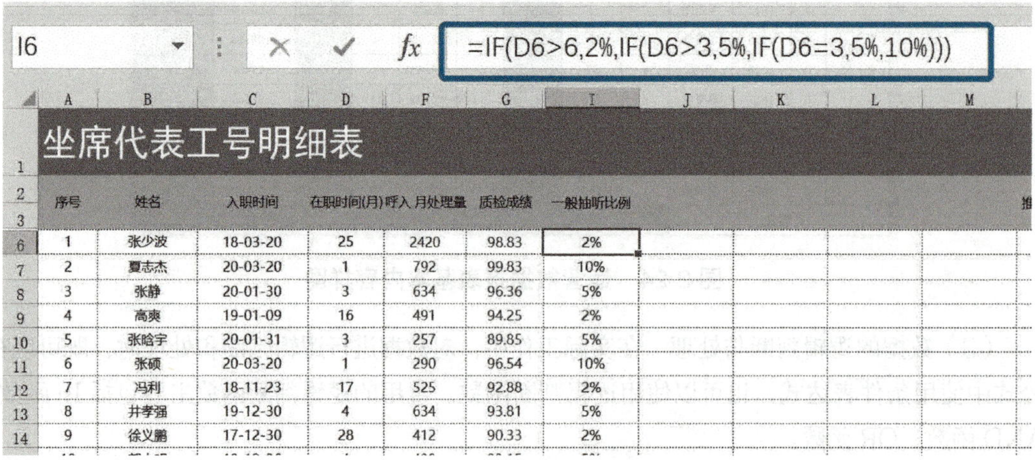

图 2-26 IF 函数套嵌应用案例

2）AND 函数。AND 函数的语法结构为：AND（条件 1，= 标准 1，条件 2= 标准 2……条件 N= 标准 N）。如果每个条件和标准都相等，则返回"真（TRUE）"，否则返回"假（FALSE）"。如图 2-27 所示案例，当坐席代表的"外呼成功量"满足大于等于"500"且"外呼成功率"大于等于"3.5%"时，则判断为"真（TRUE）"，否则返回"假（FALSE）"。

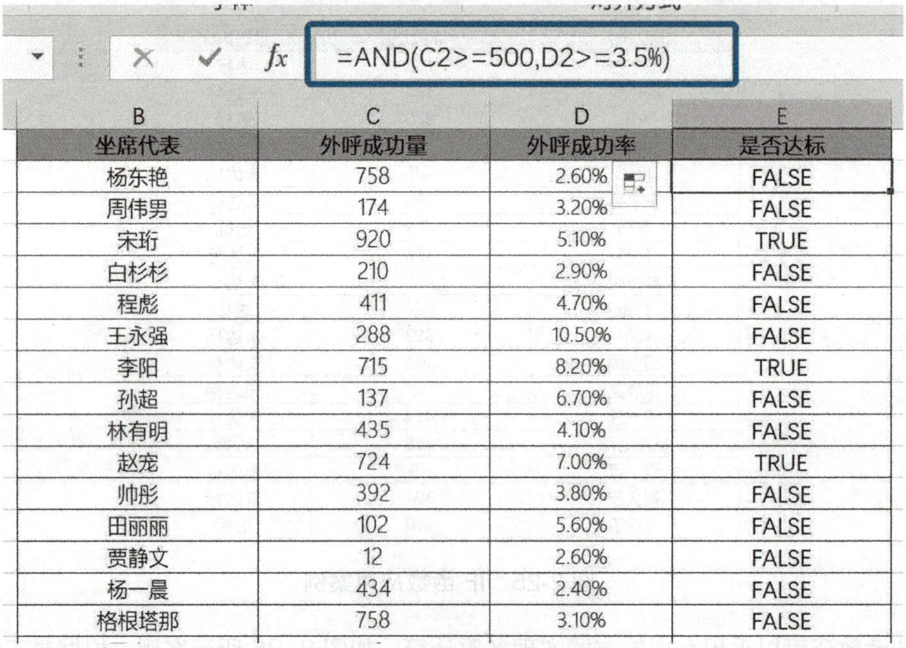

图 2-27 AND 函数应用案例

3）OR 函数。OR 函数的语法结构为：OR（条件 1= 标准 1，条件 2= 标准 2……条件 N= 标准 N）。如果任意参数的值为真，则返回"真（TRUE）"，当所有条件为假时，才返回"假（FALSE）"。如图 2-28 所示案例，当坐席代表的"外呼成功量"在大于等于"500"或"外呼成功率"大于等于"3.5%"两个条件中满足其一时，则返回为"真（TRUE）"，当所有条件都不满足时，则返回"假（FALSE）"。

坐席代表	外呼成功量	外呼成功率	是否达标
杨东艳	758	2.60%	TRUE
周伟男	174	3.20%	FALSE
宋珩	920	5.10%	TRUE
白杉杉	210	2.90%	FALSE
程彪	411	4.70%	TRUE
王永强	288	10.50%	TRUE
李阳	715	8.20%	TRUE
孙超	137	6.70%	TRUE
林有明	435	4.10%	TRUE
赵宠	724	7.00%	TRUE
帅彤	392	3.80%	TRUE
田丽丽	102	5.60%	TRUE
贾静文	12	2.60%	FALSE
杨一晨	434	2.40%	FALSE
格根塔那	758	3.10%	TRUE
周小可	79	7.40%	TRUE

图 2-28　OR 函数应用案例

（4）统计函数

1）COUNT、COUNTA、COUNTIF、COUNTIFS 函数，根据实际需要进行计数。它们的语法结构分别为：COUNT（数据区域）、COUNTA（数据区域）、COUNTIF（条件范围，条件）、COUNTIFS（条件 1 范围，条件 1，条件 2 范围，条件 2……条件 N 范围，条件 N）。

COUNT、COUNTA 函数非常相似，COUNT 函数计算数据区域中数字的单元格个数，COUNTA 函数计算数据区域中非空单元格个数，如图 2-29 所示。

	A	B	C	D	E
1	数据区域		count计数		counta计数
2	高亚		3		5
3		99			
4	###		公式		公式
5			COUNT(A2:A7)		COUNTA(A2:A7)
6		67			
7		91			

图 2-29　COUNT、COUNTA 函数应用

COUNTIF、COUNTIFS 函数都是统计满足条件的个数。COUNTIF 函数统计满足某一个条件的个数，COUNTIFS 函数则可以统计满足多个条件的个数，如图 2-30 所示。

序号	姓名	入职时间	在职时间(月)	呼入 月处理量	质检成绩	一般抽听比例
1	张少波	18-03-20	25	2420	98.83	2%
2	夏志杰	20-03-20	1	792	99.83	10%
3	张静	20-01-30	3	634	96.36	5%
4	高爽	19-01-09	16	491	94.25	2%
5	张晗宇	20-01-31	3	257	89.85	5%
6	张硕	20-03-20	1	290	96.54	10%
7	冯利	18-11-23	17	525	92.88	2%
8	井孝强	19-12-30	4	634	93.81	5%
9	徐义鹏	17-12-30	28	412	90.33	2%
10	郭志明	18-12-26	16	439	93.15	2%
统计在职时间超过6个月的人数			5		COUNTIF(D$6:D$15,">6")	
统计在职时间满6个月，呼入月处理量>800，且质检成绩>95分的人数。			1		COUNTIFS(D$6:D$15,">6",F$6:F$15,">800",G$6:G$15,">95")	

图 2-30　COUNTIF、COUNTIFS 公式应用案例

2）SUM、SUMIF、SUMIFS 函数，对数据区域进行求和计算。它们的语法结构分别为：SUM（数值1，数值2，……），SUMIF（条件区域，条件，[求和区域]），SUMIFS（求和区域，条件区域1，条件1，[条件区域2，条件2]，……）。

SUM 函数是对某一区域的数据进行求和，SUMIF 函数是根据指定条件对区域数据进行求和，SUMIFS 函数是根据多个指定条件对区域数据进行求和，如图 2-31 所示。

序号	姓名	入职时间	班组	在职时间(月)	电话接听量	质检成绩
1	张少波	18-03-20	A	25	2420	98.83
2	夏志杰	20-03-20	A	1	792	99.83
3	张静	20-01-30	A	3	634	96.36
4	高爽	19-01-09	B	16	491	98.25
5	张晗宇	20-01-31	B	3	257	89.85
6	张硕	20-03-20	A	1	290	96.54
7	冯利	18-11-23	B	17	525	92.88
8	井孝强	19-12-30	B	4	634	99.81
9	徐义鹏	17-12-30	A	28	412	90.33
10	郭志明	18-12-26	A	16	439	93.15
计算所有A班组成员的电话接听量			4987		SUMIF(D6:D15,"A",G6:G15)	
计算所有B班质检成绩">95"的成员电话接听量			1125		SUMIFS(G6:G15,D6:D15,"B",H6:H15,">95")	

图 2-31　SUMIF、SUMIFS 公式应用案例

3）AVERAGE、AVERAGEIF、AVERAGEIFS 函数，对数据区域进行求平均计算。它们的语法结构分别为：AVERAGE（数值1，数值2，……），AVERAGEIF（条件区域，条件，[求平均值区域]），AVERAGEIFS（求平均值区域，条件区域1，条件1，[条件区域2，条件2]，……）。

AVERAGE 函数是对某一区域数据进行求平均值，AVERAGEIF 函数是根据指定条件对区域数据进行求平均值，AVERAGEIFS 函数是根据多个指定条件对区域数据进行求平均值。

4）RANK 函数，求某一个数值在某一区域内一组数值中的排名。RANK 函数的语法结构为：RANK（条件，排序区域，数字排位方式）。同一区域内数据排序，要用"$"将行列锁定。数字排位方式如果为 0（零）或省略，则排序方式为正序排序；如果为 1，则排序方式为倒序排序。RANK 函数赋予重复数相同的排位，但重复数的存在将影响后续数值的排位，如图 2-32 所示。

姓名	入职时间	班组	质检成绩	排名	公式
张少波	18-03-20	A	98.83	3	RANK(H6,H$6:H$15,0)
夏志杰	20-03-20	A	99.83	1	使用"$"符号锁定排序范围
张静	20-01-30	A	96.36	6	使用"0"为正序排序
高爽	19-01-09	B	98.25	4	
张晗宇	20-01-31	B	89.85	10	
张硕	20-03-20	A	96.54	5	
冯利	18-11-23	B	92.88	8	
井孝强	19-12-30	B	99.81	2	
徐义鹏	17-12-30	A	90.33	9	
郭志明	18-12-26	A	93.15	7	

图 2-32 RANK 函数应用案例

（5）文本函数　文本函数在呼叫中心的报表应用中比较常见的是提取关键字符和内容，例如，提取身份证号码中的生日字段、提取手机号码字段来进行数据的分析判断，也用于日常办公时所用的文本计算、转换等。

1）文本中提取字符。①LEFT 函数：根据指定的字符数返回文本中的第一个或前几个字符，即从左边开始算起，提取文本中的若干个字符；②RIGHT 函数：根据指定的字符数返回文本中的最后一个或多个字符，即从右边开始算起，提取若干个字符；③MID 函数：返回文本中从指定位置开始的特定数目的字符，即从中间指定的某个位置开始算起，提取若干字符，如图 2-33 所示。

	A	B	C	D
1	文本内容	函数	函数介绍	提取字符
2	文本中提取字符	LEFT(A2,2)	从左边提取2个字符	文本
3	文本中提取字符	RIGHT(A2,2)	从右边提取2个字符	字符
4	文本中提取字符	MID(A2,4,2)	从左数第4个字符开始提取2个字符	提取

图 2-33 LEFT、RIGHT、MID 函数应用案例

特别注意：

若截取长度大于被截取字符串的长度，则返回全部字符串；若截取长度小于 0，则会返回错误值；若未输入就会默认截取 1 个字符。

2）文本中合并字符。"&"连接文本符能够直接将一个一个文本型数据连接起来，形成一个新的文本。

PHONETIC 函数可以将引用的一个区域内所有的单元格的文本型数据拼合起来，如图 2-34 所示。

	A	B	C	D	E	F
1		合并前内容			函数	合并后内容
2	文本	中	提取	字符	A2&B2&C2&D2	文本中提取字符
3	文本	中	提取	字符	PHONETIC(A3:D3)	文本中提取字符

图 2-34 "&"连接文本符和 PHONETIC 函数应用案例

3）其他文本函数。TEXT 函数能够让单元格数值按照指定格式显示，如图 2-35 所示。

	A	B	C	D
1	文本	函数	函数介绍	转换后
2	1.2356	text(A2,"0.00")	将格式更改为小数点后带两位小数	1.24
3	2020/3/25	text(A3,"aaaa")	将日期格式转换为星期	星期三
4	12345	TEXT(A4,"000000")	将数字转换为6位数，不足的前面补0	012345
5	20200325	TEXT(A5,"0-00-00")	将不规范的日期格式转换为xxxx-xx-xx	2020-03-25

图 2-35 TEXT 函数应用案例

LEN 函数和 LENB 函数用于度量文本长度。不管中文、英文还是数字，LEN 函数都将每个字符算作 1。LENB 函数中的"B"是 Byte（字节）的意思，是按字节来进行度量的，如图 2-36 所示。

	A	B	C	D	E	F
1			内容		函数	函数后
2	等闲识得东风面，万紫千红总是春。				LEN(A2)	16
3	等闲识得东风面，万紫千红总是春。				LENB(A2)	32

图 2-36 LEN、LENB 函数应用案例

（6）查找函数　数据查找一直是 Excel 的基本功能，常见的查找函数有 FIND、VLOOKUP 函数。

1）FIND 函数，返回一个字符串在另一个字符串中出现的起始位置（区分大小写）。FIND 函数的语法结构为：FIND（查找值，在哪里找，从第几个字符开始查找），如图 2-37 所示。

	A	B	C	D
1	文本	函数	介绍	位置
2	等闲识得东风面，万紫千红总是春。	FIND("风",A2)	从文本中查找"风"对应的位置	6
3	ABCDabcEFG	FIND("A",A3)	从文本中查找"A"对应的位置	1
4	ABCDabcEFG	FIND("a",A4)	从文本中查找"a"对应的位置	5

注意区分大小写

图 2-37　FIND 函数应用案例

2）VLOOKUP 函数，从区域的第一列中找数据，找到后，返回指定那一列中相应位置的数据。VLOOKUP 函数的语法结构为：VLOOKUP（查找值，查找范围，返回值所在的相对列数，匹配模式）。对于匹配模式来说，"FALSE"或"0"代表着精确匹配；"TRUE"或"1"代表着模糊匹配。查找范围是纵向查找引用的函数，在使用过程中如果用到"拖拽"自动生成公式功能，要在查找范围中加入"$"，将查找范围锁定。VLOOKUP 函数不仅可以在同一个工作表中查找，也可以在不同的工作表、工作簿中查找。VLOOKUP 函数在我们的日常工作中使用非常频繁，对于报表的基础数据查找起到了重要的作用。

【VLOOKUP 函数案例解析】

图 2-38 所示为呼叫中心坐席代表的原始数据，每个坐席代表都以工号进行标识，图 2-39 所示为对应组别及每个员工的工号，例如，我们需要统计"王盼盼组"所有成员的数据时，就需要先找到每位坐席代表的工号及对应的组长。这时就可以使用 VLOOKUP 函数。

日期	工号	首次签入时间	最后签出时间	签入次数	签入时长	置闲次数	置忙次数	置闲总时长(秒)	置忙时长(秒)	后处理时长(秒)	通话时长	员工利用率
2019-10-18	14115	2016-10-18 00:40:47	2016-10-18 07:50:38	2	43068	53	9	14562	275	149	5976	47.69
2019-10-18	14144	2016-10-18 00:40:14	2016-10-18 07:51:47	6	41030	49	11	12554	1170	198	4787	42.26
2019-10-18	14164	2016-10-18 07:49:07	2016-10-18 17:56:15	3	32979	97	8	19173	1757	217	11438	92.82
2019-10-18	14124	2016-10-18 11:51:48	2016-10-18 21:52:38	2	32724	80	9	20524	1123	324	10446	94.64
2019-10-18	14154	2016-10-18 07:53:34	2016-10-18 17:57:25	4	32648	99	20	18064	3419	214	10566	87.69
2019-10-18	14103	2016-10-18 07:52:27	2016-10-18 17:53:12	8	32615	91	16	18266	2149	699	10920	89.49
2019-10-18	14161	2016-10-18 11:51:33	2016-10-18 21:53:23	3	32517	96	8	22675	229	217	9101	97.72
2019-10-18	14162	2016-10-18 11:51:56	2016-10-18 21:52:17	4	32511	90	8	21164	491	191	10173	96.39
2019-10-18	14156	2016-10-18 07:51:24	2016-10-18 17:54:30	2	32506	96	11	19234	322	1654	10735	92.20
2019-10-18	14101	2016-10-18 11:51:07	2016-10-18 21:51:53	3	32498	91	6	20075	342	191	11487	97.12
2019-10-18	14118	2016-10-18 11:50:56	2016-10-18 21:51:32	3	32428	88	5	20392	443	181	11030	96.90
2019-10-18	14133	2016-10-18 11:50:28	2016-10-18 21:51:54	4	32396	78	14	18068	2065	151	11892	92.48

图 2-38　呼叫中心坐席代表原始数据

序号	员工姓名	座席工号
	1	李艳东	14103
	2	崔佳佳	14112
	3	余朝阳	14115
	5	杨艳	14154
王盼盼组	6	平晓菲	14155
	7	陈奎文	14123
	8	赵浩宇	14159
	9	袁琳亭	14152
	10	吴欣薇	14163
	11	薛景元	14164

图 2-39　呼叫中心坐席代表分组工号表

通过对数据表的对比可以发现，两张表格中唯一可以作为查找条件的是"工号"。首先对"搜索范围"的原始数据进行整理，使后续数据便于计算。整理后的数据中"工号"在最左侧，依次对应"员工姓名"和"组长"，把原表中的"组长"拆分以对应每个组员的数值。将"工号"一列数据转换为可运用计算的"数字"格式，如图 2-40 所示。

日期	工号	员工姓名	组长	首次签入时间	最后签出时间		工号	员工姓名	组长
2019-10-18	14115			2016-10-18 00:40:47	2016-10-18 07:50:38		14103	李艳东	王盼盼
2019-10-18	14144			2016-10-18 00:40:14	2016-10-18 07:51:47		14112	崔佳佳	王盼盼
2019-10-18	14164			2016-10-18 07:49:07	2016-10-18 17:56:15		14115	余朝阳	王盼盼
2019-10-18	14124			2016-10-18 11:51:48	2016-10-18 21:52:38		14154	杨艳	王盼盼
2019-10-18	14154			2016-10-18 07:53:34	2016-10-18 17:57:25		14155	平晓菲	王盼盼
2019-10-18	14103			2016-10-18 7:52	2016-10-18 17:53:12		14123	陈奎文	王盼盼
2019-10-18	14161			2016-10-18 11:51:53	2016-10-18 21:53:23		14159	赵浩宇	王盼盼
2019-10-18	14162			2016-10-18 11:51:56	2016-10-18 21:52:17		14152	袁琳亭	王盼盼
2019-10-18	14156			2016-10-18 07:51:24	2016-10-18 17:54:30		14163	吴欣薇	王盼盼
2019-10-18	14101			2016-10-18 11:51:07	2016-10-18 21:51:53		14164	薛景元	王盼盼
2019-10-18	14118			2016-10-18 11:50:56	2016-10-18 21:51:32			整理后的员工工号信息	

图 2-40　整理后的数据

以"B2"单元格内数值作为条件，在"R：T"列范围内进行搜索，返回符合查找条件的第"2"个数据，"0"为精确查找，如图 2-41 所示。

— 106 —

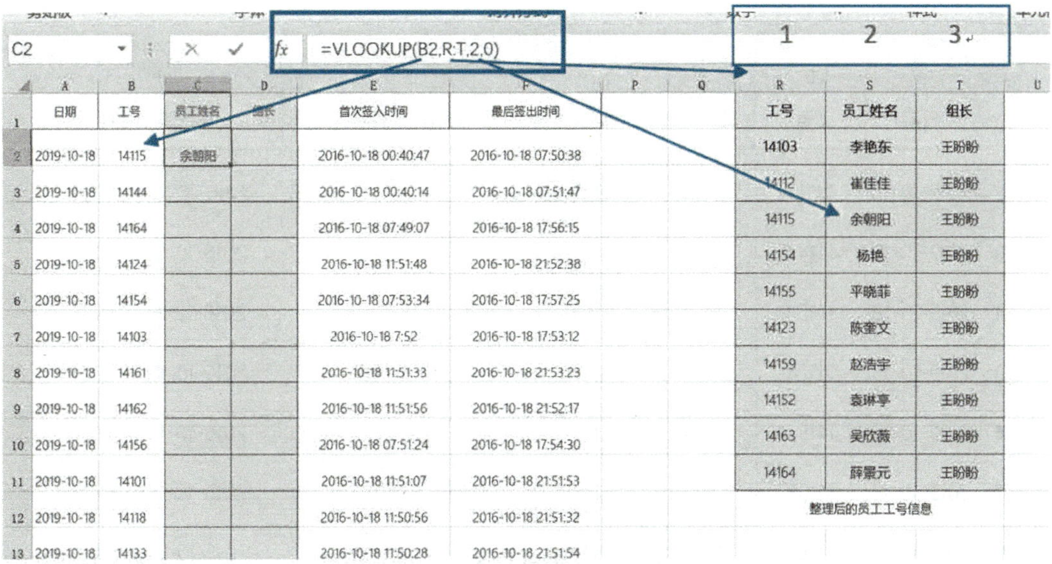

图 2-41　VLOOKUP 函数计算结果

通过快速填充的方法向下填充公式，如出现"#N/A"代表未查询到数据，通过对原始表格的检查，可以看到该"工号"数据未体现"搜索范围"，即原始信息表中无该工号信息，如图 2-42 所示。

日期	工号	员工姓名	组长	首次签入时间	最后签出时间
2019-10-18	14115	余朝阳	王盼盼	2016-10-18 00:40:47	2016-10-18 07:50:38
2019-10-18	14144	#N/A	#N/A	2016-10-18 00:40:14	2016-10-18 07:51:47
2019-10-18	14164	薛景元	王盼盼	2016-10-18 07:49:07	2016-10-18 17:56:15
2019-10-18	14124	#N/A	#N/A	2016-10-18 11:51:48	2016-10-18 21:52:38
2019-10-18	14154	杨艳	王盼盼	2016-10-18 07:53:34	2016-10-18 17:57:25
2019-10-18	14103	李艳东	王盼盼	2016-10-18 7:52	2016-10-18 17:53:12
2019-10-18	14161	#N/A	#N/A	2016-10-18 11:51:33	2016-10-18 21:53:23
2019-10-18	14162	#N/A	#N/A	2016-10-18 11:51:56	2016-10-18 21:52:17

图 2-42　VLOOKUP 函数查询结果的常见问题

最后，将计算的结果复制，在原位置进行粘贴，粘贴为"值"，这样我们在后续使用时，就不会因为原"搜索范围"数据的删除或修改，导致数值的变化，如图 2-43 所示。

图 2-43　VLOOKUP 函数查询结果的再处理

VLOOKUP 函数常见的错误原因分析：

数据的不一致，数据中包括空格或是不可见符号，如"李静"和"李　静"，表面上看几乎没有什么区别，但因为第二个数值中多了一个"空格"，导致数据无法正确匹配。当数字格式不同，搜索条件为"文本"，搜索范围为"数值"时，也会出现无法正确查找的情况，返回错误值。

"搜索范围"没有使用"$"进行绝对引用，在拖拽或复制时，导致搜索范围发生变化，查找不到对应数据，返回错误值。

"搜索范围"在进行引用时，没有将"搜索条件"作为选取区域的第一列，也会导致数据无法精确地匹配。同样，如果"查找范围"的内容引用不完整，也会返回错误值。

公式的第 4 个参数未正确填写。参数为"0"时表示精确查找，为"1"或省略时表示模糊查找。如果忘了设置第 4 个参数，则会被公式误以为是故意省略，按模糊查找规则进行。当区域不符合模糊查找规则时，也会返回错误值。

（7）数据透视表的运用　数据透视表是一种交互式的表，可以自由选择多个字段的不同组合，用于快速汇总、分析大量数据中字段与字段之间的关系。使用数据透视表可以按照数据表格的不同字段从多个角度进行透视，并建立交叉表格，用以查看数据表格不同层面的汇总信息、分析结果以及摘要数据。呼叫中心运营报表少则几百个数据，多则上百万个数据，使用数据透视表比用函数更加快捷和方便。

1)建立数据透视表之前,我们应先对数据源进行基本的整理,参考我们前面所学习的内容,确保每个数值都是有效的数字格式,需要透视的数据源,第一行每个单元格(字段)必须有值(可以重复,透视表会默认排序,用字段1,字段2表示)。

2)整理好数据后,选择需要数据透视的数据范围,也可以单击表格左上角的方块进行全选,单击"插入",选择数据透视表,如图2-44所示。

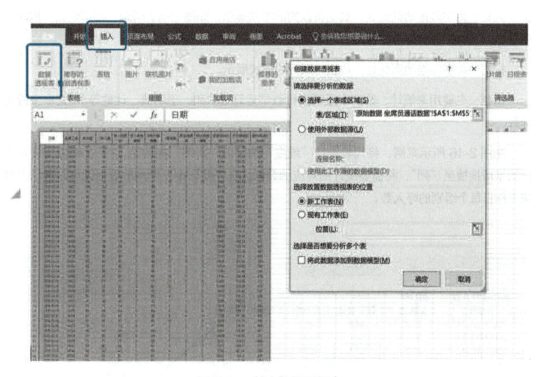

图2-44 创建数据透视表

3)弹出"创建数据透视表"对话框后,"表/区域"中会自动显示刚才全选的数据,无须再单击选择。选择"现有工作表",然后在"位置"中选择创建透视表的单元格,最后单击"确定",如图2-45所示。

图2-45 "创建数据透视表"对话框

4）创建数据透视表后，默认新建一个插页存放数据透视表，新建立的数据透视表有两个区域，一个是报表展示区域，另一个是透视表字段区域。透视表字段区域一共有4个方框，分别为筛选器框、列框、行框和值框，通过拖动不同的字段，可以展示不同的结果。

筛选器框：顾名思义，将字段拖动到筛选器框中，可以利用此字段对透视表进行筛选。

列框：将字段拖动到此处，数据将以列的形式展示，如图2-47所示，将"组长"拖动到列框中，类别各字段分布在各列中。

行框：将字段拖动到此处，数据将以行的形式展示。

值框：主要用来统计，数字字段可进行数学运算（求和、平均值、计数等），文本字段可计数。

如图2-46所示案例，将代表统计"维度"的字段"日期"拖拽至"行"，将需要分别统计的字段拖拽至"列"，将需要统计的对应的数据放在"值"中，形成的数据就可以展示出对应工作日每个组别的呼入数。

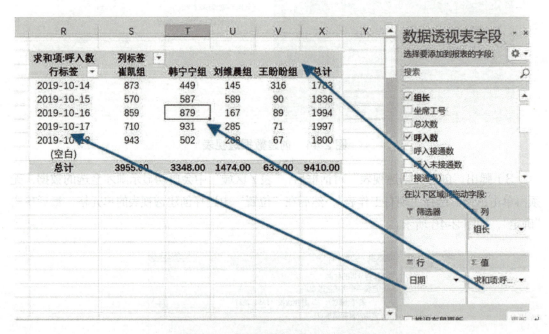

图 2-46　数据透视表基本操作案例

在右下角数值区域，单击后面的小三角，出现"值字段设置"对话框，可以更改值汇总方式为求和、计数、平均值、最大值、最小值、乘积等，如图2-47所示。

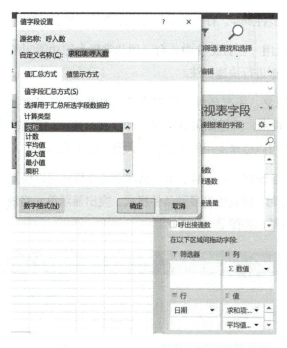

图 2-47 数据透视表"值字段设置"对话框

数据透视表还可以进行字段计算。选中透视表,依次执行【分析】—【计算】—【字段、项目和集】—【计算字段】命令,在弹出的对话框中,名称可任意输入,在"公式"栏中输入:"= 呼入接通数 / 呼入数",单击"确定"按钮,可以发现,透视表中出现新的一列,"呼入接通率"列,并且作为数据透视表的一部分,可以随意拖动,如图 2-48 所示。

行标签	求和项:呼入数	求和项:呼入接通数	平均值项:呼入接通率
崔凯组	3955	3926	99.27%
韩宁宁组	3348	3320	99.16%
刘维晨组	1474	1464	99.32%
王盼盼组	633	626	98.89%
总计	9410.00	9336.00	99.21%

图 2-48 数据透视表进行字段计算

数据透视表的运用多种多样，存在很多其他汇总方式，同学们可以在实操训练中一一尝试。

（8）条件格式的运用　在 Excel 中，有一项非常强大的功能叫条件格式。此功能能够让你对满足某些条件的数据进行快速标注。

条件格式，顾名思义，先有条件，后有格式。如果……（条件），单元格或者区域就设置……（格式）。简单说来，就是如果数据怎么样，那么选中的区域的格式就设置成什么样。具体说来，条件格式中可以选择使用的条件类型大致有以下几类。

1）突出显示单元格规则。突出显示单元格规则条件格式可以设置大于、小于、介于、等于、文本包含、发生日期、重复值等多种条件格式。突出显示单元格规则往往给定的都是一个固定的"条件"进行选择，如图 2-49 所示。

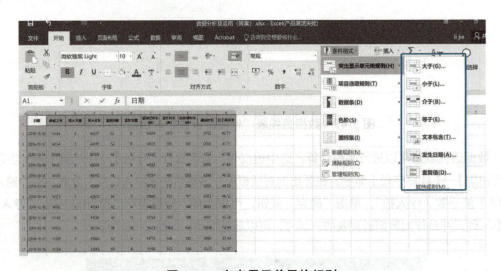

图 2-49　突出显示单元格规则

例如，我们想在批量数据中突出显示"后处理时长"超过"200"的数据，设置为"浅红填充色深红色文本"，如图 2-50 所示。

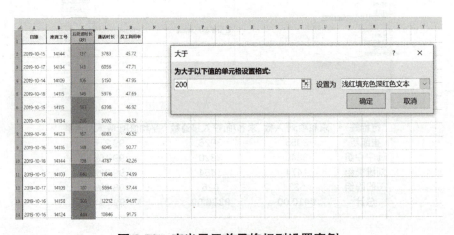

图 2-50　突出显示单元格规则设置案例

2）项目选取规则。项目选取规则条件格式根据给定"范围"的条件筛选后，进行设置，常用的包括选择排名的前 10 项，前 10%、排名最后 10 项，或是高于平均值、低于平均值等，还可以自定义其他规则，如图 2-51 所示。

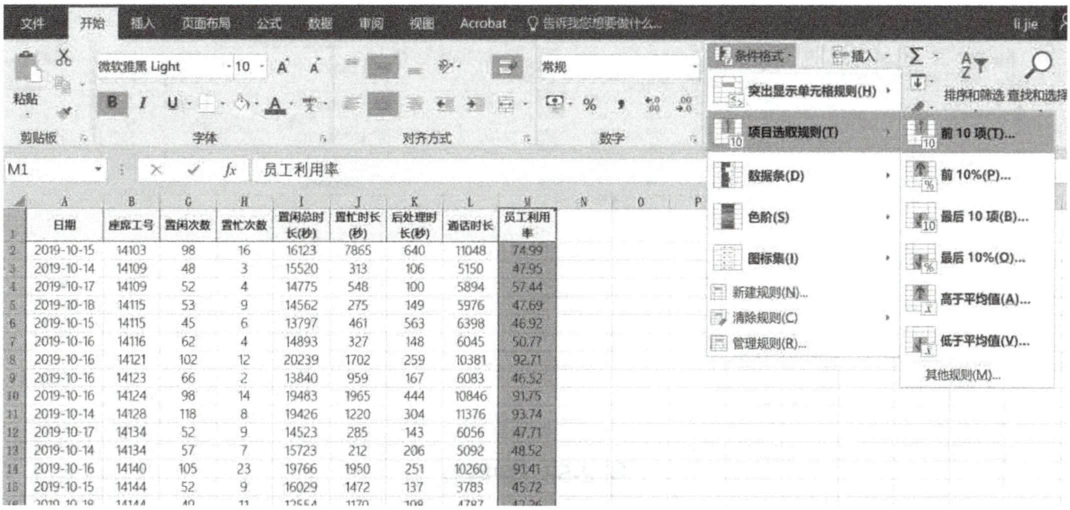

图 2-51　项目选取规则

例如，在批量数据中，通过条件格式，选中"员工利用率"，选取"前 10 项"突出显示，如图 2-52 所示。

图 2-52　项目选取规则设置案例

3）数据条。数据条条件格式可为单元格添加带颜色的数据条，代表单元格中的数值，值越大，数据条越长。数据条的设置往往用于展示数值之间的强弱对比关系，强调数值的差异，例如个体与个体、团队与团队之间的关键绩效指标的对比，如图 2-53 所示。

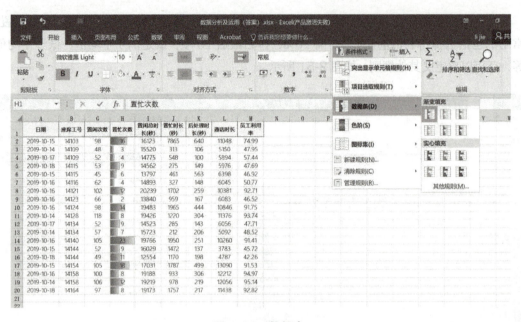

图 2-53 数据条

4）色阶。色阶条件格式表示用不同的颜色过渡来表示单元格数值的大小，例如，如果是"绿-黄-红"过渡，那么数值越大，显示颜色就越偏向绿色，数值越小则偏向红色，中间值为黄色。注意数据条和色阶两个条件格式不建议重叠使用，如图 2-54 所示。

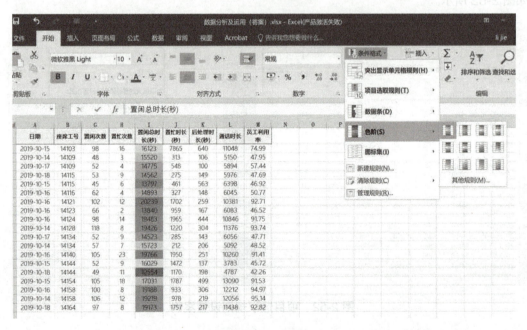

图 2-54 色阶

5）图标集。图标集条件格式的使用方法是用单元格的值与其他单元格的值比较，来决定使用何种颜色或图标。默认情况下所有单元格都将显示图标集，如图 2-55 所示。

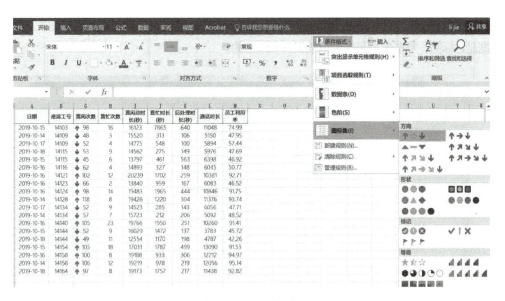

图 2-55　图标集

如果只需要将部分满足条件的单元格显示，则需要设置"管理规则"，打开"条件格式规则管理器"对话框。默认规则是按照数据的百分比，系统自动计算"中间值"进行设置。如需要改变，则需要自定义要求。单击"新建规则"，弹出"新建格式规则"对话框，如图 2-56 所示。

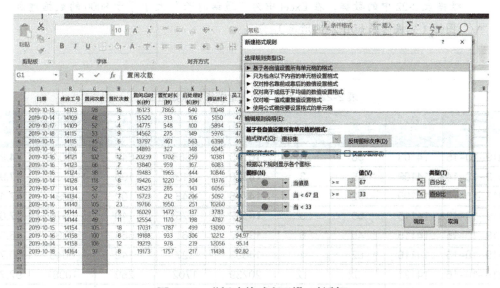

图 2-56　"新建格式规则"对话框

图 2-57 中，需要针对"后处理时长"进行条件格式设置，首先应判断该指标数值越小，代表坐席代表越优秀，数值越大越需要提醒其注意，所以在选用图标的时候，根据内容的不同可以进行"反转图标次序"，将较大值设置为"X"，中间值为"！"，较小值设置为"√"。另外，类型要选择"数字"，值则根据当前指标要求或评价标准进行设置。通过设置后，我们可以比较容易地

发现每个坐席代表的表现。在进行汇报的时候，不单要把数据展现正确，还有明确的表达出，哪些数据是达标的，哪些数据是需要继续提升和改善的。

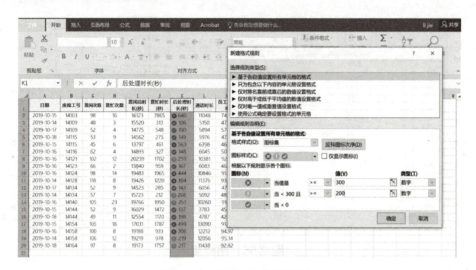

图 2-57　图标集设置案例

> **练一练**
>
> 　　根据表 2-22 中的数据，在 Excel 中为"通话时长"大于等于 8000 的数据增加"√"图标（完成结果如图 2-58 所示）。

表 2-22　呼叫中心个人运营指标原始数据

日期	工号	置闲次数	置忙次数	置闲总时长（秒）	置忙时长（秒）	后处理时长（秒）	通话时长	员工利用率
2019-10-15	14103	98	16	16123	7865	640	11048	74.99
2019-10-14	14109	48	3	15520	313	106	5150	47.95
2019-10-17	14109	52	4	14775	548	100	5894	57.44
2019-10-18	14115	53	9	14562	275	149	5976	47.69
2019-10-15	14115	45	6	13797	461	563	6398	46.92
2019-10-16	14116	62	4	14893	327	148	6045	50.77
2019-10-16	14121	102	12	20239	1702	259	10381	92.71
2019-10-16	14123	66	2	13840	959	167	6083	46.52
2019-10-16	14124	98	14	19483	1965	444	10846	91.75
2019-10-14	14128	118	8	19426	1220	304	11376	93.74
2019-10-17	14134	52	9	14523	285	143	6056	47.71
2019-10-14	14134	57	7	15723	212	206	5092	48.52
2019-10-16	14140	105	23	19766	1950	251	10260	91.41

（续）

日期	工号	置闲次数	置忙次数	置闲总时长（秒）	置忙时长（秒）	后处理时长（秒）	通话时长	员工利用率
2019-10-15	14144	52	9	16029	1472	137	3783	45.72
2019-10-18	14144	49	11	12554	1170	198	4787	42.26
2019-10-15	14154	105	18	17031	1787	499	13090	91.53
2019-10-16	14158	100	8	19188	933	306	12212	94.97
2019-10-14	14158	106	12	19219	978	219	12056	95.14
2019-10-18	14164	97	8	19173	1757	217	11438	92.82

日期	工号	置闲次数	置忙次数	置闲总时长(秒)	置忙时长(秒)	后处理时长(秒)	通话时长	员工利用率
2019-10-15	14103	98	16	16123	7865	640	✓11048	74.99
2019-10-14	14109	48	3	15520	313	106	5150	47.95
2019-10-17	14109	52	4	14775	548	100	5894	57.44
2019-10-18	14115	53	9	14562	275	149	5976	47.69
2019-10-15	14115	45	6	13797	461	563	6398	46.92
2019-10-16	14116	62	4	14893	327	148	6045	50.77
2019-10-16	14121	102	12	20239	1702	259	✓10381	92.71
2019-10-16	14123	66	2	13840	959	167	6083	46.52
2019-10-16	14124	98	14	19483	1965	444	✓10846	91.75
2019-10-14	14128	118	8	19426	1220	304	✓11376	93.74
2019-10-17	14134	52	9	14523	285	143	6056	47.71
2019-10-14	14134	57	7	15723	212	206	5092	48.52
2019-10-16	14140	105	23	19766	1950	251	✓10260	91.41
2019-10-15	14144	52	9	16029	1472	137	3783	45.72
2019-10-18	14144	49	11	12554	1170	198	4787	42.26
2019-10-15	14154	105	18	17031	1787	499	✓13090	91.53
2019-10-16	14158	100	8	19188	933	306	✓12212	94.97
2019-10-14	14158	106	12	19219	978	219	✓12056	95.14
2019-10-18	14164	97	8	19173	1757	217	✓11438	92.82

图 2-58 针对特殊数据添加图标完成结果图

6）清除条件格式。当我们不需要条件格式时，可以通过"清除规则"将现有的条件格式进行清除，如图 2-59 所示。

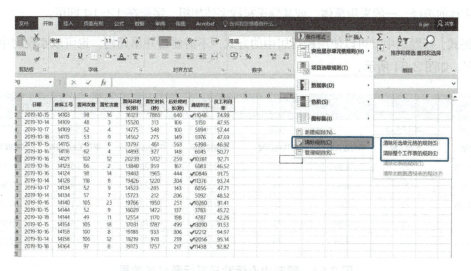

图 2-59 清除条件格式

（9）呼叫中心运营报表的美化　在日常工作中，不仅要做出数据准确的报表，还要使其美观便于阅读，所以在制作报表时要尽量将报表做得布局合理、色调统一、美观大方。运用使用单元格样式、套用表格格式和利用条件格式几个方法，让表格穿上美丽的新衣，使它看上去更美观。

我们需要在数据精准的基础上，对报表的对齐方式、字体字号、边框、行高等进行设置。各企业的运营报表模板各有不同，但美化的思路基本一致。我们按照图 2-60 所示样表的格式进行学习。

12306项目运营日报						
制作日期：	2020-1-20				制表人：	******
坐席	通话量	平均通话时长	平均响应速度	满意度转接率	坐席主动挂机	客户参评满意度
14101	83	138	0:00:04	63.86%		97.83%
14103	79	138	0:00:06	70.89%	1	100.00%
14112	84	110	0:00:06	79.76%	1	98.04%
14115	45	133	0:00:04	66.67%		100.00%
14116	67	105	0:00:02	83.58%	1	97.67%
14118	81	136	0:00:04	81.48%		93.62%
14121	85	123	0:00:04	72.94%		97.92%
14123	71	92	0:00:03	81.69%		95.56%
14124	74	141	0:00:04	78.38%		97.96%
14133	70	170	0:00:03	85.71%		94.12%
14136	82	127	0:00:05	81.71%		96.00%
14138	70	114	0:00:04	77.14%		100.00%
14142	81	118	0:00:05	76.54%		100.00%
14144	44	109	0:00:04	77.27%	1	95.65%
汇总	**1992**	**128**	**0:00:04**	**76.57%**	**7**	**98.05%**

标题行
报表信息
表头（报表字段）
数据区
数据汇总

图 2-60　呼叫中心运营日报样表

1）报表的标题。报表标题一般由“项目名称”和“报表名称”组成，部分企业也会要求把报表对应的周期体现在标题中，便于快速阅读。为了突出标题的内容，一般会设置“底色 + 字体颜色”。

底色的选择：建议选择“浅色底色 + 深色字体”或是“深色底色 + 浅色字体”。报表的颜色建议选择中性色，避免使用带有花纹的填充色。

字体的选择：一般采用黑体，或其他无衬线字体加粗，字号在 12~14 即可。

格式：标题居中，可以使用跨行居中的方式，不需要合并单元格，也可以实现居中显示的效果，如图 2-61 所示。

******项目运营周报（W12）							
制作日期：	2019.4.19		周期	4.14—4.18		制表人	*****
日期	出勤人数	平均签入时长	平均电话量	平均接通率	平均通话时长	平均工时利用率	20秒服务水平
4月14日	27	8.39	78	99.19%	126.63	95.08%	75.56%
4月15日	27	8.50	78	99.33%	123.68	92.97%	75.56%
4月16日	26	8.80	83	98.85%	122.40	96.18%	80.15%
4月17日	28	8.08	71	98.68%	125.41	92.49%	69.54%
4月18日	26	8.84	74	99.31%	127.62	92.71%	73.12%

图 2-61　呼叫中心运营日报标题格式效果

2）报表的信息行。报表标题需要对当前报表制作的信息进行说明，包括制表日期、报表周期、制表人等。建议选择无框线、无底色，字体居中对齐，字体字号与数据区保持一致即可。

3）表头（报表字段）。可以采用字体加粗或是设置字体颜色变化的方式突出，字号与数据区保持一致。列宽平均，如字段内容过长可使用〈Alt〉+〈Enter〉组合键进行单元格内换行，设置居中或右对齐。

4）数据区。数据区文本建议采用微软雅黑、Arial、Calibri 等字体；数值类指标取整数；比率类数值设置为百分比格式，小数点保留 2 位；涉及成本、金额类数值可通过设置单元格格式，设置为货币格式，小数点保留 2 位。重要的指标项可添加条件格式的数据条或色阶，但不建议把全部指标都设置，那样反而重点不突出。设置恰当的行高及列宽，如图 2-62 所示。

制作日期：	2019.4.19		周期	4.14—4.18			制表人	*****
******项目运营周报（W12）								
日期	出勤人数	平均签入时长	平均电话量	平均接通率	平均通话时长	平均工时利用率	20秒服务水平	
4月14日	27	8.39	78	99.19%	126.63	95.08%	75.56%	
4月15日	27	8.50	78	99.33%	123.68	92.97%	75.56%	
4月16日	26	8.80	83	98.85%	122.40	96.18%	80.15%	
4月17日	28	8.08	71	98.68%	125.41	92.49%	69.54%	
4月18日	26	8.84	74	99.31%	127.62	92.71%	73.12%	

图 2-62　呼叫中心运营日报数据条件格式效果

5）数据汇总区。部分报表中会统计周期内的汇总数据，可通过字体加粗、设置底色等方式进行突出，以便于和明细数据加以区分，如图 2-63 所示。

制作日期：	2019.4.19		周期	4.14—4.18			制表人	*****
每天运营情况								
日期	出勤人数	平均签入时长	平均电话量	平均接通率	平均通话时长	平均工时利用率	20秒服务水平	
4月14日	27	8.39	78	99.19%	126.63	95.08%	75.56%	
4月15日	27	8.50	78	99.33%	123.68	92.97%	75.56%	
4月16日	26	8.80	83	98.85%	122.40	96.18%	80.15%	
4月17日	28	8.08	71	98.68%	125.41	92.49%	69.54%	
4月18日	26	8.84	74	99.31%	127.62	92.71%	73.12%	
汇总	134	8.52	76.85	99.07%	125.15	93.89%	74.78%	

图 2-63　呼叫中心运营日报数据汇总格式突出

6）自动套用单元格。针对数据量比较大的数据报表，还可以通过使用套用表格样式的方式实现快速美化，如图 2-64 所示。选择整个数据区域，单击"开始"选项卡，在"样式"功能组中单击"套用表格格式"，出现表格样式列表，选择某个格式，出现"套用表格格式"对话框，单击"确定"按钮，即可得到想要的结果，如图 2-65 所示。执行"清除"命令，即可清除套用表格格式，如图 2-66 所示。

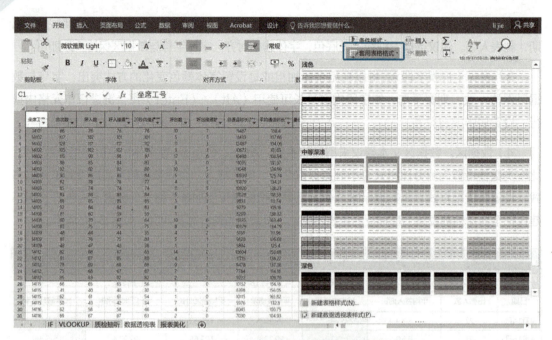

图 2-64 呼叫中心运营日报数据表套用表格格式操作

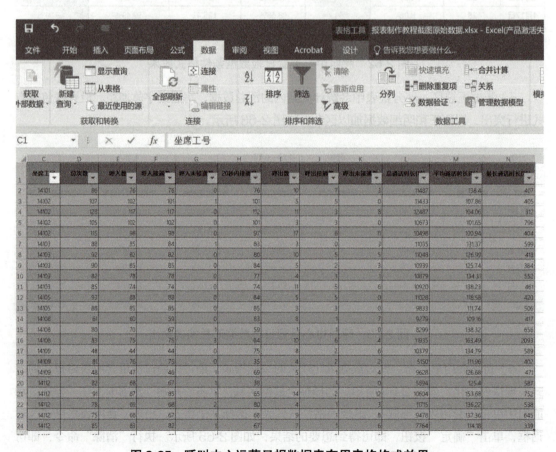

图 2-65 呼叫中心运营日报数据表套用表格格式效果

项目 2
呼叫中心现场管理

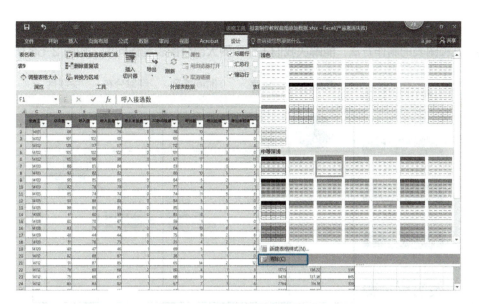

图 2-66　清除套用表格格式

3. 呼叫中心运营图表的制作

Excel 的优势在于，它不需要过多的文字表达，只需要一张简简单单的图表，就能将复杂的数据信息清晰地展现出来，让人一眼就能了解数据信息，并找到想要的答案。图表贵在精不在多，只有当图表能够正确表达数据主题时才需要使用。

（1）选择图表的类型　Excel 的标准图表类型包括直线图、面积图、折线图、柱形图等图形种类，大约有 14 种类型。在选择图表类型之前，我们先应思考想通过图表展示什么内容，再根据内容的不同选择合适的图表，如图 2-67 所示。

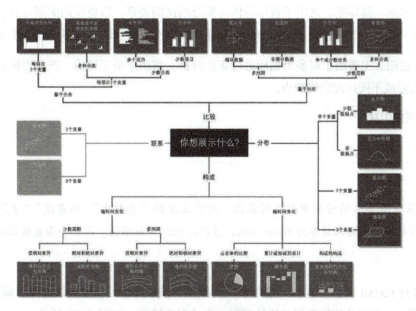

图 2-67　图表的选择

在班组长工作范畴内，最常用图表包括柱状图、条形图、饼形图、雷达图及线形图等。掌握这几种图表的制作方法，能解决我们工作中的大部分图表制作问题，如图2-68所示。

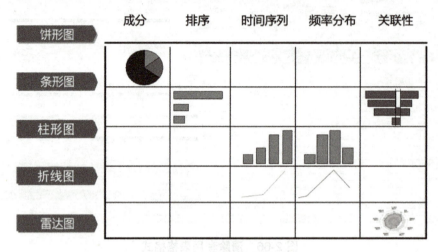

图2-68　常用图表样式

1）柱形图。柱形图也就是常说的直方图，柱形图用于表示不同项目之间的比较结果，也可以说明一段时间内的数据变化。

2）折线图。折线图常用于确定数据的发展趋势，表示数据随时间而产生的变化情况。折线图的横轴一般是时间，如年、季度、月份、日期等。

3）条形图。条形图显示了各个项目之间的比较情况，纵轴表示分类，横轴表示值。它主要强调各个值之间的比较，与时间关系不大。

4）饼形图和圆环图。常用于表示总体与部分的比例关系，以直观的图形方式表示出各部分与总体的百分比。饼形图只能表示一个数据系列，而圆环图可以包含多个数据系列。

5）雷达图。主要用于对多个指标进行定性分析，常用于员工评价、产品性能分析等，以便发现各指标或不同纬度的优缺点。

（2）图表生成

> **制作案例**
>
> 　　根据图2-70的呼叫中心运营数据，对比三天的"接起率""满意度""首解率"，制作柱状图，坐标轴边界为60%~110%；另外以90%为标准值，添加一条虚线辅助线。

1）打开Excel表格，选中"接起率"列数据，按住〈Ctrl〉键继续选择"满意度""首解率"列后，在图表功能区选择二维柱形图，生成图表雏形，如图2-69所示。

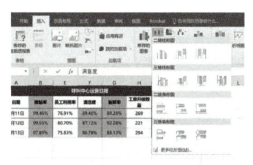 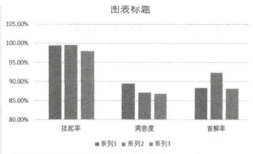

图 2-69　插入图表

2）修改系列名称。右击"系列图表区",单击"选择数据",如图 2-70 所示。弹出"选择数据源"对话框,依次选择系列进行编辑,在"系列名称"对话框中选择对应日期,如图 2-71 所示。完成后单击"确定",最终效果如图 2-72 所示。

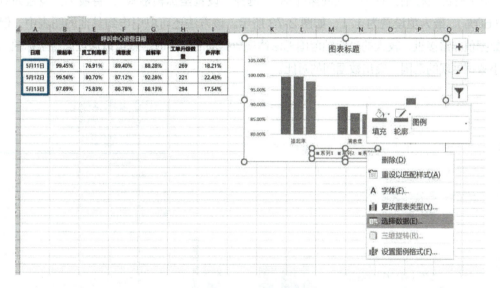

图 2-70　编辑数据系列

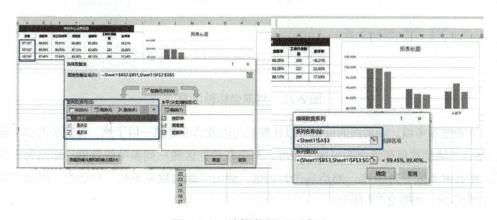

图 2-71　编辑数据系列名称

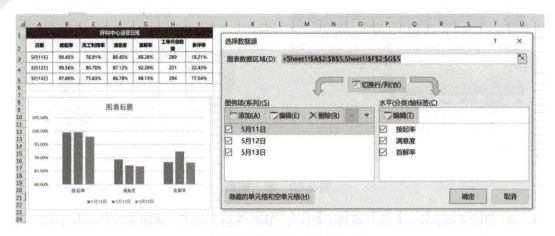

图 2-72　数据系统编辑后效果

3）设置坐标轴。右击"纵向坐标轴",选择"设置坐标轴格式",将最小值设置为 0.6（即 60%），最大值设置为 1.1，如图 2-73 所示。该方法还可以引申到其他的图表中，但几个数据值非常接近，较大的坐标轴范围无法体现数据间的差异时，就可以通过调整坐标轴，来缩小数据展现的范围，突出数据间的对比。

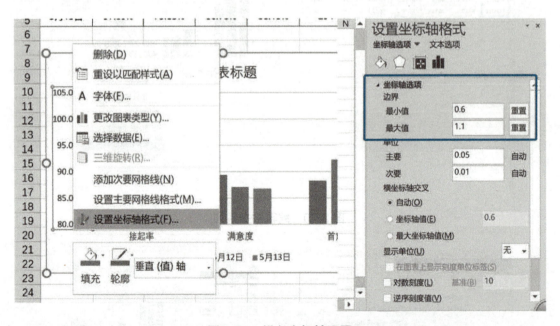

图 2-73　纵向坐标轴设置

4）设置参考线。参考线的设置可以让数据的达成情况更加一目了然。设置参考线主要操作包括添加辅助数值和组合图表两个步骤。首先在数据区做一列参考线数据，标题为"参考线"，将数据都填写为 90%。然后右击数据区，弹出"编辑数据系列"对话框，添加"参考线"作为序列，如图 2-74 所示。

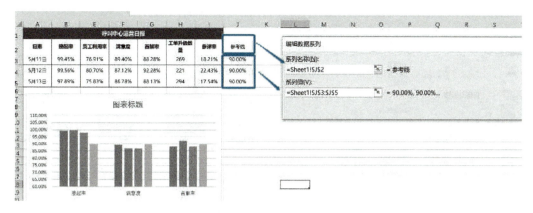

图 2-74　设置参考线

其次，是制作组合图表。组合图表是指在一个图表中表示两个或两个以上的数据系列，不同的数据系列用不同的图表类型表示。在该案例中，需要将参考线的图表格式更改为折线，效果上才能实现"线"的样式。右击图表数据区，选中"更改图表类型"，如图 2-75 所示。选择"组合图表"，根据内容选择"组合图形"后，将下方"参考线"系列的图表类型设置为"折线图"，单击"确定"，如图 2-76 所示。

掌握了一条参考线的设置方法，以后我们还可以为图表添加多条数据辅助线，这样就形成了数据分析中常用的"戴明图"。

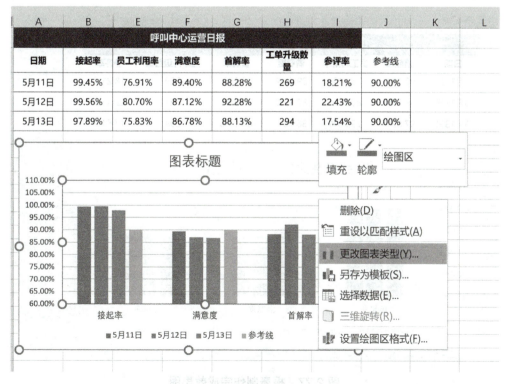

图 2-75　更改图表类型

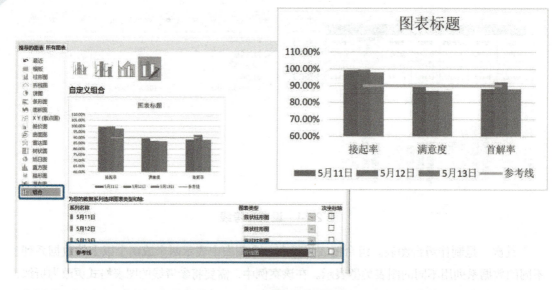

图 2-76 设置组合图表类型

5）图标的美化。报表基础操作完成后，继续将图表进行简单美化。根据报表内容修改图表标题，设置数据点格式，将柱形图重叠设置为"-20%"，设置"参考线"数据系列格式为虚线，设置为醒目的红色，适当调整宽度。通过设置字体颜色，隐藏参考线数据列，使原始表格更加干净。最终完成的效果如图 2-77 所示。

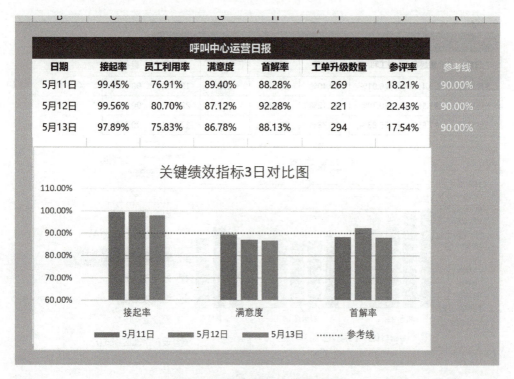

图 2-77 报表制作完成效果图

1. 什么是函数

Excel 函数即是预先定义，执行计算、分析等处理数据任务的特殊公式。

2. 什么是公式

Excel 公式是 Excel 工作表中进行数值计算的等式。公式输入是以"="开始的。简单的公式有加、减、乘、除等计算。公式接受 5 种元素的输入：运算符、单元格引用、值或字符串、函数和参数。

3. 函数的参数

函数后面括号中的部分就是参数，如果一个函数里面有多个参数，需要用逗号将它们分隔开来。

4. 单元格引用

单元格引用是函数中最常见的参数，引用的目的在于标识工作表单元格或单元格区域，包括绝对引用、相对引用和混合引用三种。〈F4〉键可以完成他们之间的切换。

绝对引用：单元格中的绝对单元格引用（如 F6）总是在指定位置引用单元格 F6。如果公式所在单元格的位置改变，绝对引用的单元格始终保持不变；如果多行或多列地复制公式，绝对引用将不作调整，都是 F6。

相对引用：公式中的相对单元格引用（如 A1）是基于包含公式和单元格引用的单元格的相对位置。如果公式所在单元格的位置改变，引用也随之改变。如果多行或多列地复制公式，引用会自动调整。

混合引用：具有绝对列和相对行，或是绝对行和相对列。绝对引用列采用 $A1、$B1 等形式。绝对引用行采用 A$1、B$1 等形式。

5. 公式中的错误信息（表 2-23）

表 2-23　公式中的错误信息

错误值	说明
#DIV/0！	公式试图用零作为除数
#NAME？	公式使用列为 Excel 不认识的名称
#N/A	公式中引用不能使用的数据，通常出现在查找函数中
#NULL！	公式使用列不允许使用交叉区域的数据
#NUM！	与值有关，如该值应当用正值却用了负值
#REF！	公式引用了一个无效单元格
#VALUE！	公式包含错误形式的变量或运算对象
########	该列宽度不够，无法显示数据

6. 图表配色技巧

在 Excel 中制作图表时，配色是很考验审美能力的事情。在以往的工作中，经常会看到色彩过于繁杂的报表，不但没有起到美化的效果，反而会造成观看者的不悦。

在配色效果上，我们要做"减法"：高亮度、高饱和的颜色只做重点提亮，少量使用；避免复杂的花纹、图案作为填充；使用清爽、干净的边框。数据鲜明、便于阅读是班组长制作报表的终极要求。

掌握以下几种常用的表格配色，让表格看起来更"高、大、上"。

（1）现代蓝红配色（图2-78）

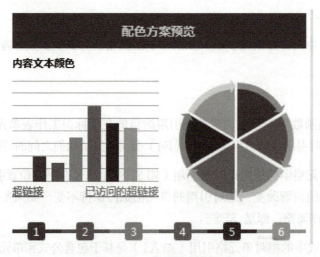

图2-78　现代蓝红配色

（2）商务素雅配色（图2-79）

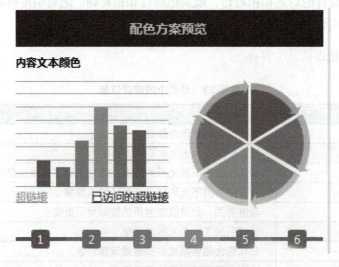

图2-79　商务素雅配色

(3)科技蓝灰配色(图2-80)

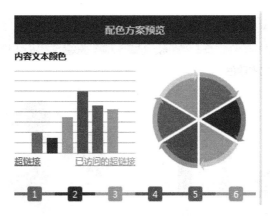

图 2-80　科技蓝灰配色

(4)活泼黄绿配色(图2-81)

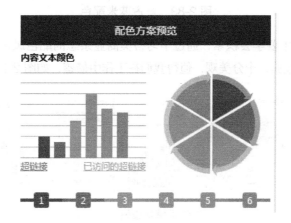

图 2-81　活泼黄绿配色

(5)经典红黄配色(图2-82)

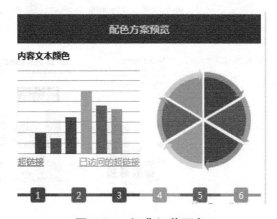

图 2-82　经典红黄配色

（6）复古蓝米配色（图 2-83）

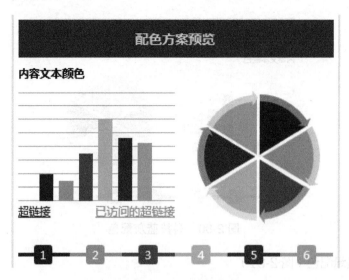

图 2-83　复古蓝米配色

最后，日常工作中要学会积累，通过学习各类商业杂志的配色风格，他们所使用的图表配色往往是经典中的经典，十分美观，值得我们在工作中借鉴，如图 2-84 所示。

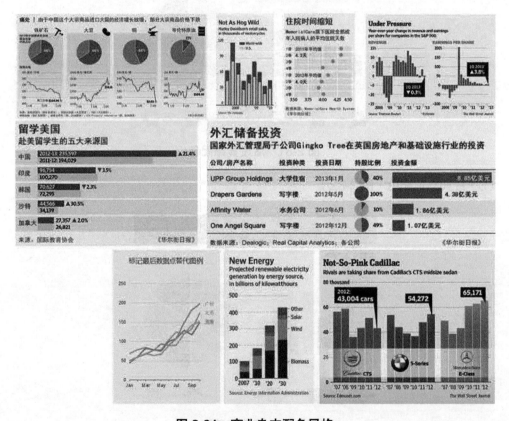

图 2-84　商业杂志配色风格

任务拓展

1. 实训任务：请根据图 2-85 所示的原始素材，绘制一个数据表，并完成答题要求

2. 任务形式：每个人独立完成，提交 Excel 文件

3. 任务时限：30 分钟

4. 任务要求

1）打开 Excel，在新表格中输入表格内容，并对表格进行美化。

2）将"平均通话时长"转化为" 00：00"的时间样式。

3）计算出"重复来电率"以及"平均处理时长"的目标值和目前情况值。

4）通过与目标数据的对比，请使用条件格式，添加趋势箭头。

5）根据表格中所有的数值类指标，绘制一个柱状图。

5. 软件环境：Office 2010

呼叫中心坐席代表评估指标		
评估指标	目标	目前情况
平均案面时间（s）	30	43
平均通话时长（s）	160	170
工作效率	86.3%	84%
平均应答速度	18.2	12.8
首次电话解决率	90.4%	88.4%
重复来电率		
平均排队时间（S）	28	35
平均处理时长（S）		

图 2-85　原始素材

项目综合实训

1. 实训目的

精细化管理中，报表的重要性不言而喻。通过报表，我们能看出个人表现也能看出团队绩效。可以说，我们在管理中随时需要以报表为依据，报表是我们进行管理必不可少的工具之一。

2. 实训要求

请下载报表制作实操题，根据实操题项目背景按照表 2-24 所示报表制作评价标准完成报表制作试题并上传至系统。

3. 答题时限

完整项目实训答题时限共计 180 分钟，每个任务不再单独设定答题时限。

本任务完成时间建议控制在 60 分钟以内，请合理控制时间。

4. 评价标准

表 2-24 报表制作评价标准

评价内容	评定方法	评分标准	单项分值	总分值
报表制作	评委人工评分	数值输入规范、数据清晰、报表美观	2	30
		正确设置表格格式，能正确使用筛选排序、条件格式等功能	3	
		能够运用函数进行数据的整理、提取、计算	10	
		能够正确引用 KPI 计算公式对指标进行运算	5	
		能够正确引用数据制作图表	5	
		基于数据的分析合理，提出正确的解决方案	5	

5. 系统操作

1）参考项目 1 综合实训的任务步骤，登录系统后单击"考试管理"，选择"中级技能考核"。

2）选择"报表制作"，单击"开始考试"进入项目训练，如图 2-86 所示。

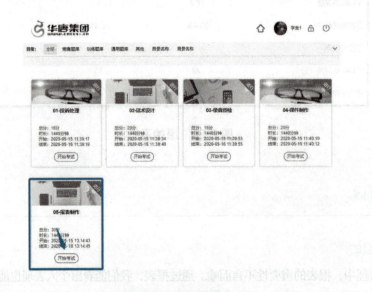

图 2-86 项目训练入口

3）进入项目训练页面后，需单击"答题要求"，根据要求进行答题，如图 2-87 所示。确保了解答题要求后，单击"确定"开始答题，如图 2-88 所示。

图 2-87　答题要求入口

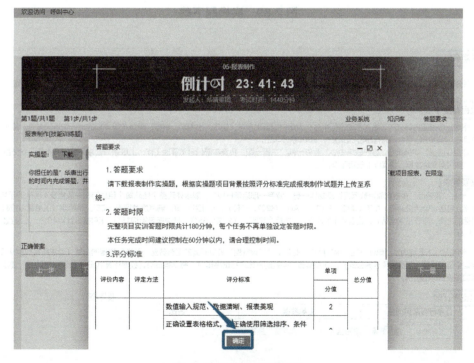

图 2-88　阅读答题要求

4）按照答题要求单击"下载"实操题，根据提供的项目报表进行答题，如图 2-89 所示。实操题下载完成后，根据实操题相关要求进行作答，如图 2-90 所示。

图 2-89　实操题下载

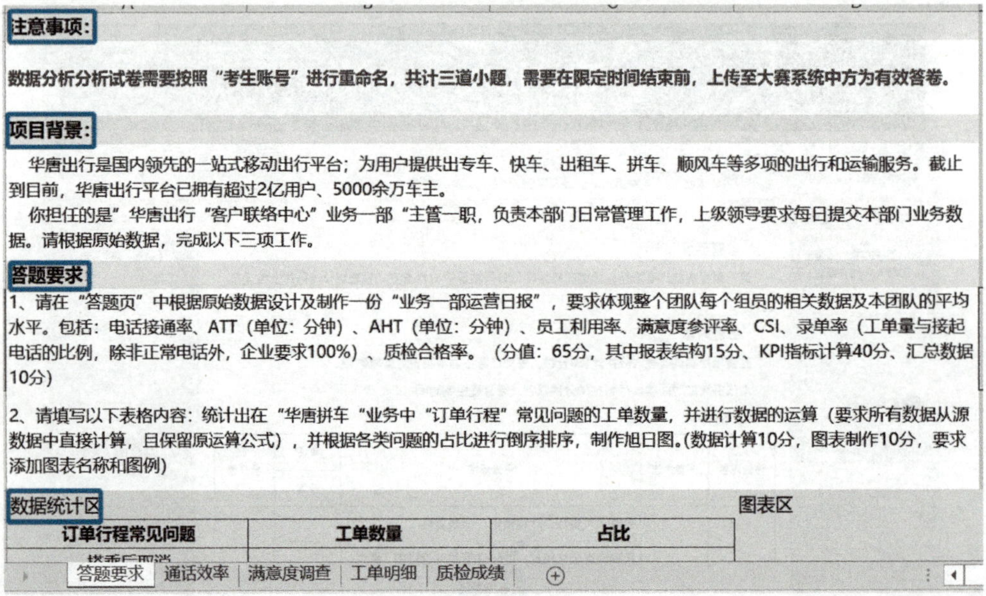

图 2-90　实操题要求

5）完成作答后，需将文件重命名为统一格式要求，并单击"上传"，将答卷上传至系统，出现上传成功提示后单击"确定"即可，如图 2-91 所示。

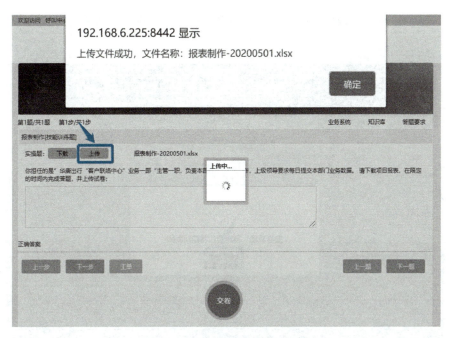

图 2-91　实操题答案上传

6）上传完成后，会在系统页面显示文件名称表示上传成功，可单击文件名称检查试卷，如检查无误，单击"交卷"即可，如图 2-92 所示。

图 2-92　实操题复查

7）系统显示"交卷成功！稍后窗口将自动关闭"，单击"OK"即可完成答题，如图 2-93 所示。

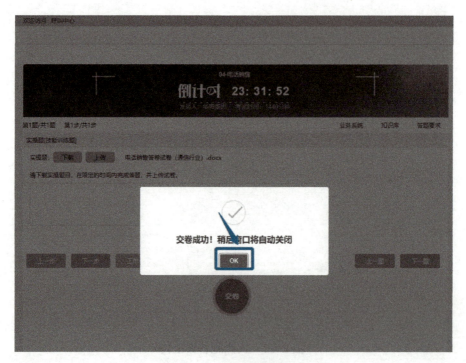

图 2-93　完成答题交卷

任务 4　班组长现场管理

任务情景

主管：花花，你们组今天是怎么回事啊，刚刚我带客户到现场参观，就你们组那边最乱，也看不到你的人影，给客户留下了很不好的印象。你作为班组长，我今天可要批评你了。

花花：主管，我也没闲着啊，当时有个客户投诉，坐席代表讲了很久，客户就是不挂电话，我只能帮忙去接电话了，就这一会儿工夫。

主管：给员工支持是没错的，有些疑难问题组员处理不了，是需要班组长出面来帮忙解决的，但班组长不能成为他们行走的"知识库"，更要教会大家独立处理问题，做好整个团队的管理工作。

花花：我知道了，主管。请问您今天有时间吗？我想跟您请教下关于现场管理的方法。

主管：好吧，你们也不要泄气，我们一起努力，今天下班后，我给大家分享下我当时做班组长时候的经验吧！

花花：好的，谢谢主管。

任务分析

呼叫中心是人员密集、开放式的工作场所，声音、空气、现场秩序都对坐席代表的工作有一定的影响。现场管理是呼叫中心管理的一个重要环节，是管理人员根据事先设定的质量标准或工作要求，在服务现场对执行服务的人员、设备、工作流程、环境、KPI 等进行实时的监控和管理，发现和预测存在的和潜在的问题，并及时制订解决方案，以改善服务方法、作业流程、思维方式、工作环境，进而提升服务质量、提高工作效率的管理过程。

班组长作为一线战斗的直接组织者和指挥者，是班组的主心骨、带头人，也是企业和员工之间的桥梁，身处企业上级和下级、班组与班组、组员与组员关系的交汇点上，是现场管理的重要执行者。

本任务要求班组长能够掌握呼叫中心现场环境氛围的调动、现场环境秩序的维护，进行话务监控和人员调配，解决突发和危机事件，帮助鼓励员工调节好状态。

任务步骤

1. 班前班后例会

把握班前班后例会的时间与员工积极交流。呼叫中心的班前班后例会是在员工正式工作之前或之后进行的一次比较简短的交流，一般以班组为单位进行。通过班前班后例会的实施，可以对人员的考勤，当日的工作安排，以及其他问题进行确认，也可以鼓舞士气，营造良好的工作氛围，也能将一些企业的要求及时传达给员工。班前班后例会的主要内容包括：

（1）轻松话题　班前班后例会的开场不宜太过严肃，主持人的开场可以从当日新闻、天气等开始，创造一个轻松的氛围。

（2）晚班交接情况　由于呼叫中心通常都有晚班或者夜班，这段时间的工作有时候是没有班组长和主管现场主持的，所有晚班的工作情况一定要总结和说明。如果晚班人员的工作是持续到第二天早上的，那么晚班人员也一定要参加次日的班前例会，让班组长对其工作情况进行总结，对于一些晚班遗留问题，班组长要安排好交接。

（3）当日工作安排　对于当天的工作进行安排，并且说明注意事项等。这种简单的工作安排会有效地提高工作效率。

（4）信息交流　将近期部门和小组的一些制度调整、工作要求等告知大家，包括班组长在其他会议中得到的一些信息，都可以在早会上进行共享。

（5）表扬和批评　班前班后例会中，可以对表现优秀的员工进行表扬，以激励大家努力工作，对于成绩落后或者出现问题的员工进行点名或者不点名批评，在小组中创造出一种公平、公正、透明的良好竞争环境。

（6）当日工作目标确认　班前例会中可以对当日的工作目标进行阐述，可以细分到某个指标的达标值是多少，也可以对个别员工的当日工作指标进行确认，以督促员工工作成绩的提高。

（7）部分业绩通告　班前班后例会可以对部分业绩进行通告，让大家了解目前小组的各项指标情况，这样能促使大家的工作更加具有一致性。

（8）员工发言　班前班后例会是一个集体会议，在会议中要和员工有所互动，让员工能够把自己的想法说出来，并且能够做一些经验交流方面的分享，这样才能让班前班后例会变得鲜活起来。

（9）鼓舞士气　在以销售为主的呼叫中心，班前班后例会的主要内容就是鼓舞士气。此环节的内容多样，如合唱歌曲、做早操、组织小游戏、讲笑话、喊口号、分享优秀案例等，都可以有效地提高员工的兴奋度，改善精神状态，让员工带着愉悦的心情投入一天的工作。

2. 话务监控、人员调配

现场管理人员应了解呼叫中心运营管理中的一些量化指标，并对相关的话务监控系统熟练应用。班组长席可以在座席终端上看到呼叫排队情况和坐席代表的忙闲、闭塞等情况。班组长应及时引导坐席代表根据当时通话情况和自身状态正确操作系统的忙碌、空闲、小休、培训等工作状态。

当话务监控出现排队等候的呼入时，现场管理者应该做以下几项工作：

（1）首先了解在队列中的呼叫数量　目的是了解等候数量是否在可控制的范围之内。

（2）最长的呼叫等候时间　目的是得知客户的体验及对服务水平的影响。

（3）了解目前的服务水平的有关数据　包括平均应答速度当前数值和目标服务水平的要求数值。目的是通过了解目前的服务水平，从而判断来电等候对目标服务水平的影响。

（4）了解坐席代表的状态　目的是了解是否有人员在小休、用餐、培训、会议等。

（5）评估升级措施的必要性　升级措施包括：调整呼叫入线的优先次序，管理者（班组长、质检人员、培训师等）帮助处理呼叫记录客户的信息，待话务量下降时安排外呼。

（6）安排专席处理某些共性问题　需要注意的是，通过每天对不同时段的放弃率、服务水平等数据的监测和分析，可以发现现场的调配和管理对于各类指标的影响非常大。

3. 现场监督

可以将现场督导（即监督者）理解为坐席代表旁边的辅导者，他们在现场能够给予坐席代表及时的指导和帮助。尤其是在有较多新员工上线的时期，这种现场指导是相当必要的。

现场督导作为对坐席代表进行及时支持的人员，必须对业务的核心知识、相关知识、业务系统、服务知识、技巧及服务流程掌握得非常透彻，这样才能在必要的情况下提供支持，如解答坐席代表的疑难问题，处理困难客户，甚至处理投诉。

现场督导应就相关疑难问题与坐席代表进行有针对性的分析、沟通和总结，这样可以帮助坐席代表深入发现自身存在的问题，寻找改进方法，并在下一次呼叫中进行状态调节。这样经过几次反复操练后，坐席代表可以培养起服务的自信心和一定的问题驾驭能力，可以快速进入岗位角色。

4. 走动式管理

走动式管理指现场管理人员通过巡场的方式，了解与监督现场纪律、现场环境、坐席代表工作状态等情况的一种管理方式。

走动式管理的好处在于，对现场纪律、现场环境实时进行控制，对坐席代表在工作中遵守企业的规章制度及纪律起着良好的促进作用。一般来说，走动式管理可以达到以下几种目的：

1）及时确认运营结果，第一时间知道呼叫中心现场所处的状况。

2）把握真实情报，核对数据的真实性。

3）发现突发情况，积极采取应对措施。

4）增加上、下级的沟通机会，增进双方的了解。

而在执行走动式管理时，管理人员要注意做到以下6点：

1）需要着装整洁。

2）要有发现问题的意识。

3）要有敏锐的洞察力。

4）要真实地记录一切。

5）要有谦逊的举止。

6）要耐心回答一线坐席代表提出的问题，和他们进行沟通。

5. 人员激励和气氛调节

在现场管理的过程中，需要随时注意坐席代表的情绪波动，合理地对员工提出表扬和批评。

（1）对坐席代表压力的有效调节　即通过业务低峰期时间或午休时间缓解大家的压力，放松紧张的工作状态，为下一个来电高峰能保障服务品质做好铺垫工作。

（2）不同小组任务分工，促进目标实现的激励　即对呼叫中心不同任务组（坐席、销售、投诉、回访、结算）进行阶段性目标跟踪和实现。

（3）对突增的工作压力的管理　即因业务量猛增、客户投诉量集中等现象，带来坐席代表的集中烦恼情绪的管理，班组长要挺身而出，快速掌握业务知识，协助员工现场解决疑难问题，并帮助团队成员掌握要点。

6. 突发事件处理

（1）一般设备故障　发生一般设备故障，坐席代表应向班组长报告，由班组长安排将其换到别的工作台。

（2）应用程序、网络、ACD 系统故障　坐席代表如发现此类故障，应向班组长或更高级的主管报告，班组长应立即通知系统工程师。一旦系统修复，班组长应立即安排坐席代表进行电话处理，以免出现流量拥挤的现象。

（3）断电　如发生断电的情况，坐席代表应关闭所有的计算机和电器，以免突然来电后出现异常情况。

（4）空调故障　空调故障时，班组长应立即通知物业或行政部门。一般而言，呼叫中心应配备若干电风扇，以保证空气流通。

（5）报警及火灾　如发生火警，班组长应立刻与行政办公室联系。如确认是警报器出错，开始设备调试；如不是，应当启动火灾疏散流程。对于呼叫中心内部小的火情，坐席代表应使用泡沫灭火器。如火情失控，应拉响（按动）警报器。班组长应指挥所有坐席代表按照火警疏散流程行动。对于呼叫中心外部的火情，坐席代表应遵从班组长指挥，迅速撤离，不贪恋财务，必要时带上手电和湿毛巾。

（6）个人事故　呼叫中心应备有简单的药物、绷带和一些援助用品，如发生员工受伤的情况，应立即向班组长报告，由班组长决定是否将伤员送医。事后，班组长应对所发生的事故作出报告。

7. 危机处理

为确保呼叫中心在发生灾难性事故或严重系统故障时能有效地恢复其部分或全部服务，一套完整的危机恢复计划是必不可少的。建立呼叫备份中心的机制，对全面预防处理危机有很深远的意义。

全面恢复能力是由两个有相同系统容量的呼叫中心同时以负荷分担形式提供服务。

每个呼叫中心都有50%的备用资源，当其中任何一个呼叫中心发生事故，另外一个呼叫中心就可以立即负担对方的工作，以有效地在灾难恢复流程中进行适当的资源调配，在短时间内全面恢复呼叫中心的运作。

当发现接入不正常，如坐席代表工作量不正常、话务量不正常、系统反应不正常，班组长需要与其实时联络以获取实际情况；同时，班组长需要向系统经理报告并要求了解情况。如果情况未能改善，应立即向部门经理汇报，部门经理需要与系统经理取得共识，并向呼叫中心经理取得授权发动危机处理行动。

在危机发生后，呼叫中心负责人应撰写详尽报告上报主管部门，详述事故发生原因、经过、处理程序、事故开始及结束时间、持续时间以及对各部门所产生的不同层面的影响，更应详述改进措施，尽量避免同类事件再次出现。

8. 信息安全管理

呼叫中心是大数据的典型应用，每天处理着大量的客户信息。在信息泄露等信息安全危机的影响下，客户更关心的是个人信息在我们的企业是否安全，是否受到足够的保护，信息安全管理制度是否完善，所以在呼叫中心现场管理过程中，班组长要关注信息安全问题。

（1）客户资料安全

1）来自客户本身的要求。对于来自客户本身的要求，应根据流程规定处理。呼叫中心坐席代表在满足客户要求之前，应先验证客户的个人信息，没有验证客户身份之前不允许提供客户的任何信息。

2）来自媒体或政府的要求。呼叫中心坐席代表应礼貌记录媒体或政府机关的联络方式和要求，并且把这些资料交给呼叫中心经理处理。呼叫中心坐席代表和班组长在任何情况下都不得泄露客户资料。

3）客户资料的流传和保存。数据资料，无论以何种方式都不可以在没有授权的情况下被查看、修改或销毁，所有存放客户资料的房间柜子都应上锁。客户资料室应高度保密，资料的流转都应在严密的监督之下。书面的文件应当被保存在保密室中，根据抄送名单进行流转。

4）保护客户资料环境的管理。呼叫中心应与员工签署保密协议，保密信息是指任何与企业有关的图形、知识、软件源代码、文件、信件、法律文件，其中包括诉讼、财务、损益账目、业务预测、雇主委派的工作和任务、合同、销售数据、组织结构、劳动力数据、生产数据、客户名单、顾问意见、目录和所有其他属于雇主的材料。所有的拍照、录音、摄像、复印、泄露和删除客户信息资料的行为都是被禁止的。

（2）现场入口的安全

1）关键入口的人员安全。呼叫中心的主要入口和侧门应该处于安保状态下，班组长负责定期检查。在正常的办公时间之外，主要入口应关闭，仅仅可以通过侧门进入呼叫中心。

2）处理未授权人员的进入。当呼叫中心坐席代表注意到有任何陌生人出现在呼叫中心时，应立即通知班组长。班组长应礼貌地验证其身份，如果此人没有被正式授权进入，班组长应报告呼叫中心经理，必要时提交管理办公室。

1. 呼叫中心工作现场的特点

（1）工作环境特点　在传统网点柜台工作时，员工和管理者都能见到在营业大厅的服务柜台前排队的客户。而在呼叫中心，员工无法看到在电话那端焦急等待排队的客户，取而代之的是另一个典型场景：安置了个人计算机的一排排间隔，坐席代表通过耳机听取电话呼叫，员工和管理者不能直接了解进入呼叫中心的客户数目，也不知道有多少员工准备接听呼叫，而是要通过计算机系统和交换机系统的报表数据分析整理后才能掌握。

（2）客户交流的特点　呼叫中心的工作现场和网点柜台的工作现场有很大的不同，在网点柜台的营业大厅里，客户可能需要排队几十分钟等候办理业务，然而客户会感到舒适，因为他们至少可以知道在队伍中的位置。在呼叫中心，因客户数量大而出现客户排队等候时，客户不了解等待的原因，也不知道自己在排队中的位置，因而会主观认为是企业内部管理不善造成电话打不通。呼叫中心学专家称这种区别为"可视排队"和"不可视排队"。

调查表明，90%的客户认为，在网点柜台的营业大厅里排队等候时间为1~20分钟，在优质服务范围内；等候时间若为40~60分钟，则需要改进。而94%的客户认为，在电话里等候10分钟或是连续拨打3次以上均在等候的服务，则是服务质量问题，必须改进。

（3）员工工作特点　在员工工作方式特点上，网点柜台与呼叫中心也存在着巨大的差异。呼叫中心的员工一天中将花费很多时间在电话里与客户沟通，可能员工通常是整天坐在隔间内，几乎不与其他人交流，甚至没有机会四周活动。呼叫中心员工不仅要在电话里与客户交谈，同时还要在计算机上进行信息输入等。

2. 呼叫中心的现场管理的意义与作用

1）统一呼叫中心管理标准。

2）加强与团队成员之间的沟通与交流，指导团队成员工作。

3）提高呼叫中心各项工作的工作效率，对现场发现的问题及时给予纠正、分析和解决，节省运营成本。

4）提高服务质量，及时收集和反馈客户信息及要求。

5）提升发生紧急事件的响应速度，减少事件造成的损失。

3. 班组长现场管理过程中的注意事项

（1）班组长个人情绪的把控　对于初任职的班组长来说，在现场管理中一定要控制好自己的情绪，不能把紧张、急躁的心情表露在脸上，这样会影响员工的工作情绪。在通过活动平台传达信息时，语言尽量要严谨而公正，委婉而谦和，这样大家会更容易接受和配合。

（2）班组长与员工或其他班组长的沟通方式　班组长在面对面的沟通中可采用、有亲和力的语言，如"麻烦投诉岗的美女姐姐、审核岗的美女班组长帮一下我""谢谢同学""加油，亲爱的"等，利用听、说、读、写等思维的载体进行有效沟通，如积极的面貌、中肯的语言、适当的动作、支持的眼神。

（3）坐席代表的情绪　对于个性独立、不太愿意听从别人的指挥和教导的员工，班组长要进行面对面的沟通：先表扬他在工作中值得肯定的成绩，然后对他不好的态度给予正面的引导，最后以"信任、鼓励、期待"的口吻与他达成共识。

4. 呼叫中心班组长常用的激励手段

班组长要在不同阶段举办活动或讲座，来激励组内人员，以达到活跃工作气氛、缓解工作压力、发挥团队精神的目的。由于每个人都有差异，激励员工的措施亦应因人而异。班组长应多鼓励坐席代表，使他们朝目标积极工作，但不能采用同一方法去激励所有坐席代表。最常使用的激励方法有目标激励法、荣誉激励法、奖金激励法等。

（1）目标激励法　目标激励法就是确定适当的目标，诱发人的动机和行为，达到调动人员积极性的目的，目标具有引发、导向和激励的作用。

（2）荣誉激励法　从人的动机看，大部分人都具有自我肯定、争取荣誉的需要。在荣誉激励中还要注重对集体的鼓励，以培养集体荣誉感和团队精神。

（3）奖金激励法　当发现坐席代表表现卓越时，立刻奖赏他们，方式有晋升、一定金额的奖金、带薪假期、安排旅游等。

公司背景：

金元宝公司是一家已经经营 3 年的垂直 B2C 公司。公司主要经营鞋类产品。公司运营初期因为竞争对手少，加之推广对路，所以短时间内得以迅速成长扩张。但因为入市门槛低，产品毛利相对丰厚，近一年来竞争对手不断涌现。各个对手背后都拥有雄厚资金，为了争夺市场纷纷大手笔投入，短期内价格战"风起云涌"。

鞋类产品属于日常耐用品，所以客户重复购买率并不十分高，而且各家进货渠道又基本类似,彼此毛利率并不存在太大差别。鞋子款式虽多,但真正符合大众审美和心理价位的产品并不丰富,不断的恶性竞争导致毛利空间不断被挤压。在如此恶劣的市场环境下,金元宝公司已经感到举步维艰。为了有效控制运营成本,提高利润率,公司决定改变经营策略,取消硬性广告投入,尝试新的营销手段,打造低成本盈利新模式。

你的终极任务:

根据新的战略发展方向,公司下属呼叫中心部门决定先在内部进行小规模试点,调用一个客服小组对新课题进行测试,检验营销效果并制订相关流程,以备未来大规模推广之用。你将作为本次测试的主角,带领你的团队创造营销奇迹!

你的角色:

呼叫中心基层班组长,此次被选为试点团队组长。

你的队伍:

团队成员均为各组抽调,属于临时拼凑的团队。

团队共9人,其中老兵5人(入职时间1年以上);新兵4人(刚刚结束实习),但新兵中一人有销售背景。

你的困扰:

1)全新的业务领域,没有成熟经验可以参考。本人无营销经历,公司及部门无法提供有效支持。

2)新团队、新成员彼此之间缺乏了解和信任。新老员工之间存在隔阂。

3)没有现成的规章制度可循,缺少对应的 KPI。

你该如何面对困难并取得最终胜利呢?请在完成任务后填写表 2-25 所示的项目评价表。

表 2-25 项目评价表

实训考评项目			教师评价	互评	自评
呼叫中心现场管理	呼叫中心现场与人员管理	掌握呼叫中心现场管理规范			
		掌握呼叫中心现场管理的方法			
		能够承担呼叫中心教练型管理人员的要求			
		能够提升呼叫中心员工的满意度			
		能够帮助及辅导团队员工			
	呼叫中心绩效管理	知晓呼叫中心 KPI 的分类及内涵			
		知晓每一种 KPI 的计算方法			
		掌握 KPI 体系数据分析的步骤			

Project 3

项目 3
话术脚本设计

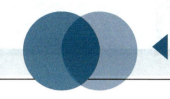

项目描述

花花在班组长管理岗已经工作了 8 个月,对于现场的管理已经得心应手,尤其是在团队建设方面,得到了上下级的认可,不仅积极组织开展各项活动帮助员工舒缓工作压力和情绪,还耐心帮助落后员工,通过总结分享自己在一线上的话术,帮助班组成员提升绩效成绩。

话术是客户服务过程中承载信息的载体,是坐席代表专业化的体现。它通过科学规范地将产品信息及服务信息合理地组合成客户所易于接受的语言文字,快速、准确地传播给客户,解决客户的疑虑,帮助客户完成所希望解决的问题,使客户从信息中获益或者得到满足。

本项目中,通过客户需求与动机分析、电话营销脚本设计、FAQ 话术设计三个实训任务,让学生掌握话术设计的方法和技巧,能够独立完成话术设计的工作。

项目内容

客户需求与动机分析

电话营销脚本设计

FAQ 话术设计

任务 1 客户需求与动机分析

任务情景

小小：组长，最近我们开始销售一款业务，但给客户介绍的时候，客户总是不耐烦，成单率不高，该怎么办啊？

花花：之前的产品资料不是给大家培训过了吗，怎么还会出现这种问题呢？

小小：我们就是按照产品资料读的啊，可客户就是没兴趣。

花花：哎呀，产品资料不能读给客户听，在介绍新业务的时候，我们先要了解客户的需求和动机，才能有针对性地打动客户。

小小：那客户的需求和动机我们该怎么判断呢？

花花：我给你们从头介绍下客户需求和动机分析吧，大家也能多学习些。

任务分析

需求是人们在心理上感觉到的一种空缺而必须加以满足的状态。它是一种重要的个性倾向，具有明确的目的指向性和强大的行为驱动力。人们的需求包括物质需求和精神需求两个层面。马克思从生存、发展和享乐三个方面深刻探讨了人的需求问题。心理学家马斯洛（Maslow）把人的需求从低级到高级概括为生存、安全、归属、尊重与爱、自我实现五个层次。 经济学中，需求是指在一定的时期，在既定的价格水平下，客户愿意并且能够购买的产品数量。

动机是指引起个人活动，维持已引起的活动，并促使活动朝向某一个目标的内在心理过程。动机是一种内在心理过程，不能直接观察，但可以通过任务选择、努力程度、活动的坚持性和言语表示等行为进行判断。

客户的需求和动机是客户行为的驱动因素和决定力量。为了对客户行为施加积极影响、实现有效的客户管理，必须着重对客户的需求和动机进行深入分析。

本任务要求学生掌握影响客户购买行为的心理需求和动机，掌握探寻客户动机的方法，从而为话术编写奠定基础。

任务实施

1. 客户需求分析

所有的企业都在高度关注和研究客户的需求,并强调"以客户的需求为导向",真正地识别、把握和跟踪不断变化的客户需求并非易事,客户需求的多样性、多隐蔽性、复杂性使得人们难以驾驭,因此从纷繁多样的客户需求中找出其中的规律性就显得十分重要了。

借助于马斯洛关于"人需求的五个层次"的分析模型和方法,并参考其他专家关于客户需求层次的论述,客户的需求也存在着五个层次,它们从低到高依次是产品需求、服务需求、体验需求、关系需求和成功需求,如图3-1所示。

图 3-1　客户需求层次

1)产品需求。客户的产品需求有功能、性能、质量以及产品的价格。一般的客户都希望以较低的价格获得高性能、高质量的产品,并且认为这是最基本的要求。迄今为止,那些购买力较弱的客户仍然以产品质量及价格作为采购的主要依据。20世纪80年代,中国的物资供应相对匮乏,客户需求几乎完全以产品需求为主,谁能提供更高性价比的产品,谁就能成功。

2)服务需求。随着人们购买力的增强,客户的需求也水涨船高。人们采购时不再仅仅关注产品,同时还关注产品的售后服务,包括产品的送货上门、安装、调试、培训、维修、退货等服务保证。但这还不够,随着计算机、数码相机等电子产品及软件系统等高科技产品进入人们的生活,客户的需求又上了一个台阶,人们不仅仅满足于好的产品和服务,还希望得到精确、及时的技术支持以及优秀的解决方案。好的产品加上好的服务承诺并不能让客户完全满意。试想,同样好的产品为什么在不同的客户那里会产生不同的使用效果和收益呢?同样好的服务承诺为什么有的客户满意,有的客户不满意呢?原因在于产品科技含量和复杂性的增加,产品使用效能和收益的实现不再仅仅取决于产品的好坏和简单的安装、培训服务,还取决于好的产品应用实施方案,以及及时并且有效的技术支持。

客户不欢迎,甚至反感那些服务承诺良好但不能及时有效地解决问题的服务商。

3）体验需求。随着旅游、娱乐、培训、网络等产业的兴起，人们逐渐从工业经济、服务经济时代步入了体验经济时代。客户采购时不愿意仅仅被动地接受服务商的广告宣传，而是希望先对产品做一番体验，如试用、品尝等，甚至对未经体验的产品说不。客户逐渐从单纯被动的采购转为主动参与产品的规划、设计、方案的确定等过程。每次与客户互动（如一个电话、一封E-mail、一次技术交流、一次考察、一顿晚餐等），对客户而言都是一种体验。体验记忆会长久地保存在客户的大脑中，客户愿意为体验付费，因为它美好、难得、非我莫属、不可复制、不可转让、转瞬即逝，它的每一瞬间都是一个唯一。客户希望每一次体验都能感觉愉快、富有成效。可以看出，客户在体验方面的需求不是产品、服务所能替代或涵盖的，是在产品、服务需求被满足后产生的更高层次的需求。

4）关系需求。没有人会否认关系的重要性。关系对一个客户的价值在于获得了社会的信任、尊重、认同，有一种情感上的满足感；在需要或面临困难时，会得到帮助和关怀；可以与他人分享和交换信息、知识、资源、思想、关系、快乐等。关系的建立一般会经历较长时间的接触和交流、资源的投入、共同的目标、彼此尊重、相互信任、相互关爱、相互理解、相互依赖、信守诺言等过程或要素，因此，关系是客户十分珍视的资源。这也说明，为什么客户愿意与熟悉的服务商长期交往，而不愿意与一个可能产品及服务更优的新服务商接触；为什么两家产品服务质量相当，但与客户关系不一样的服务商在客户心目中的地位会不同。实际上，这是客户的关系需求在起作用。

5）成功需求。获得成功是每一个客户的目标，是客户最高级的需求。客户购买产品或服务都是从属于这一需求的。服务商不能仅仅看见客户的产品、服务需求，更重要的是要能识别和把握客户内在的、高层次的需求，否则不可能赢得商机。通常情况下，客户并不十分清楚或不能清晰地表述自己的问题或需求，因此在没有完整、清楚地把握客户的需求之前，即使将全球最好的产品和服务推荐给客户也是无济于事的。谁能帮助客户真正解决问题、向客户提供获利的行动，谁才能赢得客户。

不同的行业、不同的企业，客户的购买力、购买行为可能不尽相同，但是都不同程度地存在着上述五个层次的需求。我们可以运用客户需求分析，更准确、清晰地判断我们的客户需求主要在哪一个层次上，从而有针对性地进行话术设计和产品销售。

2. 客户购买动机的分析

（1）客户购买动机的特点　在心理学中，动机指引发和维持个体行为并导向一定目标的心理动力，而客户动机指在客户需要的基础上产生、引发客户消费行为的直接原因和动力，相对于客户需要，客户动机与消费行为的联系更加直接具体。客户动机把客户需要行为化，客户通常按照自己的动机去选择、消费具体的产品类型，客户购买动机的产生是由一系列复杂因素相互作用的结果并呈现出多方面的特点，对客户购买动机的分析要建立在对客户购买动机的把握上。

1）购买动机存在冲突性。通常购买行为是由多种动机推动的，而客户在采取购买行为前，同时产生两个或两个以上的动机时就会引起心理上的矛盾，表现为几个相互矛盾的消费动机相互斗争，斗争的结果将决定如何购买产品。而现实生活中相互矛盾的动机所存在的情况是十分复杂的，具体表现为双趋式冲突、双避式冲突、趋避式冲突、多重式冲突等。

2）一般消费动机都具有模糊性。客户在购买产品时往往带有很多不同的购买动机，这些动机中有些是客户能清楚地意识到的，而有些则是客户没有感觉到的，无论是意识到的还是没有意识到的，它们相互交织在一起，共同影响着客户的购买行为。

3）购买动机是具有可诱导性的。客户原本持有的动机可能会因为外界的刺激和诱导发生转移。也就是说在购买过程中，客户由于受到各种产品的刺激和购物环境的影响，其原来动机的地位是会发生改变的。

（2）客户购买动机的类型　购买动机是消费行为的直接驱动力，也就是说任何人的行为都不是无缘无故的，人只要处在清醒的状态下，他所从事的任何活动都是由一定的动机所引起的。客户的购买动机是复杂的、多变的、多层次的，在消费心理学研究中一般概括为生理性购买动机和心理性购买动机两大类。

1）生理性购买动机。生理性购买动机是指客户为了保持和延续生命有机体而引起的各种需要所产生的购买动机，生理因素是引起客户的生理性购买动机的根源，客户为了使生命得以延续，就必须寻求温饱、安全，能够组织家庭和繁衍后代，同时还包括增强体质与智力，所有这些需要都必须通过各种产品来加以满足。

2）心理性购买动机。心理性购买动机是由客户的心理活动而引起的购买动机。心理性购买动机一部分是出于感情的购买动机。它是指客户在购买活动中由于感情变化而引起的购买动机，而根据客户感情所表现的稳定程度，又可将其分为情绪动机与情感动机两种类型。

此外，理智购买动机也是属于心理购买动机的范畴。理智购买动机是指客户对产品的质量、价格、用途、款式、品种等进行分析、比较以后而产生的购买动机。理智购买动机建立在客户对产品能够进行客观认识的基础上，要求客户具有一定的产品知识，一般在生产资料的购买和客户对高档生活用品的购买中较为常见。

在理智购买动机驱使下，购买活动比较注重产品的质量，讲究产品的实际使用价值，要求价格相宜，使用方便、安全、服务周到等。相对于感情购买动机而言，理智购买动机具有客观性、实用性、周密性的特点，与客户的经济收入有较强的相关性。

（3）客户购买动机的具体形式

1）求实动机。求实动机是指以追求产品或服务的使用价值为主导倾向的购买动机。在这种动机的支配下，客户在选购产品时特别重视产品的质量、功效，要求一分钱一分货。相对而言，客户对产品的象征意义以及所显示的个性，如产品的造型与款式等不是特别重视。比如在选择布料的过程中，当几种布料价格接近时，有的客户宁愿选择布幅较宽、质地厚实的布料，而对色彩、是否流行等给予的关注相对较少。

2）求新动机。求新动机是指以追求产品、服务的时尚、新、奇特为主导倾向的购买动机。在这种动机的支配下，客户选择产品时特别注重产品的款式、色泽、流行性、独特性与新颖性，相对而言，产品的耐用性、价格等成为次要的考虑因素。一般而言，在收入水平较高的人群以及年轻人的群体中求新的购买动机比较常见。

3）求美动机。求美动机是指追求产品的欣赏价值和艺术价值为主要倾向的购买动机。在这种动机的支配下，客户选购产品时特别重视产品的颜色、造型、外观、包装等因素，讲究的造型美、装饰美和艺术美。求美动机的核心是讲究赏心悦目，注重产品的美化作用和美化效果，它在受教育程度较高的群体以及从事文化、教育等工作的人群中比较常见。

4）求名动机。求名动机是指以追求名牌、高档产品，借以显示或提高自己的身份、地位而形成的购买动机。在一些高收入人群、大学生中求名动机表现比较明显。求名动机形成的原因实际上是相当复杂的，购买名牌产品除了有显示身份、地位、表现自我等作用外，还隐含着减少购买风险、简化决策流程和节省购买时间等多方面的考虑因素。

5）求廉动机。求廉动机是指以追求产品、服务的低廉价格为主导倾向的购买动机。在求廉动机驱使下，客户选择产品以价格为第一考虑因素。他们宁肯多花体力和精力，多方面了解、比较产品价格差异，选择价格便宜的产品。相对而言，持求廉动机的客户对产品花色、款式、包装、品牌等不是十分挑剔，而对降价、折让等促销活动怀有较大兴趣。

6）求便动机。求便动机是指以追求产品购买和使用过程中的省时、便利为主导倾向的购买动机。在求便动机的支配下，客户对时间、效率特别重视，对产品本身则不甚挑剔，他们特别关心能否快速方便地买到产品，讨厌过长的候购时间和过低的销售效率，对购买的商品要求携带方便、便于使用和维修。一般而言，成就感比较高、时间机会成本比较大、时间观念比较强的人更有可能具有求便动机。

7）模仿或从众动机。模仿或从众动机是指在购买产品时自觉不自觉地模仿他人的购买行为而形成的购买动机。模仿是一种很普遍的社会现象，其形成的原因多种多样，有出于仰慕、艳羡和获得认同而产生的模仿；有由于惧怕风险、保守而产生的模仿；有缺乏主见、随大流或随波逐流而产生的模仿。不管缘于何种原因，持模仿动机的客户其购买行为受他人的影响比较大。一般而言，普通客户的模仿对象多是社会名流或其所崇拜、仰慕的偶像，电视广告中经常出现某些歌星、影星、体育明星使用某种产品的画面或镜头，目的之一就是要刺激受众产生模仿动机，促进产品销售。

8）癖好动机。癖好动机是指以满足个人特殊兴趣、爱好为主导倾向的购买动机。其核心是为了满足某种嗜好、情趣。具有这种动机的客户大多出于生活习惯或个人癖好而购买某些类型的产品。比如有些人喜爱养花、养鸟、摄影、集邮，有些人爱好收集古玩、古董、古书、古画，还有人喜好喝酒、饮茶。在癖好动机的支配下，客户选择产品往往比较理智，比较挑剔，不轻易盲从。

1. 如何正确挖掘客户需求

客户的痛点,就是客户需求的本质。一切的购买行为,都是建立在解决痛点、解决需求上的,所以必须学会挖掘客户的痛点,才能够让自己的商业成功,才能走上胜利的道路。那么如何挖掘客户的痛点呢?

1)引导客户说出顾虑。从销售开始到结束,只要客户没有拒绝,那么销售就有可能。客户没有做出购买决定,对销售人员来说就是一个阻碍,这个时候客户可能自己也不太清楚自己的需求,所以需要销售人员来帮助客户寻找购买产品的理由,销售人员可以通过观察客户的言行举止,做出判断,也可以直接通过询问的方式引导客户,了解客户的真实需求。比如,请问您还有什么顾虑,我们可以帮您解决。此时如果客户有什么顾虑就会寻求销售人员的帮助。

2)坚定客户的购买心理。知道客户所考虑的问题之后,销售人员要想办法解决客户的问题,并且在帮客户解决问题的过程中,一定要真诚、亲切,让客户感觉到被重视,还要让客户相信自己。比如,您真有眼光,搜客通很适合你们公司,秒搜大量客户资料,有了搜客通,相信您的业绩会更好等。在一定程度上,鼓励客户,坚定客户的购买信心,可促成合作。

3)适时让客户做出决定。当一个人处于紧迫的状态下,他就会很快做出决定。尤其向客户说明产品的利益,然后再告诉客户:目前产品很紧俏,再加上有团购之类的活动,数量有限等,给客户制造出一种紧迫感,这可以使客户更快做出决定。

2. 通过"望、闻、问、切"了解和发掘客户需求

了解和发掘客户需求是销售的最重要的环节之一,关系到销售的成败。销售人员在实际的销售过程中,往往只是单纯地介绍产品,普遍缺少了解和发掘客户需求的环节。如电信营业厅里,客户主动询问长途有何优惠?很多销售人员都是把所有长途优惠的宣传单页拿给客户,然后告诉客户"你可以自己选"或者"那就要看你的需要了"。这都反映了销售人员缺乏了解客户需求的意识。那么,销售人员在销售过程中,应如何了解和挖掘客户需求?在实际的工作中,借鉴中医的"望闻问切",销售人员可以通过简单实用的"望闻问切"四法了解客户需求,大幅度提升销售的效果。

1)望。中医的"望"是观察的意思。对于销售人员来讲,首先要注意观察,观察客户的穿着、言语、神态等。通过观察来判断客户的消费心理,从而指导销售。但对于呼叫中心客户服务来讲,我们是无法与客户形成面对面的沟通的,所以这里的"望"可以理解为了解客户的来处。例如,在电视购物呼叫中心,客户是通过观看商品的广告,对商品有一定的兴趣后来电咨询的,坐席代表可以根据广告的商品卖点来判断客户的需求和动机。在以咨询服务为主的

呼叫中心，如10086、银行客服热线等，坐席代表可以通过IVR语音分类来辨别客户的基本需求。

2）闻。"闻"的意思是"听"。坐席代表在了解客户需求时，倾听是了解客户的重要技巧之一。通过听取客户的说话，坐席代表要捕捉销售的信息。如客户的抱怨、各种异议等，这些都蕴含着销售的需求信息。在听的时候，坐席代表不仅仅要听出客户的表面意思，还要听出客户的弦外之音。

同时，很多行业的坐席代表，还有一个特殊的"耳朵"，就是业务支撑平台。如通过中国移动公司的业务支撑平台，了解了客户的一个信息之后，如电话号码，销售人员可以立刻获得客户的很多信息，如套餐情况、优惠情况、缴费纪录、话费结构等。在实际工作中，销售人员灵活使用业务支撑平台可以起到事半功倍的效果。

3）问。在了解客户需求的时候，大多数情况下，仅通过"望""闻"是不能够充分了解客户需求的。同时，如果只是让客户说，我们只是听和看，不主动询问客户相关信息的话，客户说的对于营销很可能是没有用处的，那么销售的效率会比较低。通常客户留给销售人员的时间是有限的，是短暂的，因此必须提升销售的效率。要想提升销售效率，就必须快速了解客户需求。因此，在销售中，"问"就是必不可少的。

通过问，销售人员可以了解客户很多的信息。凡是在推荐相关产品之前需要的信息，都可以通过发问来进行了解。如客户想买手机，销售人员就必须询问客户是给自己用还是给别人用，喜欢什么样的机型，想买多少价位左右，对于功能上有何偏好等，这些信息都可以通过提问获得。通过上述的分析可知，销售人员要想在销售的过程中有效提问，首先要透彻了解产品，其次应在日常工作中注意积累经验。

4）切。在中医中，"切"就是切脉，根据脉象的变化来判断病情。"望""闻""问""切"四种手段并不是孤立的，而是相互参考的。前面的"望""闻""问"，都是为最后的"切"打基础。

对于销售人员来说，"切"就是在"望""闻""问"的基础上，初步确定拟向客户推荐的产品，然后通过分析客户的需求，引导客户使用该产品。

首先，要分析客户的现状，通常是复述已经了解到的客户的情况；其次，指出客户目前情况中存在的问题；再次，推出相应的产品；最后，在推出产品时，还有一个要点，就是要引发客户的兴趣，从而让客户愿意听后续的产品介绍。通常引发客户兴趣的方式有三种。一是说产品价值，即优惠、吸引人的功能；二是说针对性，即"产品特别适合您这样的客户"；三是说受欢迎程度，即"办理的人非常多"，利用人们的"从众心理"。

在进行了充分的"望""闻""问""切"之后，销售人员就可以根据客户的情况有针对性地向客户介绍产品，去争取销售的最后成功。

项目 3 话术脚本设计

任务拓展

1. 实训任务：阅读以下案例，演练"探寻和分析客户需求"
2. 任务形式：2人一组，根据案例脚本，进行小品演绎
3. 任务时限：5分钟
4. 案例内容

第一天，一位老太太拎着篮子去集贸市场买水果。她来到第一家水果店，问："有李子卖吗？"店主见有生意，忙迎上去问："老太太，买李子啊？您看我这李子又大又甜，刚进回来，新鲜得很呢！"没想到老太太一听，摇摇头，转头走了。店主觉得奇怪：怎么回事？我难道说错话得罪老太太了吗？

老太太接着来到第二家水果店，又问："有李子卖吗？"第二位店主也马上迎上去说："老太太，您要买李子啊？""啊。"老太太应道。"我这里李子有酸的，也有甜的，那您是想买酸的还是想买甜的？""给我来一斤酸李子吧。"店主很高兴地给老太太称了一斤酸李子，老太太就回去了。

第二天，老太太来到第三家水果店，同样问："有李子卖吗？"第三位店主马上迎上前同样问："老太太，您要买李子啊？""啊。"老太太应道。"我这里是李子专卖，各种各样的李子都有，酸的、甜的都有，您要哪种啊？""给我来一斤酸李子吧。"于是，第三位店主准备给老太太称李子，同时他很奇怪地问老太太："一般人在我这儿买李子都喜欢要甜的，可您为什么要买酸的呢？"老太太说："哦，最近我儿媳妇怀上孩子啦，特别喜欢吃酸李子。""哎呀！那要特别恭喜您老人家快要抱孙子了！您儿媳妇有您这样的婆婆真是天大的福气啊！"第三位店主忙说。老太太听他这么一说也很开心，忙说："哪里哪里，怀孕期间当然最要紧的是吃好，胃口好，营养好啊！""是啊，这怀孕期间的营养是非常关键的，不仅要多补充些高蛋白的食物，听说多吃些维生素丰富的水果，生下的宝宝会更聪明！""是啊！那你知道哪种水果含的维生素更丰富一些吗？"老太太问道。"我从书上看到，猕猴桃含有很丰富的维生素！""是吗，那你这有猕猴桃吗？"老太太忙问。店主笑呵呵地说："有啊，您看我这进口的猕猴桃个大、汁多、含维生素多，您要不先买一斤回去给您儿媳妇尝尝！"这样，老太太不仅买了一斤李子，还买了一斤进口的猕猴桃，而且以后几乎每隔一两天就要来这家店买各种水果。

5. 案例分析

同样的三家水果店，却取得了不同的销售业绩，这与销售人员有着直接的关系。

第一位店主是一个不合格的销售人员，他存在强烈的思维定势，他按照自己的思维，假设了所有客户都喜欢吃甜李子，还一味地宣传自己的李子甜，但这并不是所有客户的必然需

求,这个店主的宣传正好与老太太的需求背道而驰,因此他进行了一次失败的推销。

第二位店主比第一位店主做得好,因为他首先站在了客户的角度上分析问题,通过简单的提问了解了客户的基本需求,而不是盲目地按照自己的思维,宣传自己的产品如何的好,因此,老太太买了他的李子。但是这个店主没有开拓创新的能力,他只局限地满足了客户的已知需求,没有进一步地挖掘客户的潜在需求,因此他的成功是被动的、局限的。

第三位店主是一个聪明的、优秀的销售人员,他首先询问了客户的基本需求,然后又在聊天当中认识到客户的潜在需求,并成功开拓了客户的潜在需求。所以,老太太买了李子后,又买了猕猴桃,最后还成为常客,这样的销售才是真正的成功。

任务2 电话营销脚本设计

小小:组长,通过您的讲解,我们大致了解了客户的需求和动机,也明白了要探寻和挖掘客户需求才能更好地完成销售。但我们一上线就紧张,之前脑子里想的话都不会说了,怎么办啊?

花花:你们啊,还是缺"练"。哈哈……

小小:组长,您就别笑话我们了。

花花:开玩笑的,谁让你们不做好准备就去上线呢,就像上战场的士兵没有带枪,武器都没装备好,上场就只能当"炮灰"了。

小小:啊? 那什么是我们的武器呢?是业务知识,还是业务系统?

花花:这些都是,但对于营销类型的坐席代表来说,最重要的就是我们的"话术脚本"啦!

小小:话术脚本的作用是什么呢?

花花:电话销售的话术脚本为我们提供了一个与客户互动的机会,建立了一个让客户接受的销售模式,为像你这样的"新手"坐席代表提供了一个完整的销售流程,可以让你们上线后"有迹可循"。

小小：您能不能跟我们分享下您写的"话术脚本"啊？

花花：当然可以啦，我们不仅要看懂，更要运用好。

任务分析

脚本，也叫话术，这个词严格来说是在 20 世纪 80 年代进入我国的。一般来说，根据不同的理解，话术有如下三层含义。

第一层含义："话书"，即销售沟通中所应用表达语言的背书。大部分中小企业的电话营销都停留在这个阶段。在这个阶段，管理者认为只要能够有助于成交的语言，就把它记录下来，分享给大家共用，通常这些语言会被做成常见问题回答或产品知识手册的形式，这就是"话书"。

第二层含义："话述"，就是对电话沟通中常见的对话过程的描述，这也是我们现在通常理解的层次。其表现形式一般为将统一的销售流程分成模块，在每个模块里写进优秀的话述。而更好的是在每句话的旁边写出应用的技巧，以帮助新手快速地掌握技巧。

第三层含义："话术"，即说话的套路，也就是话为什么要这样说的引导技术。销售人员就算把公司的"话述"背得再熟，知其然而不知其所以然，工作辛苦也枉然。所以如果想要改善销售人员的话术，提高销售效率，进而激励他们的积极性，就要好好探讨到底应该说什么话，以及为什么要说这样的话。

本任务要求学生掌握电话营销话术的编写格式、逻辑和内容，能够独立完成不同场景的电话营销话术的编写工作。

任务实施

对于电话营销而言，脚本撰写是销售成功的基础，每一个成熟的电话销售人员都拥有一套自己独特的脚本设计思路。

1. 三栏式话术的撰写格式

当我们掌握了电话销售的流程和销售技巧之后，就可以将两者融合进具体的话术内容之中，提炼要点，通过对话的实景模式，进行话术的撰写与设计了。我们将"销售流程""话术示范"以及"技巧说明"按三栏的结构做成表 3-1，以使电话营销人员看完之后一目了然。既知道应该如何按销售流程（即如何说）建立与客户之间的信任，也知道每个具体的话术（即说什么）应用了哪些技术（即为什么说）。这就是电话营销中经常应用到的三栏式话术的撰写与设计方法。

表 3-1　三栏式话术撰写表格

销售流程	话术示范	技巧说明
绕过障碍		
开场白		
激发欲望		
销售说明		
异议处理		
促成交易		
承诺跟进		

2. 三栏式话术设计应用案例解析

为了更直观地了解话术设计的结构和内容，以某幼儿教育产品的销售话术为例，进行详尽解析。

（1）产品介绍　华唐稚慧谷是上海交大昂立教育集团 2010 年推出的分龄分版家庭早教产品，由国内外多位著名学前教育权威专家针对中国 1~6 岁幼儿家庭特点研发，以生命教育为核心，蒙特梭利教学为手段，以八大智能综合开发为目标，以连动学习的方式培养幼儿自主学习能力和早期阅读习惯，帮助幼儿在游戏的过程中学习并掌握基本的生活、生存能力，同时关注中国 421 家庭问题，致力于帮助父母与祖父母统一教育观念，掌握正确的育儿知识及方法。华唐稚慧谷作为一套系统的家庭教育解决方案，具体产品分为两部分：一部分是给孩子学习的教材，每期包括主题读本、故事绘本（1~2 岁）或智能优加（3~6 岁）、配套学习的 DVD 光盘、与学习主题一致的玩具；另一部分是给家长学习的教材，每期包括亲子立方读本和亲子立方 DVD，内容包括育儿讲座（爷爷奶奶 DVD）、稚慧谷产品的使用指导（父母课堂）、亲子游戏、育儿知识等内容。

（2）产品卖点

1）分龄分版，针对性强。根据 1~6 岁儿童身心发展特点，针对孩子学习的敏感期，制定科学有序的教养目标，让每个年龄的孩子都有适合自己的稚慧谷，让家长用得安心，让孩子用出信心。

2）多元连动学习，系统教学方案。以读本、玩具、DVD、亲子用书等系列产品组合成一个完整多元化的综合教学包，环环相扣，互为补充，以便孩子融会贯通，寓教于乐。每一年龄段每月一包，针对孩子的实际需要与成长特点制定每月的学习主题，以孩子的兴趣为导向设计每月的课程。

3）中国特色，关注隔代抚养。稚慧谷是专门为中国孩子和家长量身定制的互动成长教育产品，关注中国高达 78% 的隔代抚养家庭，提供祖父母与父母两代育儿教养统一平台，消除父母与祖父母在教育观念及方法上普遍存在的矛盾与分歧，为家长解疑释惑，培养 e 时代的好孩子，新时代的接班人。

4）权威专家，贴身指导。稚慧谷凭借上海交大百年师资背景，云集国内外权威儿童早期教育专家，为年轻的父母传授科学的育儿理念，提供正确实用的育儿宝典，指导稚慧谷产品的正确使用，协助家长养育健康快乐的宝宝。

5）蒙特梭利教学，八大智能综合开发。充分体现蒙特梭利教学理念，运用贴纸、图卡、剪贴等多种益智方式和新颖有趣的玩具教具，让孩子在游戏和故事情景中积极快乐地学习，全面开发孩子的语言、数学逻辑、视觉空间、内省、肢体、人际交往、自然、音乐八大智能。

6）父母相伴，快乐成长。稚慧谷不仅通过立体生动的图书带给孩子丰富的知识，更通过有趣的动画情节让父母陪伴孩子度过快乐的童年，带领宝宝一起去探索世界，感知世界。

（3）目标客户

田翔先生，网络工程师，32岁。

家有一男童田天，2018年4月出生。田翔先生曾经在网站注册，了解育儿知识。

（4）销售话术（见表3-2）

表3-2 销售话术

销售流程	话术示范	技巧说明
绕过障碍	·确认是否为本人接听 销售：您好，请问是田爸爸吗？ 客户：哦，你找哪位？ 销售：您好，我找田天小朋友的爸爸。 客户：他没在家。 销售：请问田先生什么时候能回来呢？ 客户：他一般下班都比较晚。平日只有周末在家。 销售：好的，谢谢您，那不打扰了，我周末再打过来。 ·正式开始交流 销售：您好，我是华唐稚慧谷育儿老师，我姓胡，请问您是田天的爸爸，田先生吗？ 客户：是我，你有什么事？	·语言 a）告诉客户我是谁 b）我是干什么的 c）我打电话的目的是什么 ·态度 a）自信、热情 b）尊重对方时间 c）多次称呼对方姓氏 d）礼貌候客 e）避免客户拒绝，养成以问句结尾的习惯 f）设计主要和次要目标
开场白	销售：田爸爸，您好，今天给您电话是想了解一下您家宝宝目前的成长和学习情况，也希望能给到您一些专业的建议与意见。	·实施要点 a）简明阐述来电目的 b）介绍专业身份，更易于客户接受 c）以提供帮助的角度与客户交流，避免一上来就提出购买

（续）

销售流程	话术示范	技巧说明
激发欲望	• 状况性问题 销售：宝宝现在说话怎么样啊？ 销售：宝宝现在由谁带，是爷爷奶奶，还是爸爸妈妈？ 销售：宝宝喜欢什么玩具？ 销售：宝宝平时会看动画片吗？ • 困难性问题 销售：田爸爸之前也为宝宝购买过一些早教类的书籍对吧？主要是哪些方面的呢？ 销售：宝宝现在耐性怎么样，注意力集中吗？ 销售：小朋友经常看动画片，您会不会担心他的视力健康？ 销售：爸爸妈妈主要关注小朋友哪些方面的成长呢？ 销售：您觉得您的家庭在育儿方面最大的挑战是什么呢？ • 影响性问题 销售：您会不会担心隔代教育对孩子产生不良影响呢？ 销售：您主要采取了哪些措施，效果怎么样呢？ 销售：您之前体验的早教班，感觉怎么样呢？ 销售：这样的情况维持多久了呢？ • 解决性提问 销售：看得出田爸爸在孩子教育方面下了很多的功夫，讲得非常专业。您之前咨询过我们的育儿教育产品，应该也是关注我们产品的效果吧？您愿意花三分钟了解一下吗？ 销售：是的，您说得非常对，市场很多的早教产品鱼目混珠，很多的免费课程不成系统，听了一两节也不会有什么效果，反而浪费了很多家长的时间，您看我给您介绍一下我们在家就可以使用的幼儿早教产品，可以让爸爸妈妈在家与孩子一同学习，不仅锻炼了孩子，还能增加亲子关系，您看好吗？	• 实施要点 a）状况性提问 b）困难性提问 c）影响性提问 d）解决性提问 e）以倾听为主，对于客户的回答要有积极的响应和认同 • 注意事项 a）注意客户暴露出的问题 b）提问是为了引导客户 c）只说客户感兴趣的话 d）养成以问句结尾，以问句确认的好习惯 e）按 SPIN 策略层层提问，推进客户对自己的信任度
销售说明	销售：考虑到很多年轻的父母都对早教比较关注，那么近期昂立教育集团推出了一套专业性的针对 0~6 岁龄前宝宝的早教教材，这套教材也是中国关心下一代工作委员会唯一认定适合中国宝宝的一套家庭教材，我们是针对中国隔代教育分龄分版的一套系统性的教材。每个月我们为宝宝量身定制了一套完整的学习计划，包括 6 样构成物，其中有 2 张光盘、3 本书、1 套益智型玩具。（酌情重点介绍几项，不需要全部重复产品知识）	• 实施要点 a）事实数据证明 b）大势所趋 c）条理化说明 d）注意停顿，每讲完一段要先确认，再继续陈述，以陈述加反问确认结尾 e）说明是从对方利益出发，而不是从产品功能出发

（续）

销售流程	话术示范	技巧说明
异议处理	客户：担心孩子太小，看不懂/担心效果等。 销售：我知道您的担心，是怕宝宝用不了我们的商品而造成浪费，是吗？其实我们不能以大人的眼光和标准来判断宝宝的喜好和能力，您知道吗？1岁左右是宝宝智力形成的最重要时期，宝宝的情商潜能也开始得以开发。在这个阶段里，宝宝需要各方面的引导。您可以给孩子选择我们稚慧谷，让宝宝的智力发育和情商得到开发和提高！这些内容都是针对1岁左右宝宝的。田爸爸您还担心什么呢？ 销售：我们的内容是分龄分版的，以宝宝各个年龄段的发展状况作为我们设计宝宝学习内容的指标。我们恰到好处的难易度设计，让孩子从游戏和学习中建立成就感和自信心。比如说，1岁左右的宝宝，我们主要培养他的学习和生活习惯的意识，也许我们稚慧谷不能把您的宝宝培养成天才，但是在生活习惯、语言表达、礼貌礼仪等方面都可以做到更好的发展，况且现在打好基础对孩子的完整的人格发展和个性形成也是有很大帮助的。只有小朋友的习惯培养好，今后的学习才能事半功倍，您觉得我说的对吗？	·实施要点 a）认同，陈述加反问的模式去回答客户的反对意见 b）事先备好常见的回答，包括功能、对手等 c）客户不满意是其中最多的反对意见类型，此事的重点是转移客户的聚焦，而不是直接进行针对性的回答 d）如有客户已使用竞争对手的产品，首先应称赞客户的选择，不要一味否定对方的产品或试图替代竞争对手
促成交易	·直接成交法 销售：您看，我们这里有半年和1年的宝宝学习计划，是非常科学和系统性的，每个月都会有全新的6样构成物送到您的家里，我们现在正在做会员招募活动，原价398元一个月的课程，现在订购半年价格1980元，一年的价格2980元，您看为您家宝宝订制一个半年的还是一年的学习计划呢？ ·假设成交法 销售：您还有什么疑问呢？ 客户：没有了。 销售：如果没有问题的话，我们先按1年的宝宝学习课程给您预订上了，从这个月起，每个月都会有全新的6样构成物送到您的家里。 ·暗示成交法 销售：如果您预订课程的话，宝宝的学习资料是给您寄到家里还是寄到您单位方便接收呢？	·实施要点 a）直接成交法 b）假设成交发 c）暗示成交法 ·注意事项 不要询问客户"买"还是"不买"，当客户的异议处理好之后，应直接跳入订单核实的环节。不要给客户拒绝的机会，也不要等客户张口说"买"
承诺跟进	销售：那我们就帮宝宝订购一个适合他这个年龄段的版本，我们会在7~10个工作日帮您送货上门，货到付款，箱子里面有6样构成物，额外还有一个入会的礼物。 销售：感谢田先生的订购，今后您家宝宝还会有专属的育儿专员竭诚为您宝宝提供优质的服务。与您核实下您的收货信息…… 销售：之后您有任何育儿问题，您都可以随时和我们联系，我是胡老师，我们的免费热线是4006160601，祝您家宝宝在稚慧谷的陪伴下快乐成长。	·实施要点 a）表达谢意 b）保证售后服务 c）适时赞美客户 d）表示愿意及时提供帮助 e）跟进客户，保持联系，增强信任

1. 电话销售提问方法

（1）6W2H提问原则　指What、Why、Where、When、Who、Which、How、How much。它们分别是什么、为什么、哪里、什么时间、谁、哪一个、如何、多大程度（多少、多久）。

（2）提问方式　权利式提问、探索式提问、引导式提问和确认式提问。

1）权利式提问。权利式提问是非常重要的，但是电话销售人员却经常地将它忽视。电话销售人员将问题提出给客户的时候，客户往往不愿意从正面进行回答，但是权利式提问可以从某种程度上解决这个问题。权利式提问是在提正式问题之前先向客户提一些简单的问题获得向客户继续提问的权利，可以让电话营销人员继续提问关键问题显得非常自然，从而很好地由前一个问题过渡到下一个问题。举一个例子：请问我可以向您提一个问题吗？客户自然地回答可以，当客户回答可以的时候，电话销售人员就获得了继续向客户提问的权利，而且这个权利是客户给的，客户以后再回答关键问题就是顺理成章的事了。在给客户提问之前，应尽量先采用权利式提问。

2）探索式提问。探索式提问是指电话销售人员具体就某一方面的信息或背景原因，围绕着这个点进行提问，它有可能是一连串的问题，提问的核心就是聚焦，必须将所提问题的核心集中在与销售产品有关系的方面上。而且在确认客户问题点的时候，应集中探寻客户对现状的不满以及现状与期望的差距上，以便让客户自己意识到问题的所在。

在实施探索式提问的时候，要注意以下几个方面：①尽量精简探索式提问的数量，要以最少的提问数量获得最大的信息量，千万不要问一些幼稚的问题，这样让客户产生电话销售人员不专业的想法；②问题的设计要有条理性并有先后的顺序，一般情况下，向客户提问要从简单的，客户容易回答的低压力问题开始，然后逐步提升问题的压力，并保持问题与问题之间的连贯性，并且随时倾听客户的情绪反应，如果我们提出的问题让客户有了情绪上的波动，电话销售人员要学会转移话题；③探索式问题要尽量多使用前奏，比如"为了使您找到最好的解决方案，想了解下……"。

3）引导式提问。客户在回答电话销售人员问题的时候会透露很多的信息，在这中间就存在某些关键点，电话销售人员要把这些关键点提出来，再进行针对性地提问，这就是引导式的提问。引导式提问最大的特点就是问题本身就有了某种倾向性，将客户的思路引导至一个话题，这个话题不仅仅是客户关注的，同样也是电话销售人员所关注的。

引导式提问的例子：①"很多人关心保险理赔的问题，都说保险理赔很麻烦，不知道您是不是这样看的呢？"这里的理赔很麻烦就是带有引导性的；②客户说"一套财务软件我最担心的是安全性。""对，我也是这么想的，而且它的安全性和……有关，您认为呢？"这里的

"和……有关"就是带有引导性的。

4）确认式提问。电话销售人员提问的目的是为了帮助客户发现自身的一些问题、不满、抱怨，但是即使做到了这一点，电话销售人员也不要讲出来，而是提出带有总结性质的想法，提交给客户确认，客户对于自己确认的事实会比较负责，这种提问就是确认式提问。与其帮助客户去发现问题，不如让客户自己确认自己的问题。例如，"您的意思是不是……这样？""经过刚才我们的共同探讨，您认为在……方面经过改进以后，效率会提升很多，对吗？"客户会回答："是，的确如此。"

2. 面对客户拒绝的常用话术

实战情景

你先发份传真、邮件或资料过来，我看看。

话术1：好的，不过关于这方面的资料我们公司一共有18种，为了帮您找到最适合的那份，我可以请教您一到两个问题吗？

话术2：韩经理，我很乐意为您发传真，不过考虑到您收了传真还要花时间看，为了节省您宝贵的工作时间，我还是直接向您做个简单说明吧。

话术3：是这样的，李先生。我们的方案是根据每个客户的实际进行有针对性的设计，可以说是量体裁衣，因此在向您发邮件之前，我需要先请教您一到两个问题，可以吗？

话术4：好的，没有问题。不过考虑到传真只是一些枯燥的专业资料，所以为了方便您理解，我还是先给您做个简单的解释，然后再给您发传真，好吗？

实战情景

没有兴趣。

话术1：非常理解您的看法，您说没有兴趣是正常的。不过小韩有另外的一个看法，就好比油价又涨了我们都没有兴趣，但是开车没有汽油是不行的。所以有没有兴趣并不重要，重要的是您到底有没有这个需要，您说呢？

话术2：您说没有兴趣？没有关系。对于我们还不了解的东西没有兴趣是很正常的，不如让我现在为您介绍一下这款产品可以给您带来什么样的利益，如果听完之后您还是不感兴趣，可以立刻挂掉我的电话，好吗？

话术3：其实我们公司的绝大多数客户最开始的反应和您一样，不过当他们了解到这款产品可以帮助他们解决令人头痛的对账问题之后就有了完全不同的反应，不如我现在就给您解释一下，如果我说完之后您还是不感兴趣，我保证永远不会再打您的电话。

话术4：了解了您就会有兴趣了，因为知道这款产品可以帮助自己做点什么之后才可能产生兴趣，现在就让我用一分钟的时间向您介绍一下吧。

话术5：您对保险没有兴趣并不重要，重要的是风险并不会因为我们没有兴趣而不发生，而一旦出现的话就会给自己的生活造成很大的影响，因此重点是我们应该如何应对可能出现的风险，您说呢？

1. 任务要求

请参考企业资料及客户信息，编写一份套餐升级优惠的电话销售话术。

2. 客户资料

外呼时间：2017年5月17日　电信日

客户姓名：解国强、26岁、高流量客户，现月均话费260元左右，每月平均流量约为12G

客户电话：131×××9211（11年联通在网用户）

3. 外呼目标

针对10年以上在网的老客户进行外呼，介绍最新4G无限量冰激凌套餐，并邀请客户在线办理，客户承诺3年在网，半价优惠为199元/月。

4. 产品知识

（1）产品背景　2017年发布的第39次《中国互联网络发展状况统计报告》显示，截至2016年12月，我国拥有世界上最大规模的网民群体，网络覆盖、上网速度、流量资费以及手机流量资费是事关民生改善的大事。

随着提速降费力度的持续加大，2017年"517电信日"，用户更为关心运营商通信资费的问题。工信部的数据显示，我国当年一季度末平均每个用户单月手机上网流量已经达到1.28G。上网流量不够而且资费较贵，成了很多用户头疼的问题。

2017年1月份，中国联通率先推出了冰激凌系列套餐，开创先河。当年电信日活动期间办理517专属冰激凌套餐新入网，可享受月费半价优惠（原月费398元/月，现199元/月，优惠至2020年6月30日），还可获赠沃家云盘白金会员，会员尊享1TB云盘存储空间、数据备份等各种服务，如图3-2所示。

图 3-2　冰激凌套餐

（2）产品卖点（图 3-3）

图 3-3　产品卖点

（3）资费说明（图3-4）

套餐资费

套餐月费	国内流量/通话	短、彩信	来电显示
199元 ~~398元~~ （5折）	免费	0.1元/条	免费

温馨提示：

1.国内流量

为保障所有用户网络公平使用权，用户当月全部国内数据总流量达到40GB后，上网速率将降至3G网络速度（最高7.2Mbit/s），次月恢复。当月累计使用100GB之后将关闭数据上网功能，次月自动恢复。经用户主动申请，可于当月打开数据网络。

2.国内通话

当月语音拨打超过3000分钟且连续拨打异网用户发生不挂断行为的，或拨打超过1000个不同码号的用户，视为非正常拨打行为，将不享受语音无限量优惠，当月关闭语音服务，次月恢复。

3.首月资费

新入网用户首月资费按全月资费计费，既按照199元/月收取费用。首月资费生效时间以用户激活时间为准。

4.划线价格说明

资费表内划线价格为不参加"517专属冰激凌套餐"活动时套餐月费价格。

为什么选择沃4G

上网更快

覆盖更广

体验更好

图3-4　资费说明

任务 3　FAQ 话术设计

任务情景

小小：组长，组长，有了您的话术技巧，我们组的成单率提高了不少，员工上线心里也都有数了。给您点赞！

花花：的确，这周的绩效排名从上次的倒数第一上升到了第三名。

小小：看来我们的付出总是有回报的。

花花：可别骄傲，我看排名第一的组成单率比咱们高 5 个点呢，你知道为什么？

小小：我还真没注意，就顾着接自己的电话了。

花花：我发现他们还有一个秘密武器，就是产品的 FAQ。客户往往还会针对品牌、产品、性能、使用方法提出各种各样的问题，每次都从厚厚的产品资料里面去找，实在太浪费通话时间了，我们要有针对性地做出准备。

小小：嗯嗯，我这就去"偷师"，看看他们的 FAQ 都有什么内容。

任务分析

呼叫中心是一个知识密集型的机构，如果没有知识库的支撑，即使是公司的总裁坐到台席上也几乎不能满足客户的多样需求。

呼叫中心的知识库是最有利的工具，和系统支持一样，成为一线"战士"的"利器"，做好知识管理更可以大幅降低企业服务成本。而 FAQ 则是知识库的重要组成部分，在基层管理工作中，应确保 FAQ 内容快速准确地更新与获取。

FAQ 是英文 Frequently Asked Questions 的缩写，中文意思就是"经常问到的问题"或者更通俗地叫作"常见问题解答"。 FAQ 是坐席代表快速解答客户问题的常用工具，一份好的 FAQ 应该至少可以回答用户 80% 的一般问题，以及常见问题。FAQ 也是呼叫中心管理者提升坐席代表业务水平、缩短通话时长、提高成功率、改善坐席代表工作效率的必要工具。

FAQ 话术设计是运营管理岗位必备的技能，实际工作中往往是由质检、培训、运营管理、流程管理、知识管理等相关部门共同编制和不断完善。

本任务要求学生掌握 FAQ 话术编写规范，能够结合不同产品资料总结和提炼 FAQ 话术。

任务实施

FAQ 是客户常见的问题，设计的问题都必须是客户经常问到和遇到的。为保证 FAQ 的有效性，首先要经常更新问题，回答客户提出的一些热点问题；其次是问题要短小精悍，对于提问频率高的常见的简单问题，不宜用很长的文本说明，这样会浪费客户在线时间。而对于一些重要问题应在保证精准的前提下尽可能简短。

1. FAQ 设计的准则

1）坚持以业务流程为准。

2）坚持以业务规范为准。

3）坚持以方便客户为准。

4）坚持以方便坐席代表为准。

2. FAQ 主要内容及来源

（1）产品手册　产品手册是 FAQ 话术编写的基础，在编写 FAQ 之初，我们应先总结和提炼产品手册，针对产品定义、服务内容、资费标准、功能使用、适用范围、办理渠道（购买流程）、付款流程等进行整理。

（2）客户咨询记录　通过总结顾客的留言、咨询、E-mail，或者公司的论坛、电话等反馈信息，选择比较有代表性的问题作为 FAQ。

（3）录音质检反馈　通过录音质检发现一些较为专业或容易招致客户误解的问题，还有已经发生的坐席代表的业务性错误，也应及时整理为 FAQ。

3. FAQ 设计的要求

FAQ 是从客户的角度出发，以客户的口吻进行提问，每组 FAQ 都包括一问一答。如下。

Q：出国前，我如何开通国际漫游功能？

A：国际漫游服务分为长期和短期。2017 年 5 月 5 日起，已完成实名登记或实名制认证的客户，均可免预存开通国际漫游业务（含短期国际漫游）。

· 非实名制客户的办理条件

全球通：（1）没有星级的全球通客户预存 1000 元。

（2）1 星级全球通客户预存 500 元。

预付费品牌：（1）长期国漫。无法办理。

（2）短期国漫。在网时间满 1 年（转品牌前的入网时间也计算在内）+ 总账户余额大于等于 500 元。短期国漫服务有效期分为 30 天 /180 天两档，在办理时可以自行选择，到期后该功能自动关闭。

FAQ 话术编写要求知识的全面性，即要求话术信息组织时，针对客户的问题，要从过去、现在和将来三个维度出发，核实过去已经发生的事实，告知客户目前问题的解决办法，并提醒客户问题出现有可能导致的其他结果。

除全面性外，FAQ 话术设计还应考虑及时性和时效性。

问题收集及反馈的流程中，如何做到信息传播的及时性呢？当客户将问题反馈给服务人员时，服务人员会通过电子流的形式把问题传递给业务专家，业务专家所在的岗位一般被称为业务支撑岗，在业务支撑岗有很多不同的角色，如投诉处理专员、业务专家、知识库管理员和质检专员等。业务支撑岗位人员的工作协同效率决定着话术信息传播的及时性，所以话术信息的及时性原则其实是对于话术的设计者提出的一项工作要求。

FAQ 话术设计的及时性强调一个"快"字；FAQ 话术设计的时效性，不仅仅指的是"快"，还反映了话术的生命力和应用能力。对于一线坐席代表而言，话术的时效性决定着服务工作的服务效率和客户的满意度。然而对于话术设计人员来讲，时效性还要求在话术设计过程中，能够充分考虑到问题的变量与发展趋势。

话术脚本的信息传播功能决定着问题解决的效率，影响着服务人员与客户沟通的效果，还体现了一个企业在服务管理中的效能。

4. FAQ 编制要求

为方便坐席代表使用，第一，FAQ 应该提供搜索功能，客户通过输入关键字可以直接找到有关问题。

第二，问题较多时，可以采用分层目录式的结构组织问题的解答，但目录层次不能太多，最好不要超过四层。

第三，是将客户最经常提问的问题放到前面，对于其他问题可以按照一定规律排列，常用方法是按字典顺序排列。

第四，对于一些复杂问题，可以在问题之间设计链接，便于方便地找到相关问题的答案。

必备知识

FAQ话术是客户服务过程中承载信息的载体，通过科学规范地将产品信息及服务信息合理地组合成客户所易于接受的语言文字，快速、准确地传播给客户，解决客户的疑虑，帮助客户完成所希望解决的问题，使客户从信息中获益或者得到满足。一般的客户，在消费前总是缺乏理性，冲动型消费占到了一般消费行为的绝大多数。当客户购得商品后，他们有一个共同的特点，就是先使用后了解，这可能受"实践出真知"思维的影响，多数人以先实践为主。例如，客户买了一部手机，整个产品的使用经历如下三个阶段。

1. 产品使用阶段

客户会打开包装，从旧手机上拆下SIM卡，直接换在新手机上开机使用，在使用过程中不断摸索各种功能的作用。而包装中的说明书一般就和包装盒一起，放在柜子里作为备用品。

2. 问题发生阶段

突然有一天，客户发现了手机的一个功能，启动后对手机使用产生了影响，导致手机无法正常使用。客户就会想起说明书，从柜子中拿出说明书后，他不会去查看目录中有没有相关的章节提供解决办法，而是从说明书的后面翻起，因为一般情况下，说明书的后面都会有客服电话。

3. 问题排除阶段

当客户在说明书上找到客服电话，他就会直接拨打客服电话，寻求坐席代表帮助，直至所遇到的问题得以解决。

从上面内容可以看到，坐席代表在客户问题排除阶段出现了，起到了至关重要的作用，而这个作用就是一本"说明书"的作用。所以，坐席代表的话术应该像一本智能的说明书，可以主动呈现出客户所需要的章节，并保证这一章节的语言形象生动、通俗易懂。这就是所谓的话术脚本的信息传播功能。

不要以为话术就是翻版的产品说明书，生活中的很多价值存世都是通过信息的不对等实现的，当信息对等了，价值也就降低或消失了。纵观各行各业，高精尖技术的应用无不是伴随着高额的产品价值，这个产品的价值是高精尖技术信息的封锁和私有性所带来的。客户服务的价值，就是信息不对等而实现的信息传播价值。在这个信息传播的过程中，坐席代表是传播者，而话术脚本是信息的传播形式。

案例

会跳舞的洗衣机

某家电企业开展服务技巧提升培训,在分析录音中发现,绝大多数的客户反馈自己的洗衣机震动特别强烈,有的说会跳舞,有的说甚至可以从厕所跳到客厅来。经过售后维修工程师的上门检查,反馈过来了结果,就是洗衣机上固定滚筒的螺丝没有拆卸下来导致的。

固定螺丝,其实是固定缸筒用的,滚筒洗衣机为了洗涤桶的平衡,使用非常重的配重块,这一装置在搬运中容易伤到避震器,加上固定螺丝就是为了避免缸筒震动带来的避震器损伤。

针对这类问题,可以通过设计对应的话术来指导客服人员进行问题的标准化解答。

· 话术举例

客户:你们的洗衣机开机震动声音特别大,怎么回事啊?

坐席代表:尊敬的×先生,感谢您对于我公司产品的信赖和支持,经过查询,我们了解到您是在上周末于京东商城采购的我公司滚筒洗衣机产品。送货上门后,您并没有要求我们上门安装,如果新机器直接使用,需要先拆卸下洗衣机背后的固定螺丝,待拆卸后方能正常使用。您现在遇到的问题,就是由于洗衣机在使用过程中滚筒碰撞固定螺丝而导致的较大震动与噪声,这样使用还很有可能对洗衣机的滚筒部件造成损伤,建议您根据产品说明或图例,及时自行卸下固定螺丝,如有问题请随时再与我们取得联系。

上面的话术看似简单,却在传递信息时着重强调了三点。第一点是明确问题过程,第二点是进行问题预警,第三点是告知问题的处理方法。通过这三点全面地解释了问题,在解决客户问题的基础上,排除客户的其他疑虑和可能存在投诉风险。

1. 实训任务:根据产品信息编制 FAQ

2. 任务形式:每个人以作业形式独立完成

3. 任务时限:20 分钟

4. 招商 FAQ 头脑风暴

在品牌传播和招商加盟的落地过程中,设计一套精准的、具有消费者视角的话术是必需的。统一品牌话术有助于新员工更快上手,可提高招商和品牌传播过程的业务下限。现罗列出招商过程中最容易出现的一些问题,请大家集思广益,补充更多的问题。

1）你们的品牌价值、知名度和可信度怎样？
_____

2）你们的产品品质怎样？
_____

3）你们产品的利润空间大不大？
_____

4）为什么我要加入你们？
_____

5）品牌的发展潜力如何？
_____

6）后续服务怎样？
_____

7）产品优点和缺点是什么？
_____

8）其他品牌商家招商政策和你们的对比怎样？
_____

9）加盟的条件和等级门槛如何？
_____

10）平时对加盟有哪些推广支持，活动的形式有哪些？
_____

11）你们公司的产品比较单一，能否适应当地的销售环境？
_____

5. 产品资料

· 项目介绍

回味奶茶总部实力雄厚，加盟以后就可以得到总部的大力扶持，回味奶茶采用秘制配方，保证每种饮品都能滋滋入味，满足每一位顾客的味蕾。

回味奶茶小吃休闲食品有限公司，主要经营饮品原料、奶茶原料、水产、咖啡原料、小吃原料等。多种新式口味的茶饮，独具特色的形象以及好喝的茶饮，使回味奶茶消费者络绎不绝。

尤其是服务，总部会为加盟店进行专门的培训，好茶饮与精致服务才是造就好生意的关键。

图 3-5　奶茶产品样图

回味奶茶（如图 3-5 所示）高标准的要求、个性化的服务理念、层出不穷的新品，为投资者提供多方面支持、饮品加盟，回味奶茶更好！

此外，回味奶茶依托于雄厚的品牌实力，对每一家加盟店的扶持力度也是前所未有的，多达几十项的细分扶持，为加盟商解决所有后顾之忧，让每一家加盟店一往无前，制胜市场。

·项目优势

1）回味奶茶品牌优势：品牌已在全国各省市覆盖，品牌知名度和美誉度较高。

2）回味奶茶产品优势：专业化研发团队，定期推出新品（如图 3-6 所示），免费给加盟商培训新品，使产品丰富化。

3）回味奶茶技术优势：产品对技术的要求非常高，为了保证加盟店的良性发展，总部会不定期地安排专业技术人员为加盟店提供技术培训。

图 3-6　奶茶产品效果图

4）回味奶茶培训优势：回味奶茶拥有一整个专业的培训团队，会针对不同地区的不同问题进行解决。

5）回味奶茶服务优势：加盟回味奶茶后，总部会提供全方位的加盟支持，总部帮您走好加盟之旅的每一步。

6）回味奶茶投资优势：回味奶茶对消费者进行专业细分，竞争少，相对来说市场广阔，商机无限。

· 加盟条件

1）要求是完全民事行为能力的自然人，拥有合法经营资格的投资者。

2）充分理解、认同公司经营理念，接受公司管理制度，愿与公司共同开拓市场。

3）加盟方的经济实力不可低于回味奶茶单店投资的具体投资计划。

4）经营场地地段好，客流量大，能通过总部的实地评估。

5）接受公司统一管理，严格遵守公司的加盟合同、营销方案等。

6）加盟商自身应该具有一定管理能力，有说服力，且对市场有一定的敏感度。

7）热爱本行业，拥有较大的激情与热情，能够有信心经营好加盟店。

· 加盟流程

1）到总部双方进行接触并初步考察，总部提供加盟资料。

2）签订《加盟意向协议》并缴纳资格定金。

3）自行对本地市场考察，进行门面选址。

4）签订《特许经营合同》，总部提供管理资料。

5）总部安排设计人员对门面进行装修设计指导。

6）加盟商及管理人员前往总部培训并考核合格。

7）开业前筹备并确定配送物资清单。

8）提供人员、物资等开业支持。

9）正式营业。

10）开业后期，提供营运督导支持。

1. 实训目的

在呼叫中心行业中，FAQ话术设计被认为是一种常用的客户服务手段，一个好的FAQ话术，基本可以解决客户常见问题、客户异议、售后投诉等。

通过对项目资料的充分理解，设计不同类型FAQ话术，可精准了解客户需求，快速解决问题并提高客户服务体验。

2. 实训要求

请根据系统提供的业务资料，分别进行资料整理、话术编写、工单录入，完成话术设计。

1）通过系统查看"知识库"了解产品知识。

2）按照工单要求分别完成基础业务咨询、客户异议解答、客户投诉处理话术设计。

3）要求完成10个FAQ话术问答后单击"确认"保存，以示完成答题交卷。

3. 实训时间

完整的实训答题时限共计180分钟，每个任务不再单独设定答题时限。

本任务完成时间建议控制在20分钟以内，请合理控制时间。

4. 评价标准（见表3-3）

表3-3 评价标准

评价内容	评定方法	评分标准	单项分值	总分值
话术设计	评委人工评分	销售流程清晰，服务用语标准	5	20
		能够深度挖掘客户需求	2	
		能够正确介绍商品，处理客户异议	3	
		积极引导客户成交	5	
		能够运用FABE\SPIN\LSCPA等销售方法	5	

5. 系统操作

1）登入考试系统，进入"考试管理"，选择"中级技能考核"。

2）选择"02-话术设计"单击"开始考试"进入项目训练，如图3-7所示。

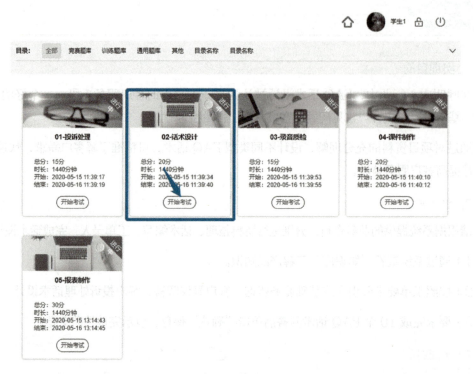

图 3-7 项目训练入口

3）进入项目考试页面后，需单击"答题要求"根据要求进行答题，如图 3-8 所示。确保了解答题要求后单击"确定"开始答题，如图 3-9 所示。

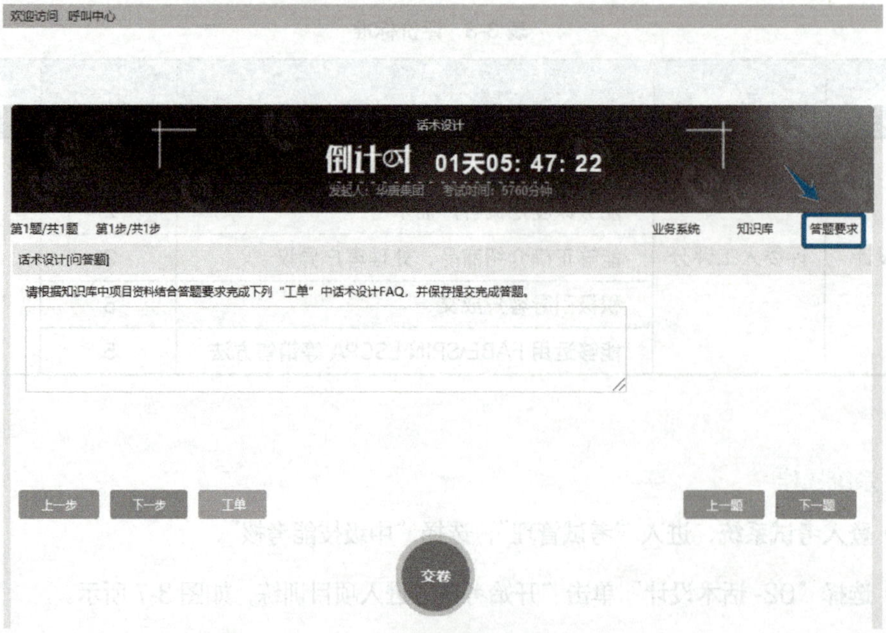

图 3-8 答题要求

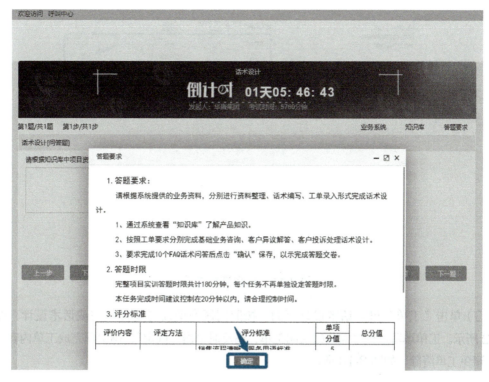

图 3-9　阅读答题要求

4）根据答题要求单击"知识库"了解项目资料，如图 3-10 和图 3-11 所示。

图 3-10　项目资料入口

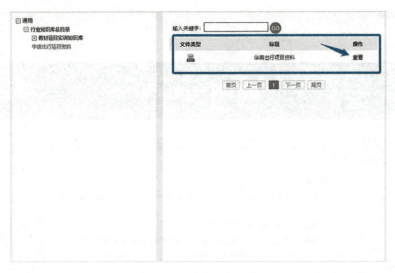

图 3-11 项目资料查看

5）单击"工单"进入话术设计页面，按照问题类型及考题提示完成话术设计，如图 3-12 所示。工单填写过程中需临时关闭工单，请及时单击"确定"，确保现完成工单内容已保存，避免工单清除，如图 3-13 所示。

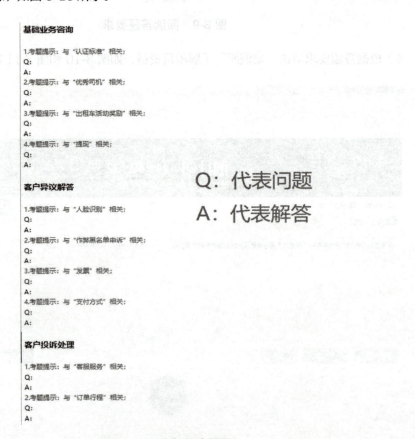

图 3-12 话术设计界面

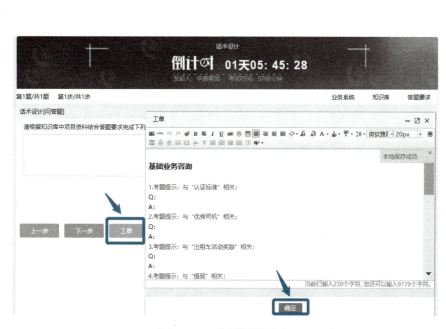

图 3-13　答题操作流程

6）完成答题后，如没问题可直接单击"交卷"，界面显示"交卷成功！稍后窗口将自动关闭"的提示，单击"OK"即可完成答题，如图 3-14 所示。

图 3-14　完成答题交卷

Project 4

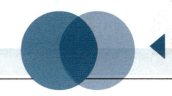

项目 ④
呼叫中心服务质量监控

项目描述

呼叫中心为了更好地培养人才，建立了基层管理干部的轮岗制度，花花在班组长的岗位上已经工作将近 2 年，团队趋于稳定，也培养出几位储备干部。主管为了让花花有更好的职业发展，打算让她到质培部门去轮岗，一方面让她能够将运营管理中积累的知识和经验得到总结和传承，另一方面也希望花花能够深入学习和掌握呼叫中心质量管理知识和经验，为今后的职业晋级奠定基础。

质量是公司的生命和核心竞争力，而其中最重要的是产品质量和服务质量，在产品越来越趋于同质化的今天，对一个公司而言，服务质量成为公司核心竞争力的差异所在。

呼叫中心的质量主要指的是服务质量，也就是满足客户对服务要求的程度。呼叫中心作为客户服务的重要载体，最关键的一个问题就是如何保障服务达到设定的要求，让客户感到满意，这就要求有一整套的管理工具对呼叫中心的服务品质进行监控和检查。质量管理与控制作为呼叫中心运营管理的重要一环，是以提升服务为目的，以客户需求和良好体验为中心，以服务创新为手段，以服务质量测评为保障，以绩效管理体系为框架和考核参照。

本项目中，通过对呼叫中心服务质量管理知识的学习，需要掌握呼叫中心录音质检、质检案例分析会、质检录音校准的技巧和方法，从而能够独立完成呼叫中心基层坐席代表服务质量监控与推进的工作。

项目内容

呼叫中心录音质检

呼叫中心质检案例分析会

呼叫中心质检录音校准

任务 1 呼叫中心录音质检

任务情景

花花：查老师，我是来轮岗学习的花花，今天开始到质培部来学习。

查老师：你好，花花。你可是我们的运营之星啊，早就知道你们组的绩效很好。我们也经常拿你们组员的录音做案例呢。

花花：谢谢查老师的夸奖，我做一线的工作将近2年时间，之前也跟质检同事打过交道，但对于质检的工作了解的还不多呢。

查老师：作为呼叫中心质检人员，首先应端正工作态度，掌握质检标准。其次，要掌握呼叫中心坐席代表的状态，善于分析坐席代表的录音，妥善处理质检奖罚措施。

花花：好的，我一定跟同事们好好学习，争取尽快能够独立进行质检。

查老师：加油！相信你一定可以的。

任务分析

呼叫中心应具备完善的质量监控体系，对各种业务类型（例如，电话、电子邮件、互联网、传真、信件等）的服务质量及坐席代表的工作表现进行有效监控。对于监控的结果应进行及时的反馈与辅导，以促进坐席代表各项基本技能与素质的提升。

狭义的质检是指对坐席代表的通话进行监听，确定他们哪些地方做得好，以及哪些技能需要提升。其主要目的在于确定培训需要、进行针对性培训，提高坐席代表技能，使之达到服务水准等。

广义的质检是指全面的呼叫中心质量管理，是以客户为中心、数理统计方法为基本手段、定量分析为工具，全员、全过程、高效、全面、综合性的质量管理活动，包括事前、事中、事后管理。

本任务主要通过学习录音质检的流程、录音质检的方式、录音质检评语的编写、录音质检成绩的反馈等知识，从而掌握录音质检工作的全流程操作，并独立完成录音质检及其应用。

任务实施

1. 质检人员的基本工作流程（图 4-1）

1）质检人员通过抽听录音、现场监听等方式对坐席代表进行监控，发现问题，并判断是否为共性问题。

2）质检人员根据相应监控标准将录音评判结果、反馈意见、质检评估表提交给上级领导。

3）根据坐席代表在电话中出现的问题进行单独的指导。

4）质检人员进行辅导并制定改进办法。

5）质检人员针对改进办法进行跟踪，得到反馈结果。

6）质检人员针对共性的业务知识问题进行汇总。

7）质检人员将业务知识培训需求提交给培训师。

8）在相关业务培训结束后，质检人员进行跟踪得到反馈结果。

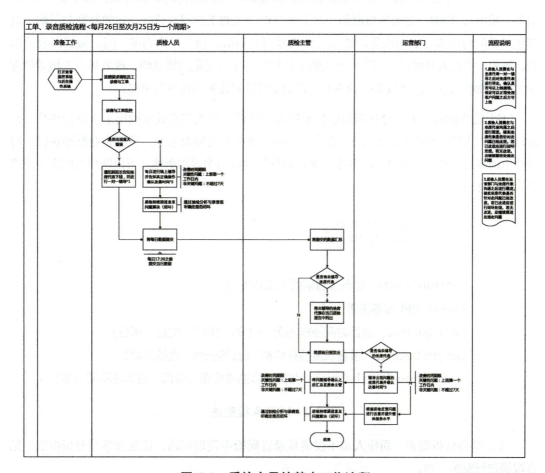

图 4-1　质检人员的基本工作流程

2. 准备工作

在质检工作开始前，需要做好准备工作。质检前的准备工作主要有：

（1）站在客户体验的角度上看待每一通电话

（2）清楚了解业务要求，特别是对质量的要求　不同的业务对质量的要求不同，对质检人员的要求也不同，所以在开始质检工作之前，需要与业务负责人及其他同事做好沟通，清楚地了解质检工作的要求。换言之，质检工作是建立在对业务的深刻认识基础上的。

（3）积极学习业务知识，熟练掌握业务知识　服务质量管理需要对质量进行控制与把关，质检人员掌握熟练的业务知识与技能是做好这项工作的前提。

（4）分析业务重点与难点，制订质检计划　凡事预则立，不预则废，任何一项工作都不能盲目地开展，质检人员需要在掌握需求、熟悉业务、了解坐席代表情况的基础上制订质检计划。质检计划应该包括所选择的质检方式、拟投入的时间与精力、质检效果的评估办法、质检问题的反馈流程、坐席代表质检扣分标准、质检的重点等。

（5）质检对象的选择　做好质量管理，需要准确找到主要的质检对象，而不能"眉毛、胡子一起抓"。根据一定的质检原则，对全体坐席代表的工作情况要有一定的判断与了解，对存在严重问题或者屡次出现问题的坐席代表要有所侧重，加大质检力度，同时做好问题的跟踪。例如，质检人员可以根据坐席代表的工作年限、上一周期质检成绩、业务知识考核成绩等作为质检抽听的依据。质检部门管理者需要制定有针对性的质检抽听策略。

（6）质检抽样　大部分呼叫中心都使用人工抽样，用人工方式来抽出录音进行评分，通常每月每人大约需要抽样质检 15~20 次，根据业务的不同略有差异，按照企业标准执行。对于抽出的录音，要考虑抽样上的分布均衡。要确保抽样的相对均衡性，可以使用 MITLA 检查法，如图 4-2 所示。

MITLA检查法

Measurements：哪些项目需要考虑均衡度
Index：均衡度测量表设计
Time balance：录音时间抽样均衡（忙时、闲时、忙日、闲日）
Length balance：录音长度抽样均衡（长的录音、短的录音）
Application-Type balance：业务内容抽样均衡（咨询、投诉等不同业务）

图 4-2　MITLA 检查法

（7）学会分析报表　质检人员不仅要从录音质检中发现问题，还应该学会分析报表，结合报表进行监听工作。

1）呼叫中心坐席代表工作统计表。通过坐席代表工作统计表可以一目了然地掌握每个坐席代表的拨打量、接通量、成功量、工作时长、工作时效等，从报表中可以体现一个坐席代表的积极性及所存在的问题。如某个坐席代表某天的业绩起伏过大，那么质检人员应该将其列为重点监听对象，不可忽视。

2）拨打明细表。通过拨打明细表，可以清楚了解每个电话号码的通话时长、拨打次数及保存状态等，对于通话时间过长或过短的录音，往往容易存在问题，所以应加以留意。成功单的复核主要通过拨打明细表进行核对。

因此，在进行质检时，先导出一份坐席代表工作统计表和拨打明细表，然后结合报表对坐席代表进行针对性监听，这样不但能直接、及时地发现坐席代表存在的问题，同时可以提高质检质量和工作效率。

3. 质检方式

质检工作常用的方式是抽检，特别是坐席代表特别多的情况下，难以做到对每条通话都进行质检，抽检是一种有效的质检方式。在进行随机抽检时，一般会分为现场监听、录音监听以及人工智能监听三种方式。

1）现场监听。主要分为现场在线监听和现场巡视监听两种方式。现场在线监听就是质检人员和坐席代表使用专业设备接听同一客户电话，对坐席代表有较大的支持力度，特别是对新员工业务知识、服务技巧的辅导有明显的帮助。现场巡视监听是一种走动式的监听方式，有助于实施提醒、及时发现问题、控制问题影响范围。

2）录音监听。该质检方式是目前大部分的呼叫中心运用的质检方式，主要通过后期质检人员在线监听坐席代表录音的方式进行，将录音结果登记于表格之中并将表格进行数据分析。录音监听可以反复听取录音、能有效发现服务存在的问题，具有质检结果的准确性更高、使用普遍性高、成熟度高、技术壁垒低、前期投入低等优点。但也存在时效性较差、无法第一时间直接处理服务过程中存在的问题、质检工作量大、效率低且覆盖率低，难以有效评价整体服务质量等弊端。

3）人工智能语音质检。目前，很多企业也开始启用人工智能语音质检，人工语音机器人能够在坐席代表与客户交流过程中，通过语音识别系统将语音转化成为文字，并可以实现100%的质检覆盖。强大的语音机器人还可以实现对俚语、小语种的识别。将录音识别成文字后，通过企业前期录入系统中间的关键词、业务关键点、流程备注、话语重复次数要求等业务模型和服务模型要求对坐席代表进行业务质检。同时人工智能语音质检能够通过字数（字数／时间）、音量、声道、波动次数、通话静默，检测坐席代表的服务质量水平及情绪变化情况。人工智能语言质检可以通过声纹识别的方式区分服务场景，如人工智能语音质检能对坐席代表与客户的对话进行场景分割，以此来进行数据分析（坐席代表部分用来质检，客户部分用来进行数据分析，包括营销政策分析、客户需求分析等）。但由于人工智能语音质检前期投入成本高（一般小型企业难以承担）、数据库数据巨大、建模麻烦、语意需要持续更新、机器人质检无法考虑通话背景等，因此运用率较低。

4. 质检标准

各行业的呼叫中心监控内容各有不同，主要是从影响整个工作运行过程的重要操作与事项中进行分析提取，选择容易出现问题的环节进行监控。

呼叫中心常用的关键监控点主要有以下三个方面。

1）服务规范：包括开场白、亲切感、结束语、礼貌用语等。

2）服务技巧：包括控制能力、倾听理解能力、处理问题能力等。

3）专业技能：包括专业知识的掌握情况、系统操作能力等。

为了更好掌握评分标准，以国内某呼叫中心呼入项目的质检标准（见表4-1）及国内某呼叫中心呼出项目的质检标准（见表4-2）为例进行学习。

5. 质检评定

质检评定的方法有三种，分别为平均数、合格率和达成率。

（1）平均数　每个考核科目都分别根据重要性设定分值，质检人员在一定范围内打分。

（2）合格率　判断坐席代表这通电话的服务是否合格，而合格与否只有两种可能，过关或不过关。

（3）达成率　将考核科目定义为"非致命错误"和"致命错误"，质检人员根据考核要求判断各科目是否合格。设定达成率标准，如未达成数量超过规定，则录音判断为不过关。

1）非致命错误与致命错误的定义。

● 非致命错误（Non-fatal error）：不会导致整个服务有重大缺陷的准确率错误，包括软技能、专业化程度和数据输入错误等。

计算公式：

$$非致命错误率 = \frac{产生非致命错误的个数}{产生非致命错误机会总数}$$

业界专业的非致命错误率需不大于10%。

● 致命错误（Fatal error）：会导致整个服务有重大缺陷的准确率错误。

计算公式：

$$致命错误率 = \frac{产生致命错误的业务监控次数}{业务监控总次数}$$

业界专业的致命错误率需不大于2%。

项目 4 呼叫中心服务质量监控

表 4-1 国内某呼叫中心呼入项目的质检标准

模块	分类及分类说明	基础项	Standard（基础总分 85）			激励模块（激励总分 15）
			标准	扣分细则说明	评分规则	加分参考
服务类	Customer Service standard 坐席代表能够按照服务要求，使用正确和恰当的客服规范用语和称谓，经常使用礼貌用语，例如"请"字开头，"谢"字结尾。说话时使用的语速、语气、语调	1.1 服务规范（4分）	坐席代表能够按照服务要求，使用正确和恰当的客服规范用语和称谓，经常使用礼貌用语，例如"请"字开头，"谢"字结尾	1. 未使用标准的开头语、结束语、及等候用语	符合此项，细项为 0 分	
				2. 未使用标准的普通话（个别词句）及礼貌用语（如您、请、不好意思、麻烦您等，对客户的致谢问候未给予回应），请等一次对话出现两次及以上，此项扣分）	每项出现 1 次扣 2 分，2 次及以上项为 0 分	本细项为基础项，因此无加分
				3. 电话中有咳嗽、打嗝、打哈欠、清嗓子、笑场等行为，未向顾客表示歉意		
		1.2 语气语调（6分）	说话时使用语速适中、语气、语调友好、有亲和力	回复客户问题语速较快，语气语调有气无力，无亲和力	符合此项，细项为 0 分	做到回复客户语速适中，语调上扬、抑扬顿挫，有亲和力，用户感受好（可加 2 分）
Fatal error: 1. 与客户发生争论、反问、嘲笑、讽刺客户，使用粗俗的语言或发表不礼貌的言论 2. 整个对话过程中始终使用方言（根据项目及电话类型不同，可根据项目自行调整）						

（续）

模块	分类及分类说明	基础项	标准	Standard（基础总分85）		激励模块（激励总分15）
				扣分细则说明	评分规则	加分参考
服务类	Service Consciousness 坐席代表语调热情，微笑着与客户说话，通话过程中一直保持耐心，服务热情，积极；运用语气的变化来表示关切，并吸引客户的注意。在电话当中积极热情地为客户提供服务，能够换位思考，给予其认同感，对于客户没想到的问题，能够给出主动的提醒及建议	1.3 态度及关怀（10分）	为客户服务，态度诚恳、热情；对于客户的现状及表示适当安抚及关怀	1. 为客户服务，态度稍有冷漠，偶有不耐烦，对客户的现状或抱怨只是机械化、程序化安抚 2. 为客户服务，态度冷漠，有明显的不耐烦；对客户的现状及关怀，丝毫无安抚及关怀，敷衍客户的不满	每出现一项扣5分，直到此细项为0分	回复客户态度热情，对客户的现状或抱怨能够给予安抚及关怀，并给出可行性的建议帮助客户，客户感受好（可加3分）
		1.4 主动积极性（10分）	对于客户的真正需求能够给予完整服务；对于潜在危机能给予适当提醒	1. 在服务过程中，缺乏主动的服务意识，客户问一句，坐席代表答一句，不能揣摩客户的意图，给予更多的帮助 2. 无视客户的需求及不满，对客户的潜在问题及危机，漠不关心，不给予任何提醒	符合任意一项，细项为0分	主动站在客户的角度考虑问题，积极给出全面解决问题的方法，得到客户的认可和赞许，客户感受好（可加5分）

Fatal error: 1. 态度恶劣，反应冷漠，回复强势，客户体验感差
2. 敷衍或推诿客户的需求和提问，能直接回答回答的问题，客服代表建议客户到其他服务渠道

（续）

模块	基础项	标准	Standard（基础总分 85）扣分细则说明	评分规则	激励模块（激励总分 15）加分参考
服务类 Communication skills 坐席代表有较强的语言组织能力，能使用正确的语法语序和完整的语句结构，表达流利、清晰且有条理，能为客户准确地传递相关信息。能运用开放式、封闭式提问方式，有效获得客户的信息，无复复提问。能掌握话语的主动权，将交谈的范围围绕在设定的主题之内。对于客户的质疑应对自如，用认真倾听客户讲话，用"是的""好的"等在第一时间给予回应，能够理解客户意图，对其所述做出准确的总结	1.5 表达能力（5分）	表达清晰、流畅、专业，没有口语化现象，易理解	1. 未使用专业的表达方式，较口语化，偶尔出现"啊？""嗯？"等	每项出现 1 次扣 2 分，3 次及以上此细项为 0 分	
			2. 表达不灵活，不流畅，但未影响客户理解		
			3. 表达随意，口语化严重，以及使用影响客户体验的口语化词语（如每句话后加语气词"啊""什么情况？""嗯？"等）	符合任意一项，细项为 0 分	本细项为基础项，因此无加分
			4. 表达不灵活，不流畅，话语赘述，影响客户理解		
	1.6 聆听理解（10分）	有效倾听，及时正确理解客户意图，并积极回应	1. 客户表述清晰的情况下，始终不能理解问题或总结问题不匹配现象	每项出现一次扣 5 分，直到此细项为 0 分为止	本细项为基础项，因此无加分
			2. 客户提出问题后未在 1 分钟内响应		

（续）

模块	分类及分类说明	基础项	Standard（基础总分85）		激励模块（激励总分15）
			标准	扣分细则说明	评分规则	加分参考
服务类	Communication skills 坐席代表有较强的语言组织能力，能使用正确的语法语序和完整的语句结构，表达流利、清晰且有条理，能为客户准确地传递相关信息。能运用开放式、封闭式提问方式，有效获得客户的信息。能掌握谈话的主导权，将交谈的范围围绕在设定的主题之内。对于客户的质疑应对自如。认真倾听客户讲话，用"是的""好的"等语言给予回应，能够在第一时间理解客户意图，对其所述准确地做出总结	1.7 有效引导（10分）	对客户的问题能够有针对性地、有条理地、较灵活地给予回复，客户感受尚可	1.对于客户的问题运用产品知识不能灵活有效的引导，使客户问题处理变得复杂、拖沓 2.整个回复问题的过程，不能控制话权，条理不清，思路混乱 3.不能做到有效的异议处理，对客户突如其来的疑问无法自如应对或出现冷场 4.询问和解释技巧不足，不能抓住关键点，产生无效沟通 5.死搬流程不会变通，不能及时提供其他更有效的、便捷的建议 6.解释单一，始终使用同一理由/同一问题，答非所问	每项出现1次扣5分，直到此细项为0分 符合任意一项，细项为0分	1.对于客户的问题能够给予快速、有条理、针对性强的引导，采用灵活回复应或技巧妙回避的方式应对客户的质疑，客户感受度良好（加6分） 2.对于不能清晰表达问题的客户，可以通过开放式或封闭式的提问，并使问题得到顺利解决（此上分别出现一项可加5分，如果两项均存在最高也只加5分）

Fatal error: 1.始终没有正确理解客户的问题，答非所问
2.非常负面地引导，在客户抱怨或误解时没有任何安抚
3.表述引起歧义、误解

项目4 呼叫中心服务质量监控

（续）

模块	分类及分类说明	基础项	Standard（基础总分85）			激励模块（激励总分15）
			标准	扣分细则说明	评分规则	加分参考
业务类	Process 规范的业务操作流程及单个流程的每个环节	2.1 服务流程（15分）	规范的业务操作流程及单个流程的每个环节（例如，转接流程、等待流程、投诉流程等，其中包括单个流程的信息录入与确认等）	1. 某个流程单个环节不规范或不完整，对客户问题处理不产生影响（例如，信息录入错误或遗漏不影响问题处理等）	每符合一项扣5分，多项符合可累积扣分，细项0分为止	
				2. 对于客户提出的多个业务问题，回复有遗漏		
				3. 某个流程的重要环节不规范，对客户产生错误或遗漏影响问题处理（例如，信息录入错误或遗漏影响问题处理）	符合任意一项，细项0分	本细项为基础项，因此无加分
				4. 某个流程执行错误		
				5. 没有按照客户要求做升级处理		

— 189 —

（续）

模块	分类及分类说明	基础项	标准	Standard（基础总分 85）		激励模块（激励总分 15）
				扣分细则说明	评分规则	加分参考
业务类	Product Knowledge 对所在项目产品知识的掌握	2.2 产品知识（15分）	运用熟练的产品知识给予客户有效的帮助	1. 回复客户问题错误，但自行纠正或回访补救，最后问题顺利处理 2. 对要求必须熟悉的产品知识不能直接回复或出现冷场或 hold 查询 1 次 3. 提供给客户错误的信息，不影响问题处理或不引起投诉（例如，一个问题承诺 2 天处理，但是服务代表告知客户 3 天） 4. 同一业务知识不熟悉，导致客户等候查询了 3 次以上 5. 提供给客户错误的信息，影响问题处理	每符合一项扣 5 分，符合可累积扣分，细项 0 分为止	本细项为基础项，因此无加分
					符合任意一项，细项为 0 分	

Fatal error: 1. 主动挂断客户电话
2. 由于对产品知识的误解等提供错误信息，引起投诉，造成公司或客户方损失的

项目 4 呼叫中心服务质量监控

表 4-2 国内某呼叫中心呼出项目的质检标准

评分单项	扣分	评分点及扣分细则				
		开始语句	身份确认	耐心有礼	挂机语句	挂机操作
开场白及结束语	-1	首问语报读不完整,存在缺漏(如未报读在国内接听10086免费)	未向客户报读公司名称、工号,或错读漏读客户身份、性别、号码	—	挂机语不规范,未按脚本要求报读,或缺漏礼貌语句	对通话结束后超过5秒持续不挂线不挂的客户未予引导,无声挂机
	-2	首问语不规范,未按脚本报读,或未报读首问语,或在电话接通前说话聊天	未向接听电话者确认机主身份、姓氏,或忽视接听客户的非机主身份	偶尔打断客户说话、抢话插话(2次以内)	结束语报读不完整,或报读模糊,或未向客户报读结束语	在客户结束说话前挂机,后先于客户挂机前挂机
	-3~-5		沟通不积极或因客户原因而造成通话中断、停止或冷场等	对客户发言、询问等缺乏耐心,注意力分散不专心,急于结束通话	从不或极少称呼客户(如×先生,×小姐)	
		规范用语	正面用语		亲切温和	微笑服务
服务态度	-1			不礼貌、不尊敬客户,态度强硬,情绪焦躁,偶尔打断客户说话(2次以上)	语气冷淡,沟通机械,缺乏感情	活力不足,一潭死水(以监听感知为准)
	-2	偶尔出现服务忌语、生活口语(2次以内)	服务用语生硬粗糙,否定字眼过多		轻视客户意见或发言,表现出与客户的距离感	说话缺乏自信,情绪过于紧张或夸张,态度不够诚恳
	-3~-5	多次出现服务忌语、生活口语(2次以上)	否定、拒绝过于直接,语言不婉转,欠缺过渡用语(如对不起、抱歉)			带有明显的负面情绪
		语速舒适	语调舒适		音量舒适	语言舒适
服务用语	-1	服务用语不规范,或未按照要求使用规范用语	带有明显的质问、厌烦、不尊敬客户等性质的用语		当客户表示可以接听电话时,没有表示感谢	未询问客户是否方便接听电话就介绍业务,未询问客户是否有其他疑问就结束通话
	-2	语速过快或过慢(以监听感知为准)	语调单调,缺乏抑扬,平铺直叙		当客户主动表示感谢时,没有予以礼貌回应	客户办理意愿不够明确时,没有向客户询问意见进行确认
	-3~-5	说话欠流畅、节奏混乱不均匀	语调语气僵直、机械、低沉困乏,语调不够走心		当客户表示歉意时,没有表示歉意	未使用普通话作为开头语,普通话语调上发音不标准
语速音量	-1	语速过快或过慢,导致客户无法听清(慢)导致客户反感	语调语气具有轻桃、严肃、性质,引起客户反感		说话过于大声或小声	遇到客户语言理解困难,不能灵活使用适当语言给予引导
	-2				未主动根据客户感知调整合适音量	吐字含糊不清,断字引起不规范,影响客户准确理解
	-3~-5				故意抬高或故意降低音量引起客户反感,或导致客户不能正常听清	

（续）

评分单项	扣分	评分点及扣分细则			
		描述准确	表述简练	清晰流畅	通俗易懂
表达能力	-1	表达过程中偶尔出现口误，补充、更正等（2次以内）	表达不简洁，介绍语句较长，通话时间偏长	语言表达不流畅，存在打结、卡壳的情况	专业术语较多，没有灵活运用通俗易懂的语言进行表达
	-2	表达过程中多次出现口误，补充、更正等（2次以上）	语言表达拖沓啰唆，内容介绍、回答问题出现大篇幅重复	业务介绍条理不清，业务介绍很难一次性形成清晰理解	未能向客户解释说明专业名词意思，表达过于书面化，完全照读脚本资料
	-3~-5	误导客户，在语言表达、遣词造句上存在错漏或歧义	业务内容理解不够深刻，回答问题缺乏针对性，冗长宽泛	表达含糊不清，多次演说也未能将内容介绍明白	—
	扣分	主动介绍	重点突出	推介适度	强加销售
主动推介	-1	业务介绍不够积极，只做基本内容介绍，欠缺补充、说明	在挽留、推介过程中不能清晰表达业务内容	介绍、挽留不到位，没有结合客户反馈意见进行针对性的挽留、推介	—
	-2	在与客户沟通过程中比较被动，问一句答一句	重点内容过多或多重内容介绍模糊，不能吸引客户注意	未对客户或过度对客户进行介绍、挽留，引起客户反感	在客户意愿尚不明确的情况下，强行介绍
	-3~-5	对客户的问题、询问问题，不予理睬，从不或很少对客户进行挽留	对业务内容缺乏提炼，不能把握重点，没有对重点内容进行专门描述	业务介绍、挽留次数过多（2次以上）	在适度介绍挽留后，客户表示拒绝，依然纠缠客户甚至强行办理
	扣分	疑难规避	情绪调控	引导解释	服务技巧
灵活处理	-1	客户关于业务内容以外的咨询，没有按照统一口径予以指引，答复	情绪控制不稳，防御能力不强，容易受到客户负面情绪影响	对客户问题解释不够清楚，或答口径不符要求	服务过程操作不规范（如坐席代表在询问他人或请求支持时，没有按下静音键）
	-2	回避或忽视客户对其他问题的咨询，未对客户予以指引、答复	情绪多变且克制力较差，给客户情绪造成负面影响	不积极配合客户解答问题	服务过于被动，让客户牵着走，表现呆板，欠缺灵活转换
	-3~-5	擅自应答客户对业务内容以外的询问、异议、争议等	未对客户负面情绪进行安抚或刺激客户，造成问题进一步恶化	回避、转移客户的疑问、咨询，对客户解答进行保留、误导	客户感知不良，服务过程枯燥

（续）

评分单项	扣分	评分点及扣分细则			
		询问技巧	与客互动	理解客意	客意确认
双向沟通	-1	询问表达缺乏针对性，没有结合客户反馈意见	大部分时间由坐席代表说话，客户很少发言或发言机会很少	对客户意思理解不够深刻，一次回答不能满足客户需求，需多次补充	以模糊处理的方式与客户进行确认，或确认模糊不够清晰
	-2	询问方式单一粗糙，不能吸引客户兴趣或答非所问	对客户发言没有积极回应或不鼓励客户发言	所答非所问，误解曲解客户意思	未对客户进行全部内容的确认，或只确认其中部分
	-3~-5	—	忽视客户态度，回避客户问题，抑制客户意见	—	蓄意逃避，省略与客户进行确认的流程（如询问客户是否理解、办理、明白等）
		耐心倾听	专心倾听	及时反馈	客户重复
聆听能力	-1	—	在客户发言中完全保持沉默，令客户质疑是否在聆听	—	—
	-2	—	在客户发言过程中注意力分散或进行其他无关操作（如喝水、聊天等）	在客户发言中提出的问题没有给予及时必要的回应反馈	不专心聆听客户的需求或问题，需要客户不断重复（2次以上）
	-3~-5	对客户发言、询问等表现出不耐烦、焦躁、厌恶等负面情绪	对客户发言不予关注，忽视客户意见及建议；因主观原因致严重听错客户问题，答非所问	对客户问题、意见、建议、投诉等没有及时进行记录和向上反馈	因话务员故意、恶意略、省略造成客户重复，或引起客户反感、抱怨
		业务熟练	业务准确	业务完整	符合流程
业务能力	-1	业务内容掌握不够熟悉，业务介绍断断续续	业务介绍出现错误时，出现补充、更正等情况	—	—
	-2	对客户的业务询问不能立即应给予反馈，不能灵活运用业务知识	对业务类型、客户类型、匹配条件等判断有误，或电话保存状态错误	业务介绍存在缺漏，以偏概全	擅自更改、调整业务办理流程
	-3~-5	服务过程中出现频繁求助他人、无法作答、支吾搪塞等情况	业务介绍差错、内容混清、在误导、欺诈客户	蓄意省略业务内容，欺诈客户	擅自省略业务介绍、办理流程等环节

2）单通电话非致命错误及致命错误计算方法与标准。

非致命错误数 = 单通电话中"非致命错误"项中评价不合格的项目数

致命错误数 = 单通电话中"致命错误"项中评价不合格的项目数

- 非致命错误准确性是否通过：

Fail（不通过）为单通电话中非致命错误数 ≥ 3。

Pass（通过）为单通电话中非致命错误数 < 3。

- 致命错误准确性是否通过：

Fail（不通过）为单通电话中致命错误数 ≥ 1。

Pass（通过）为单通电话中无致命错误。

3）多通电话非致命错误率及致命错误率计算方法。

$$非致命错误率 = \frac{产生非致命错误的个数}{监控的总电话量 \times 非致命错误监控项数}$$

$$致命错误率 = \frac{产生致命错误的业务监控次数}{业务监控总次数}$$

6. 录音评测与质检评语

（1）录音评测　在录音评测的过程中，一般要求听三遍，每遍重点不同，具体要求如图4-3所示。

图 4-3　录音评测的具体要求

（2）质检评语　质检评语的目的是指出坐席代表的这通录音有哪些不足，或是可以改进的地方，因此评语一定要能点出录音中存在的关键问题，点评需要与评分相匹配，评语不准确，坐席代表自然会对评分产生质疑。对于质检人员而言，必须要善于使用总结性的语言，将录音中发现的问题用简练清晰的语言予以总结，切勿将一类问题分成多点来一个个解释。撰写质检评语的注意事项包括以下四点。

1）突出重点问题——一通录音如存在多点问题，质检人员在写评语的时候往往只是按各扣分项在质检标准中排列的顺序逐条罗列，这样的评语给到坐席代表只会让坐席代表无从着手。例如，某通录音里最明显的是沟通技巧存在问题，但质检评语的第一条却是规范用语使用不当，而沟通技巧只在最后一条有轻描淡写地提到，因为质检标准中的评分项里面规范用语在沟通绩效之前，而这种现象在质检评语中比比皆是。我们都知道，高效解决问题的方法应该是将 80% 的精力放在解决最为重要的 20% 的问题上，在写质检评语时也是如此，质检人员需要将最核心最重要的问题（如业务技能和沟通技巧等）放在最前面，次要问题（如语音、语调等）往后放，让坐席代表一看评语就能清楚知道录音中有哪些是需要改善的。

2）积极引导建议——对于坐席代表而言，质检评分只是让他知道在哪些方面做得不好，而应该怎么做才能避免在同样的地方扣分才是坐席代表最关心的。很多呼叫中心已经做到了这点，但同样是建议坐席代表怎么做，有的质检评语却写得很生硬，如"不应该那样做，一定要这样做"，这种教导式的评语容易引起坐席代表的反感和抵触情绪，虽然也写了建议，但坐席代表不领情也是徒劳。好的建议是用积极的语言去描述坐席代表做的不对的地方，如"怎么样做会更好"，这样的表达方式使得坐席代表感受到被尊重，也就更容易接受质检人员所提出的改善建议。

3）没有不好只有更好——需要注意的是，这里的正面肯定必须符合实际情况，不能是不着边际强加上去的，否则会让坐席代表对质检人员的动机产生怀疑；同时在表扬的言辞后面也不能出现转折，如"整通服务很有耐心，但是……"等，这样会适得其反。

4）恰当总结问题——有些质检人员在写质检评语时过于详细，甚至夸张地记录到"分别在几分几秒客户说了什么，对应坐席代表是怎么回答的，而这样回答是有误的"。站在质检人员的角度，这么做可能是为了避免坐席代表对评分的争议，但造成的负面影响更大，一方面是质检人员需要花费大量的时间计较通话细节，导致效率低下；另一方面坐席代表面对如此"字斟句酌"的大篇幅评语，看起来不仅头晕，还会反感，也就不愿意看了。

7. 监控结果的反馈与应用

1）个性问题进行单独辅导。业务监控首先要从流程层面找出坐席代表身上的共有问题，并统一更正；其次从坐席代表身上发现的独有问题，要进行单独更正。对于犯致命错误的坐席代表，必须立即对其进行一对一的辅导来纠正错误；对于没有通过监控的坐席代表，必须进行针对性的指导，如果第二个月仍然没有通过监控，坐席代表将不能继续处理业务直到通过相应的培训，注意一定要从客户体验角度出发，而非惩罚坐席代表。呼叫中心要制订相应的计划来处理坐席代表多次不能通过业务监控的情况。

如果采取现场监听的方式，则在电话结束后当场进行反馈。对于同一问题反复出现的坐席代表，需要增加电话监控的数量，并为其制定改进建议书，并明确规定改进的时间期限。

2）共性问题提交培训需求。针对监控结果中的共性问题，质量管理部门应该向培训部门反馈培训需求并组织设计问题改进方案。

3）非坐席代表原因的问题反馈。质检人员在监听录音的同时，需要注意对客户的倾听，对于客户的投诉问题或是关心的热点问题进行跟踪，主动了解后续的处理情况。通过对客户反映的服务政策、业务等方面建议的分析和汇总，根据具体的问题，以客户为中心，结合平台、信息运营方面，提出相应的政策或处理流程的改进建议，优化服务和业务流程。

4）知识库信息反馈。

5）市场信息反馈。

6）产品信息反馈。

7）提供坐席代表绩效考核依据。结合监听的结果，呼叫中心运营系统每月进行一次绩效考核，考核成绩按照一定比例直接纳入坐席代表本月的绩效考核总成绩中，与坐席代表每月的奖金评定直接挂钩。

8）建立标准录音库。质检人员需要在听取录音的过程中对发现的优秀、较差、典型的录音进行收集、分析并收纳于统一的录音库中。

9）制订小组提升计划。质检人员需要根据坐席代表的质检成绩，每月与班长沟通，共同制订坐席代表成长计划。

8. 呼叫中心质检扣罚种类与技巧

呼叫中心质检扣罚可分为口头提醒、口头警告、质检提醒单、下岗培训、经济扣罚，严重的给予辞退。

1）呼叫中心质检扣罚可能是一件较头疼的事，特别是对一些新上任的质检人员，往往显得很棘手，经常碰壁，首先，怕得罪坐席代表，其次，会遇到坐席代表不接受处罚，自己变得束手无策。通常对于坐席代表监听中存在的服务质量问题，视情况轻重，第一次可给予口头提醒或口头警告，如问题较严重但又未造成太大影响的，可以让坐席代表签质检提醒单，如下次再犯同样错误，则直接进行经济扣罚。在经济扣罚时不要马上就拿出扣罚单，不要一味地进行指责，可先让坐席代表听当时的录音，让他自己找出问题，如他找不出，再诚恳地给予指出，要让他心服口服地签单，同时要让坐席代表知道质检的最终目的不在于扣罚，而是让他能够吸取教训，在以后的工作中加以改善，避免犯同样的错误，取得更大的进步。

2）密切留意受扣罚坐席代表的工作心态，通常在接受处罚后，坐席代表会出现情绪低落，质检人员要对其进行开导和谈心，当发现坐席代表有进步时要及时给予肯定，让他找回自信。

1. 呼叫中心质量管理的意义

无论是自建型呼叫中心还是外包型呼叫中心，无论是"成本中心"还是"利润中心"，都时时刻刻在提供着各种各样的服务。这种服务可以是售前服务、售中服务，也可以是售后服务。在市场经济竞争越来越激烈的环境下，"打价格战必将两败俱伤，只有做好服务才是最根本的"。呼叫中心作为企业的服务中心、客户关系管理中心，或者称为客户关系维系中心，所提供服务的质量尤为重要。保证每一位坐席代表的服务质量就是在维护公司的形象与利益，是呼叫中心现场管理工作环节中重要的一环。

呼叫中心具有呼入与呼出两种基本的业务类型，质量控制工作针对这两种业务类型的重要意义各有不同。

2. 呼入型呼叫中心质量控制的意义

呼入型呼叫中心的业务主要包括接听客户的咨询、建议、话务转接、投诉、订单处理等各种客户主动打入的电话，对于此类业务，质量控制工作的意义在于：

1）保证坐席代表服务的质量。质检是除培训、现场管理、绩效考核以外能够有效保证服务质量的重要工作途径。

质检工作可以对坐席代表部分甚至全部服务内容进行实时的监控，以及事后的复核，通过录音系统对每一个细节进行监控，保证每位坐席代表的服务质量，进而保证整个呼叫中心的服务质量。

2）保证坐席代表服务的规范性。专业的呼叫中心要求每位坐席代表的服务符合各种已定的规范，这是保障客户利益与公司利益的重要方面。根据不同的业务需要，呼叫中心对坐席代表受理的客户问题都有相应的应对要求以及解决流程，质量控制工作就是在对坐席代表监控的同时，保证服务的规范性。

3）保证坐席代表服务的一致性。呼叫中心的服务应该是统一的，这个统一有两层含义：对每位客户的服务一致以及不同坐席代表对同一客户的服务一致。在这个意义上，质量控制工作的重要意义就在于保证所有坐席代表对每一位客户的服务都是一样的，进而树立、维护一致的公司品牌与形象。

4）为培训工作提供各种真实案例。质检工作所了解到的情况都是坐席代表最直接的表现。通过实时监听以及录音复核，可以将问题重现，进而对质检工作中所发现的共性、个性问题进行分类与记录，提供给负责培训工作的培训人员，达到以典型案例培训与指导坐席代表工作的目的。

5）为坐席代表考核，特别是服务质量的考核提供依据。对坐席代表的考核中重要的一项就是质量考核，通过一定周期的质检工作，可以量化坐席代表的服务质量，结合其他现场管理的考核情况，为坐席代表的考核工作提供考核依据。

6）为公司提供合理的优化意见及问题反馈。完善的质检流程可以为公司带来更多的信息，质检是除坐席代表外能接触到最多客户的岗位，在检查录音的过程中，可以发现许多公司存在的问题和客户的反馈，定期收集这样的信息并加以汇总分析可以帮助公司了解更多的客户需求和市场动态。

3. 呼出型呼叫中心质量控制的意义

呼出类的业务是指由坐席代表主动打出的电话，主要业务类型包括电话销售、电话回访、客户关怀、数据挖掘、数据清洗等，对于此类业务，质量控制工作的意义在于：

1）维护公司及客户的利益。坐席代表所呼出的每一通电话，都代表着公司（外包型呼叫中心代表的是客户公司）。由于呼出型呼叫中心多以坐席代表的业绩来考核，所以坐席代表难免将个人的利益看得比较重要，这时质量控制工作的意义就在于监控坐席代表的工作，减少甚至杜绝出现假单、诱单、抢单等现象的发生，站在"公司利益第一"的角度判断、检查坐席代表的工作。

2）掌握坐席代表的工作技能。从事呼出业务的坐席代表，由于是主动致电客户，可能遇到的情况相对呼入型业务更加复杂，并且客户拒绝的可能性更大，这就要求坐席代表掌握一定的呼出技能，比如电话沟通技巧、电话销售技巧、电话服务礼仪等，而这些方面的掌握程度一方面可以由坐席代表的业绩表现出来，另一方面就可以通过质检来发现。质检工作是有针对性的，能够非常有效地在实践中检验坐席代表的工作水平。

3）为坐席代表的培训提供案例。通过质检工作能够发现各种各样的问题，将这些问题整理、归类，制作成典型案例，并且提供给培训部门，供培训人员在对坐席代表进行培训时使用。这样的案例来源于实际，来源于坐席代表本身，更具有说服力与指导性，对提升坐席代表的技巧与能力非常有帮助。

4）为项目运营提供有益参考。由于质检工作能够实时了解坐席代表与客户的沟通情况，质检工作的覆盖面大，了解到的信息真实、全面，在检查坐席代表工作的同时，更能够及时、准确地把握客户的需求，将这些信息反馈给项目经理及其他部门，有利于公司随时把握项目进展情况，为项目的运营提供有益的参考。

任务拓展

1. 实训任务：根据呼叫中心客户服务与管理职业技能实训平台中提供的录音，结合质检评分表进行评测

2. 任务形式：每个人独立完成，提交 Excel 文件

3. 任务时限：20 分钟

4. 质检评分表（见表 4-3）

表 4-3　质检评分表

质检流程	质检项	※ 质检判定（Y/N/NA）
开场白	规范报开头用语:"您好,工号××××,请问有什么可以帮您?"	
尊称客户	一通电话至少两次以上带姓氏称呼客户	
	通话需要使用尊称"您"	
挖掘来电意图	认真倾听客户来电目的	
	索要客户手机号或者订单号进行主动查询	
	不打断客户且适当"附和"表示在倾听客户讲话,适时表示听到或者运用同理心认同客户	
	主动询问,采用封闭式提问,准确探寻客户问题,获得有效信息	
	复述客户来电目的并获得对方确认	
	复述过程中客户出现异议能够及时用提问的方式获得正确信息	
信息保密	对平台客户隐私及公司内部信息保密	
解决方案	结合实际提供解决方案	
投诉处理	投诉电话:结合场景先致歉	
	能站在客户的立场上给予服务;明显表示对客户描述情景的认同和理解(我非常理解、我非常明白等)	
	确保正确了解客户的需求并同客户确认	
服务态度	热情、耐心、认真地为客户服务	
	语音语调积极,多使用升调	
	在服务中没有出现禁语及侮辱性的词语	
	在接到客户电话时有明显的语言表示对客户要求的推诿,回答客户的问题时主观臆断、推脱敷衍,导致客户产生抵触情绪	
	先行挂断客户电话	
结束语	感谢致电****,祝您生活愉快,再见;感谢您对****的支持,祝您出行顺利,再见	
	普通客户来电做出邀评:感谢您的来电,请您稍后对我的服务做出评价,祝您有美好的一天,再见	
标准话术的执行	按照要求在通话过程中使用标准话术	
口头语	口头语是否严重,如这个、那个、嗯、然后	
	不频繁使用某些词语,如请稍等、就是说、这个(儿)、那个(儿)、没问题累计不超过 4 次	
	整体语言表达简洁,不啰唆	

（续）

质检流程	质检项	※ 质检判定（Y/N/NA）
口语化	语言口语化（带有方言特点的口语化）严重；严重违背标准普通话——字音不准、用词方言化、用语随意、严重拖腔等	
口语化	书面语言无法口语化表达（明显可以判断出读文本或语言无感情，与通话情境脱离）	
口语化	无法与客户理解程度匹配（客户对所表述内容不能准确接收时，不能适时地用口语化语言进行解释和补充说明）	
禁语及忌语	非规范用语：喂、你、我不清楚、啊（升调）、得了、行了、OK、嗯（升调）、唉	
禁语及忌语	不与客户说客户听不懂的专业术语	
禁语及忌语	给予客户肯定的回答，不使用"可能、也许、应该"	
服务质量	吐字清楚，语速根据客户需要灵活调整，整通电话的语速基本保持一致	
服务质量	通话过程中语言缺乏情感带入，不能与客户达到语言同境	
服务质量	音量、音质在通话过程中保持一致，带有积极态度和服务营销意识	
服务质量	在沟通过程中抢话不能超过3次	
普通话	标准普通话吐字清晰，能听清楚每个字的发音	
※ 综合评定分析		
※ 质量改善计划		

任务2 呼叫中心质检案例分析会

花花：查老师，我收到邮件说今天下午要开案例分析会，是吗？

查老师：是的，我们每周最少要组织一次案例分析会，案例分析会是一种常见的会议形式，通过典型录音的分享，来解决坐席代表的共性问题。还能将日常的培训内容与实践进行有机结合，是提高坐席代表工作水平的一种重要方法。

花花：嗯，这个机会太难得了，请问我可以参加吗？

查老师：当然，案例分析会就是由质检人员面向坐席代表、基层管理人员组织开展的。

花花：好的，那我这次先观摩，总结案例分析会的步骤和要求。

查老师：好的，那我们下午见吧。

花花：好的，下午见，查老师。

录音是呼叫中心最宝贵的财富，录音案例分析一直是呼叫中心的重要工作。

通过召开案例分析会，可以激发坐席代表的思维，让坐席代表将日常考核内容、培训内容、理论知识与实践结合起来，加深理解；对于管理者而言，通过坐席代表自身对案例的分析和梳理，往往能够让坐席代表容易接纳一些工作方面的要求，并且通过一些典型案例将近期的工作目标顺利传达下去。

本任务要求学生掌握案例分析会的组织实施步骤，以及案例分析的方法和技巧，从而能够独立完成案例分析会的组织实施工作。

1. 案例分析会的准备流程和要求

1）对近期的工作报表进行分析，了解近期坐席代表工作中所存在的一些问题。

2）依据当前存在的问题进行录音的听取和筛选，并且在筛选的同时进行初步的问题分析。

3）对质检分数较低或者较高的录音进行分析。

4）预计案例分析会的时间，根据时间的长短确定案例的个数、参加的人员等。

5）提前通知会议时间、地点以及参加人员。

6）案例分析会前需要准备录音、音响、分析内容、笔、纸、会议室等。

7）案例分析会的最佳时间是 40~60 分钟，单次分析 2~3 通录音即可。

2. 案例分析会的步骤和内容

（1）明确召开案例分析会的目的和主题　质检人员与坐席代表是监督与被监督的关系，因为有直接的利益关系，所以很容易产生对立和矛盾，案例分析会肯定要指出坐席代表工作中的失误，难免使某些坐席代表产生误解，认为质检人员存心挑毛病，这样案例分析会很容易变成问题批判会。即使案例分析会的宗旨并不在此，但坐席代表心理上总会有这样的感觉，容易产生抵触情绪。因此只有让坐席代表明白案例分析会的目的是提高呼叫中心服务质量，才能让参加会议的坐席代表能认识到自己不足的地方，并找到改进的方法，以及明确下步的改进计划。

（2）确认关键指标和工作目标　对近期的数据进行简单展示，对下一步将要达到的目标进行分析和确认，根据数据情况阐述本次案例分析会的主要目的。

（3）对录音情况进行说明　向参会人员阐述此次会议中所用到的录音的选取方式、数量、时长等情况，并告诉参会人员关注的录音重点。

（4）录音情况说明　在选取某个录音后，需要对该录音的情况进行简单说明，坐席代表情况、客户情况、是否有前期来电，如果该录音被质检抽取，应说明质检评分情况。

（5）听取录音

第一遍：整通播放，记录客户的问题以及整通话务的感知。

第二遍：随时暂停播放，坐席代表发现问题，思考问题，对比话术，解决问题。

第三遍：回顾性播放，更全面了解客户的问题所在，能更好体会客户的感知。

听过第一遍录音后，坐席代表对录音已经有了初步的了解，形成了自己的看法，第二遍则分段进行播放，参会人员共同讨论，充分剖析了解录音整体情况，有针对性地让坐席代表领会优秀录音的精髓，提炼优秀话术，并在坐席代表中推广应用，提高整体服务品质。

（6）整体讨论　通过多个录音进行播放和初步交流后，将整个录音情况进行汇总讨论，参会人员针对所有录音情况进行一个比较全面和概括的沟通，发现优点，找到不足。

（7）总结　听完录音，进行讨论后，组织者或者质检人员需要分别对录音情况、讨论内容进行总结和引导，对录音中好的方面给予肯定和表扬，对于不足的地方进行分析和引导，提供给坐席代表好的解决方法。

（8）演练　当参会人员经过讨论发现问题，并且找到了问题解决方案后，需要进行一个简单的演练过程来进行实践，可以两人相互练习，或者找人进行示范练习。

（9）效果评估表　案例分析会结束后，需要针对整个案例分析会的情况进行效果评估，由坐席代表针对这次会议填写一些评分和建议，以便下次会议能够更加成功。

（10）会后持续跟踪　案例分析会不仅要注重案例分析会的过程效果，还要进行会后跟踪。可以通过一周的观察期，抽听重点关注的坐席代表的录音，分析坐席代表是否有改善，没有改善的坐席代表要重新辅导，持续沟通直至坐席代表服务质量得到提升，做好服务质量提升工作的闭环。案例分析会后跟踪流程图如图4-4所示。

为了鼓励坐席代表将优化后的话术积极运用到工作中去，在接下来抽查的录音分析中针对改善明显的坐席代表可以重点标识，罗列一个进步名单。每天通过班会的形式给予表扬，同时进行适当的激励，这样在团队有利于形成积极向上的工作氛围，为新话术等优秀成果的运用提供良好的基础，从而真正实现通过录音分析，有效纠偏。同时将提炼出的优秀话术、工作技巧等运用到实际工作中去，起到推动服务质量提升的效果。

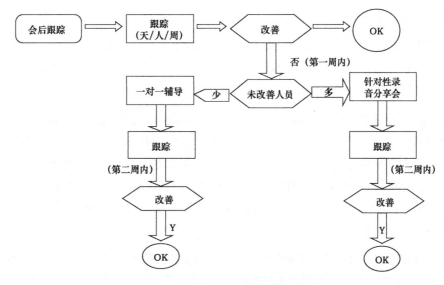

图 4-4　案例分析会后跟踪流程图

1. 案例分析会的要素

（1）时间　案例分析会通常占用时间较长，所以开会密度不宜过大，建议至少两周左右召开一次，如果工作情况能够允许，可以选在工作时间内召开，一般时长建议在 30~60 分钟之间，时间太短没有效果，时间太长会引起不满。

（2）地点　案例分析会需要用到音箱设备，所以基本上只能在会议室进行，除非特殊情况可能会在工作现场进行。

（3）参会人员　案例分析会需要听取录音和沟通交流，相对来说用时较长，所以人数不宜过多，以小组为单位进行比较合理，临时参会的人员可能会有经理、主管、质检人员等。

（4）组织方式　案例分析会通常由班组长或者质检人员组织，在会议室进行，偶尔也会由主管等进行组织，这种情况主要是为了统一解决部门所存在的某类问题。

2. 案例分析会的技巧要求

（1）养成分类储存录音的习惯　在每天的质检监听中会遇到许多较典型的录音，不论好与差，只要有代表性的都可进行收集，可建立一个文件夹对录音进行分类储存。比如，建立一个存放好的录音的文件夹、一个存放差的录音的文件夹，便于随时使用，而不是到了要做录音分析时才匆忙找几条录音，这样的录音往往没有什么代表性。

（2）素材整理和挑选　案例分析会以案例为会议内容，由于时间的限制，案例分析会要选择哪些案例，案例是否具有代表性，案例相关人员情况等都需要考虑进去，所以选择典型的素材是案例分析会能够成功的重要前提，对于选什么、怎么选一定要做到心中有数。

（3）质检人员整体形象　每周的案例分析会是质检人员与坐席代表进行业务沟通的交流平台。案例分析会的效果与质检人员有很大的关联。一位举止大方、穿着得体却不失端庄的质检人员，会使坐席代表对案例分析会有很大的参与积极性。

（4）沟通表达技能与现场控制能力　质检人员的沟通表达技能和现场控制能力直接影响案例分析会的效果。一位声音甜美、富有亲和力、音量适中、语言表达能力强且具备专业形象的质检人员会令人赏心悦目。如果质检人员音量小，吐字含糊，坐在后排的同事会听不清楚，影响会议效果。一般大型的培训均会使用话筒，以提高培训现场效果。如规模较大的情况下，质检人员有需要时也可使用话筒，同时在日常工作中可多看现场管理和控制现场氛围的书籍，帮助提高案例分析会的质量。

（5）扎实的业务水平　案例分析过程中，对于录音中坐席代表的话术是否标准，客户解决方案是否准确，处理的流程是否合理等都需要有一个非常准确无误的判断和解释，这就要求组织者一定要有很高的业务水平，否则会议结果就得不到坐席代表的认可，并且质检人员、运营管理者的威信也会受到损害。

（6）激发坐席代表思维　案例分析会除了进行讲解和分析之外，大多数时间需要坐席代表能够将自己的想法表达出来，所以一定要引起参会人员的兴趣，激发参会人员的思维，将每位参会人员的想法展现出来。

（7）引导话题观点　在整个会议的过程中，坐席代表思考问题的角度可能正确，也可能有偏差，那么就需要班组长能够及时准确地把握切入点，引导参会人员的思路能够向正确的方面发展，这一点对于组织者的能力要求较高。

（8）清晰的逻辑思维　案例分析会是一种以讨论为主的会议形式，每个人都会产生不同的观点和想法，那么要保证整个会议能够达到预期的目的，在引导参会人员观点的同时也应进行符合逻辑的表达，让参会人员能够自然地接受。

（9）较强的总结能力　会议结束前一定要进行再次回顾，将整个案例分析会的成果一一进行阐述，这样才能让坐席代表的思路更加清晰，防止出现讨论的时候热火朝天，讨论结束一哄而散，没有任何收获。

（10）案例分析对事不对人　首先，要强调案例分析对事不对人，目的是让坐席代表通过案例在以后的工作中扬长避短，同时点评录音应该将录音的优点和缺点相结合进行评价，如果把一个录音评得一无是处，可能会伤了坐席代表的自尊心，同时会影响质检人员跟坐席代表的沟通；其次，录音分析要有层次地进行，对于过长的录音，要分步进行点评。比如，录音中某个地方存在着不足或好的地方，可先暂停播放录音，就此先进行点评，这样可以加深坐席代表的印象，而不是等一个录音全部播放完后再进行点评，这样坐席代表往往只能记住其中的部分内容，难以全面认知。

任务拓展

1. 实训任务：阅读以下资料，以小组的形式开展案例分析会

1）按照资料进行角色划分。

2）对每个环节进行设计和准备。

3）模拟质检人员与班组长共同组织案例分析会。

2. 任务形式：13人一组，按照角色分别扮演质检人员、班组长、坐席代表和观察员

3. 任务时限：准备时间30分钟，演练时间10分钟

4. 任务资料

（1）小组资料　A组共13人，其中5名是老员工，入职时间都在两年左右，其他8名均是新来的员工，该小组自建立以来绩效指标一般；近期通过大家的努力，各项工作都有了很明显的进步，整个小组的业绩也有了提升。

（2）实训背景　最近一段时间小组整体绩效成绩中，客户满意度水平发生了比较明显的下降，而员工利用率也有所降低，而重复来电的比例也略微上升。经过和质检主管的沟通，发现最近的员工通话录音中确实存在一些问题，所以有必要进行一次案例分析会，来找到这几项指标发生变化的原因是什么，如何进行提高和改进。有几个情况需要了解：

1）录音大概4段，分别为2名老员工和2名新员工。

2）有1名新员工对于公布自己的通话录音非常不满。

3）个别员工对班组长和质检人员的分析并不认可。

4）有1名新员工一直不发言，怕得罪别人。

（3）角色任务安排

1）观察员角色：对班组长的表现进行点评和打分。

■ 实训内容：熟悉案例分析会的相关知识；认真阅读资料；仔细听取录音；了解情况后完成案例分析会组织情况评分表。

2）质检人员角色：配合班组长工作。

■ 实训准备：熟悉案例分析会的相关知识；认真阅读资料；认真听取录音并且进行质检评分；从自己职位的角度对内容进行分析。

■ 实训内容：注意观察所有人员的表现；解答坐席代表针对质检产生的一些疑问；配合班组长共同引导讨论方向，并且进行总结。

3）班组长角色：案例分析会的组织者，主持进行整个会议。

- 实训准备：熟悉知识点；熟悉资料；仔细听取录音资料；对录音资料和绩效数据进行分析；对人物角色进行分配；准备好相关工具和资料。

- 实训内容：按照要求控制整个案例分析会的流程；解决资料中所列出的一些问题；引导大家都能参与沟通和讨论。

- 实训结束：共同讨论整个会议还存在哪些问题；总结自己在会议中的表现。

5. 评估方法

观察员填写案例分析会组织情况评分表（见表4-4），其他人员填写案例分析会效果评估表（见表4-5）。

表4-4 案例分析会组织情况评分表

组长		部门		观察员	
项目	评分标准	分值	得分		备注
会议准备	1. 角色分配是否明确	5			
	2. 资料准备是否充分	5			
	3. 是否提前进行了会议通知	5			
	4. 录音文件和音响设备是否进行了检查并且进行了试播	5			
会议组织	1. 时间、地点、参会人员是否确认	5			
	2. 人员召集过程是否有序	5			
会议内容	1. 会议流程是否正确	10			
	2. 录音分析是否到位	10			
	3. 提出的问题是否进行了合理的解释	10			
	4. 是否正确引导大家讨论	10			
	5. 是否安排了主管进行发言	5			
	6. 是否动员大家参与发言	5			
会议总结	1. 会议总结是否全面	10			
	2. 是否达到预期效果	10			
合计					
整体评价					

表 4-5　案例分析会效果评估表

组长		质检人员		观察员			
请对下面每一项进行评价，在相应分数上打√							
	项目	很差	差	一般	好	很好	
会议内容	1. 案例是否具有代表性	1	2	3	4	5	
	2. 录音分析是否到位，容易接受	1	2	3	4	5	
	3. 自己的想法是否得到了充分的表达	1	2	3	4	5	
	4. 会议内容是否严格按照流程进行	1	2	3	4	5	
组织者	1. 组织者是否能掌握会议的进度，正确进行引导	1	2	3	4	5	
	2. 组织者是否调动了大家的积极性，共同参与了讨论	1	2	3	4	5	
	3. 质检人员是否对大家提出的问题都做了相应的回答	1	2	3	4	5	
	4. 班组长和质检人员的分析是不是准确到位	1	2	3	4	5	
收获	1. 对一些工作理念有了更深的理解	1	2	3	4	5	
	2. 获得了一些新的工作技巧	1	2	3	4	5	
	3. 通过录音分析发现了自己的很多不足	1	2	3	4	5	
整体评价	对这次会议的满意程度	1	2	3	4	5	
	平均分数						
整体评价							

对于本次会议，收获最大的是：

请对案例分析会提出自己的想法和建议：

说明：1. 本表格在会议结束时进行填写及时上交

　　　2. 为了提高会议的质量请认真如实填写

任务3 呼叫中心质检录音校准

任务情景

花花：查老师，我今天接到了一个班组长的申诉，说我的质检评分不准确。故意给他们组员多扣分，我该怎么办呢？

查老师：您之前也做过班组长，有没有遇到过这种情况呢？

花花：也遇到过，感觉被针对了，您知道坐席代表的质检成绩与坐席代表、班组长的绩效工资都是挂钩的，质检成绩不好，坐席代表与班组长要被扣工资的。所以，现在我做质检都是要做两遍检查的，知道座席代表的不容易，不希望出现错扣、误扣的情况。没想到还是会有申诉。说同样的问题，其他质检都不扣分，只有我扣了分。

查老师：别慌，现在大多数的企业都还是采用人工质检的方式，就算同一个人来评，也会因为主观感受不同，出现评分不同的情况。所以，我们每个月最少会做一次质检录音的校准。

花花：质检录音校准？查老师我今天的申诉录音，能不能请其他同事一起来校准呢？我想知道自己的问题在哪里。

查老师：可以，今天下午15点，我们质培部的所有同事共同开一场质检录音校准会吧。

任务分析

质量控制要遵循"公平、公正、客观、及时、正确"等基本原则，这是对质检工作整体的要求也是对每一位质检人员的要求。根据质检的原则，对每一个项目、每一个坐席代表的质量考核尺度应该是一致的，此为"公平"；在质检过程中，要严格根据质量标准的要求来执行，此为"公正"；质检人员在质检过程中，要以客观事实为依据，而不能靠个人主观判定，此为"客观"；质检工作必须及时，在项目启动时就需要深入开展，由于在项目启动初期，最易出现问题，所以，质检工作需要做到"及时"；从事质检工作的职员，需要具备纯熟的业务素养，有能力正确判定各种问题，对发现的问题要能够正确定位，此为"正确"。只有遵循这样的原则来开展质检工作，才能起到有效控制质量的目的。

虽然呼叫中心已经有了确定的录音评定标准，但由于个人的主观认识感受不同，同一个录音由不同的质检人员来评分可能产生很大的差异，为了使评分标准得到统一，质检录音校准是一项不可替代的工作。

本任务主要通过对疑义录音的处理及校准进行学习，从而能够真正做到"公平、公正、客观、及时、正确"地完成质检工作。

1. 疑义录音的反馈流程

质检人员依照质量监控标准对坐席代表进行日常监控，并在监控过程中发现问题，及时进行指正与辅导，提升坐席代表的服务质量。

如坐席代表对质检结果存在异议，可在3个工作日内提出申诉，填写申诉单，向班组长提交申诉单，班组长需将申诉单提交至质检人员，若确实存在偏差，质检人员在接到申诉单的第2个工作日组织召开内部复核会议，就申诉内容进行复核，复核时间控制在2天内。复核小组包括全部质检人员和质量控制经理。复核结束后的第2个工作日由质检人员向申诉人解释复核结果，同时将复核结果进行公示。

2. 疑义录音的申诉流程

1）申诉有效期为发布质检成绩评定日报的3个工作日内，否则视为认同，不予受理。如果坐席代表对录音评定成绩存在异议，在成绩公布的2个工作日内，可提交质检结果申诉单。

2）坐席代表质疑的问题由所带班组长首先给予分析讲解，坐席代表不认可再由现场主管进行分析讲解，若再不认可则提交质检结果申诉单至班组长，班组长提交给现场主管，现场主管提交至对应质检人员，质检人员提交至质检主管，质检主管接到申述单后2个工作日内完成申述处理。

3）具体操作如下：

➢ 坐席代表申诉需先经过班组长、现场主管审核后方可填写，提交给质量管理部门。

➢ 质检人员会同班组长、现场主管对申诉录音重新评定，并在当日提交评定成绩。

➢ 如果涉及客户感知的主观性扣分，由质检主管最终裁定。

➢ 班组长应将重新评定结果在1个工作日内返回给申诉人，并由申诉人签字确认后由质量管理部门负责归档。

3. 校准会的周期

1）新标准执行的第1个月，每周进行1次。

2）新标准执行的第 2 个月后，每 2 周进行 1 次。

3）新质检人员加入，随时进行一对一的校准。

4. 校准会的参会人员

质量管理部门所有人员、现场管理相关人员、坐席代表、第三方质检公司（如果有的话）。

5. 校准的方式

在校准会上随意抽取 2~6 个录音，由与会所有的人员进行评分，根据评分的结果对每个考核点进行校准，逐步达到统一的标准。

6. 监控校准的规则

监控校准分为监控尺度校准和监控标准校准。

➢ 监控尺度校准：评分者保持统一和准确的评分尺度，以保证质控工作的有效性。

➢ 监控标准校准：评分者使用统一的、唯一的质检标准，以确保质控工作的质量。

质检人员定期召开质检校准会。项目前期校准会召开的频率为每周 1 次，项目上线正常运行后，至少每月召开 1 次的校准会议。

质检人员定期与项目运营组长、质检主管召开质检校准会议。召开频率至少每月 1 次。

7. 偏差校准的计算

质检人员打分时，主要有 3 种行为特别值得关注。

➢ 最常打的分数：例如，打分的人在 100 次的打分当中，最常打出 80 分这分数，这是落点分析所说的"平均值"。

➢ 最高分和最低分的范围：有人会打出 20 分这种低分，有人内容不管有多差，最低只会打出 60 分，这在落点分析中称为"落点宽度"。

➢ 分数分布的形状：这是概率学上的落点分布，一般分布的图形是一个钟，钟的顶端就是平均值。有人打出的图形，是一个圆钟，有人打出的图形是一个方钟（分数大部分集中在平均值附近），有人打出的图形是一个很扁很矮的碗钟，如图 4-5 所示。

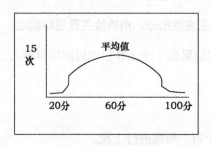

图 4-5　落地分布图

如果质检人员，在这3种行为特征上，表现得非常不一致，那被质检的人员，就会觉得很不公平，觉得标准不一致，打分方式不一致。

为了让质检人员在这3种行为上趋于一致，一般会先做出标准落点分布图，然后将每位质检人员的落地分布图与标准分布图做差异分析，让质检人员知道自己的评分行为跟其他人的行为差异有多大。

8. 校准记录

校准记录能够及时体现质量监控过程中的关键问题和趋势。需要将校准案例收集在校准记录中，分享坐席代表在处理客户来电过程中的最佳实践经验。与此同时，这还有助于运营管理人员向坐席代表提供他们所急需的培训或辅导。

1. 消除坐席代表对质检人员的抵触情绪

一名呼叫中心质检人员应认真完成每天的录音监听和质检日志。质检人员的主要任务不是挑出坐席代表的毛病，更重要的是帮助坐席代表认识到自己存在的不足，改善和提升坐席代表的沟通、挽留和销售技巧，提高整体坐席代表的服务水平，从而保证好整体的服务质量，最大程度减少投诉的发生；同时要坚定自己的立场，不要过于在乎坐席代表对自己的评价，而影响了工作状态。

呼叫中心坐席代表与质检人员的对立情绪是呼叫中心管理者面临的难题之一。这种对立情绪的存在会降低坐席代表绩效改进的意愿，引起坐席代表的不公平感，甚至拒绝与质检人员合作，进而影响整个呼叫中心的质量改进氛围。那么应该如何缓解或消除这种对立状态呢？

1）端正目的。坐席代表出现对立情绪的根源之一是坐席代表认为质检工作的目的就是要抓他们的"小辫子"，扣除他们的绩效考核分数，从而最终影响到他们的薪酬与回报。而质检工作的真实目的应该是帮助坐席代表提升他们的服务质量，多拿绩效分数，从而最终提高他们的薪酬与回报。其逻辑关系如下：

发现坐席代表质量缺陷→进行反馈与辅导→坐席代表后续改进→坐席代表绩效提升→质检成绩改善→绩效工资提升。

也就是说，质检工作的首要目的是帮助坐席代表提升与改进，而不是扣分与惩罚，后者只不过是一种督促与考核手段。而坐席代表不理解质检工作的主要原因在于很多呼叫中心不重视质检之后的反馈跟踪与辅导改善。没有人鼓励他们，其实他们做得好的地方远比不好的地方多得多；没有人告诉他们，做得不好的地方错在哪里，为什么；没有人教给他们，如何做，才能够改正错误。有的没有意识到反馈辅导的重要性，有的没有时间，有的人手不够，有的反馈只是走过场，并没有充分发挥反馈辅导的作用。坐席代表得到的只是一张张需要自己去看的改进意见单、一个个罗列的扣分点、一次次的排名表、一张张被扣得乱七八糟的工资条。所以，最终坐席代表对于质检工作持负面观点就毫不令人惊讶了。

因此，应该明白的是：监控收集数据，辅导改变行为。反馈辅导比监控更加重要。

2）树立典范。端正了目的，安排好时间、人力，开始认认真真做坐席代表反馈辅导工作之后，树立几个典范是有必要的。持续评估辅导后的坐席代表改善情况，发现那些改进提升最快的坐席代表，给予公开表扬与激励，并在他们的绩效薪酬中予以体现。当其他的坐席代表不断看到这样的场景后，"我要改进"的意愿就会越来越强烈。当然，这里还有一个前提，就是质量绩效的好坏真的会对坐席代表的最终薪酬及其他回报有很大影响。如果影响不大，就会有相当数量的坐席代表失去积极改进的愿望与主动性。

3）讲究方法。任何人都希望自己被尊重，都有自尊心，都好面子。有句话说得好，"如果你尊重他们，他们会为你赴汤蹈火，在所不辞；如果你不尊重他们，给予再多的物质金钱，他们也终将离你而去"。在给予坐席代表反馈辅导时，对坐席代表应有的尊重是最基本的要求。否则，就有可能好心办坏事。

虽然质检的出发点是好的，但结果并不一定如愿。具体工作中要注意两点。一是态度：不要给坐席代表感觉到不平等的或者是盛气凌人的架势，"我是来告诉你如何改正你的错误的"或者"我要找你谈谈"，这样会立刻触动坐席代表大脑中的"威胁反应"机制，潜意识的拒绝与抵抗就会发生作用。二是方式：有些培训老师讲到，给予别人负面的反馈前，最好先给予正面的反馈，而且这种比例最好是 5：1，且还要注意说话的用词与口气。另外，一定要"授之以渔"，这是坐席代表后续改进的关键。如果讲了半天，坐席代表对自己的错误完全认可，但就是没有人告诉他如何改正，怎样做才算正确，坐席代表的服务质量仍旧不会得到提升。

4）互动参与。最后比较重要的一点是，质检标准一方面要反映客户的需求，而另一方面则要充分吸纳坐席代表的意见。在标准的制定、修订和校准的过程中，一线坐席代表的积极参与以及对他们的意见与建议的吸纳，都是标准执行过程中得到他们的理解和认同的重要前提。而在标准执行过程中，不断倾听他们的意见与反馈，可使标准得到不断的修正与完善，这是整个质检工作不可或缺的一环。另外，有些呼叫中心还采取了同事相互监控的措施，让坐席代表亲自体验运用标准打分的过程，一方面可以相互学习与辅导，另外一方面也让他们体会到质检工作人员的工作流程与难度，从而多一些认同与支持。

2. QA 与 QC 的区别

现在很多呼叫中心很少区分这两个概念，事实上，质量管理（QM，Quality Management）严格意义上来讲应该包括 QA 和 QC 两部分职能。其中，QA（Quality Assurance）即质量保障，管理的对象是群体或流程，负责管理组织绩效，主要角色是制定质量管理办法并且监督质量管理办法的执行,而 QC(Quality Control),也就是平时说的质检,面对的是呼叫中心个体,承担执行质量管理办法的功能。QA 的业绩可以和部门绑定,但 QC 的绩效考核必须放在一个独立的部门里。QC 不能汇报给一线运营主管,因为 QC 和现场运营有利益上的冲突,所以必须背靠背。一般来说,QA 和 QC 要严格分开执行。

总结说明一下,QC 主要是以事后的质量检验类活动为主,默认错误是允许的,期望发现并选出错误。QA 主要是以事先的质量保证类活动为主,以预防为主,期望降低错误的发生概率。

1. 实训任务:阅读以下的案例,撰写一份读后感

谈谈你对质检工作的认识,如想要成为一名优秀的质检人员,应掌握哪些知识和能力。

2. 任务形式:个人独立完成,提交"案例读后感"Word 文件

3. 任务时限:60 分钟

4. 案例

质检人员的烦心事

呼叫中心的人没有几个会喜欢质检,包括本身从事质检岗位的人。

别的人不喜欢质检可以理解:有谁愿意接、打电话被人监听,偏偏干这事的人还是合理合法的,并且他还有权对你的电话横挑鼻子竖挑眼。

2012 年,我从别的部门转岗进入客户服务部,对于呼叫中心管理我纯属门外汉,当时的第一个想法就是提高服务质量一定要在质检上下功夫,只有通过质检狠抓通话质量才能在每月的全省评比中拿到好名次,于是想当然地干了许多现在想起来都觉得汗颜的事儿。

我做的第一件事就是要求质检员加大质检力度:原先每天抽听或监听 20 个坐席代表的电话增加到每天 30~35 个;坐席代表在与客户沟通中只要出现不好的情况就狠狠扣分,让前台的坐席代表们知道不好好接电话的后果是什么。

三个月下来,后果是质检人员和坐席代表一开会就吵架,多个坐席代表在宣传栏上贴纸条痛骂质检人员,还有就是员工辞职率飙升……

这完全出乎意料,当时真觉得痛彻心扉(当然这也是外行领导内行的必然结果)。痛定思痛,坐下来仔细思考这个问题:如何才能提升服务质量?如何才能让质检的工作卓有成效?

我们先站在前台坐席代表的角度换位思考一下:如果你整天要接几百个电话,面对形形色色的客户,有时还要受他们辱骂、百般刁难,时不时还要面对系统突然死机,另外还有多个

新业务知识等着你学……正当你身心俱疲的时候质检来了份报告，昨天你2次应答技巧不规范：语速较快、语言平淡、有吞字现象，要扣质检分。

如果你是坐席代表，你的感受如何？

我当下意识到质检的作用不是单纯的录音质检，更不是用来扣分的，而是要帮助坐席代表拿到满分！

大家都知道，坐席代表出现服务质量的差错有其自身的原因：业务不熟悉、接电话时心不在焉、学习能力不强、应变能力欠缺……但可能更多的问题来自于管理和组织的层面，如FAQ关键词查找不方便、没有总结和提炼话术、辅导培训不够、流程过于烦琐、班组长的现场支撑不到位等。所以质检如果只是单纯从录音监听上去裁定坐席代表的服务质量，只知道一味地扣分而不做任何的总结辅导，那么又有哪位坐席代表会对质检员没有意见？有本事你来接接看！

要想做好质检工作，我认为可以从以下几方面入手。

一、简化质检标准

有专家提出录音质检应只检查三项：

1）客户的问题有无解决。

2）客户感知如何。

3）公司利益是否受损。

其实越简单的东西越好去执行，也越好去评判。

很多大型呼叫中心的质检标准都有20条以上，甚至有的误认为条数越多越细，那么质检标准越专业，其实不然，试想一个质检员每天有数量的要求，然后还要填写表格、汇总，如果质检标准过多，质检人员的工作质量会不会下降？而往往复杂的质检标准也不能被运营部门所理解，到最后质检成绩成了鸡肋。

某大型呼叫中心的质检标准分了100项，这样的标准，质检人员苦，而一线坐席代表也苦。

所以，简化质检标准是非常重要的，建议最多不要超过15项，例如，一家电信公司的质检标准只有12项，但丝毫不影响他们成为国内呼叫中心的标杆。

二、奖励为主、惩罚为辅

以下是我在微博上看到的故事：一自助餐厅老板因顾客浪费食物而提出"凡浪费食物者罚款十元"，结果生意一落千丈。后经人提点将售价提高十元，标语改为"凡顾客没有浪费就奖励十元"，带小孩的家长给小孩"节俭天使"称号并送小礼物，结果生意火爆且杜绝了浪费行为！

将心比心，我们的孩子出来工作，挣钱不是唯一目的，但是挣不到钱是绝对不可以的。有谁愿意整天被人扣钱？！我们还是多想想如何奖励我们的孩子吧。

在此，我需要特别提醒的是慎用财务奖励！

很多管理者为了激励员工，会拍拍员工的肩膀说："好好干，干好了给你加钱！"

财务奖励往往容易扼杀本质的满足感，如果用钱来奖励孩子阅读，孩子就会为钱而阅读，而不是为阅读而阅读。同样，如果持续使用财务奖励来鼓励员工做本来就是他们职务内该做的事，极可能渐渐破坏、甚至摧毁来自工作本身的满足与成就感，同时也让员工忽略了做好工作的正当理由。

更好的激励是什么呢？它们是行为的自然结果。

为此，激励有几种方法可用：

1）呼叫中心需要有自己的价值观，激励要和价值观结合起来。

2）把短期利益和长期愿景联系起来。

3）把重点放在长期利益上。

三、抓重点问题，学会追根溯源

呼叫中心最难提升的指标就是录音抽查的质检成绩，这是呼叫中心公认的难题。为何？因为质检问题的辅导很难追踪改善效果。拿电信运营商来说，每个月总部业务抽查是各省呼叫中心工作中的重中之重，每个省都铆足了力气想要提升，可是要想有立竿见影的改善却难上加难。

呼叫中心各项业务知识很多，而客户的问题却五花八门，此月抽查发现坐席代表某项业务知识不熟，质检下大力气对该项业务加强培训，可是客户再也没问同样的问题。

所以单纯针对业务知识来辅导是无效的，与其整天抓住坐席代表的业务差错、专业用语、开头语，不如花点时间和力气去教教坐席代表们如何提升他们的应变能力、自我管理能力和思考能力。针对坐席代表欠缺的能力来辅导，收集整理坐席代表常犯的错误，归纳总结分析问题的根源，透过现象看本质，并形成相应的解决办法。

有项工具可能帮助质检去分析问题，找到问题的根源——质量管理控制图。

横轴是时间，纵轴取三个值：中间值取所有数值的平均值，上限是用平均值加一倍的标准差，下限是用平均值减一倍的标准差。针对坐席代表的某项服务质量波动较大，我们就可以采用"6、8、1、3、5"法则，找到异常情况的根源是什么，从而达到提升和改善的目的。

6：指连续6个指标往上或往下。

8：指8个指标出现在均值的同一边。

1：指1个指标高于三倍的标准差。

3：指3个连续的指标中有2个落在以均值为中心的两倍标准差之外（这2个指标不必连续）。

5：指5个连续指标中有4个落在以均值为中心的一倍标准差之外（这4个指标不必连续）。

可怕的不是发生问题，而是不知道为什么发生，什么时候发生！

四、用分群图来写质检报告

质检报告也是质检人员心中的痛。

质检人员千辛万苦写出来的质检报告：周报、旬报，还有年报，说实话，这一堆堆的数字、图表能被几个人真正看进去？因为厚厚的一沓，可读性不强，每个星期的内容基本一致，说来说去也就那几个问题，真不招人待见。同时，质检的同事也非常郁闷，辛苦了半天的成绩无人问津。

如果每份报告都能够发现问题、分析问题并且阐明解决问题的方法，质检报告写得人心服口服，质检员们也就不会觉得自己的工作是费力不讨好的吧。

很多人觉得呼叫中心的质检掌握着坐席代表的"生杀大权"，但是美国管理大师埃尔菲·艾恩告诉我们不要滥用权力，使用权力的代价太高：

首先，权力会破坏关系。

其次，权力将会引起排斥抗拒。

再者，权力的效果不会持久。

人们如果是纯粹被畏惧所驱而从事生产，一旦畏惧移除，其生产动机也随着消失。

所以质检员的工作不是用权力去扣分，而是要想着如何去帮助坐席代表提升改善。服务质量提升了，质检员的工作也有了满足感和认同感！当然，质检员们也要加强业务学习，常常校准录音标准。

项目综合实训

1. 实训目的

呼叫中心作为企业的服务中心、客户关系管理中心，或者称为客户关系维系中心，所提供服务的质量尤为重要。保证每一位坐席代表的服务质量就是在维护公司的形象与利益，是呼叫中心现场管理工作各个环节中重要的一环。

2. 实训要求

通过听取系统给出的某坐席代表与客户沟通的录音，结合录音质检反馈表完成录音质检。

1）查看"知识库"了解业务知识。

2）单击"工单",根据质检流程听取客户服务录音,完成录音质检反馈表。录音质检反馈表标 ※ 均为必填项。

质检判定：Y 表示通过、N 表示不通过、NA 表示不涉及,针对录音中反映的典型问题和优异表现进行点评。

3）要求完成录音质检反馈表、单击"确定"以示完成答题并及时交卷。

3. 录音质检评价标准（见表 4-6）

表 4-6　录音质检评价标准

评价内容	评定方法	评分标准	单项分值	总分值
录音质检	评委人工评分	能够准确客观进行录音评定	5	15
		能够精准描述录音评语	5	
		能够结合客户服务标准进行服务质量分析	5	

4. 系统操作

1）登录系统后单击"考试管理",选择"中级技能考核"。

2）选择"03-录音质检",单击"开始考试"进入项目训练。如图 4-6 所示。

图 4-6　项目训练入口

3）进入项目训练页面后，单击"答题要求"，如图4-7所示。阅读答题要求后，单击"确定"开始答题，如图4-8所示。

图4-7　答题要求入口

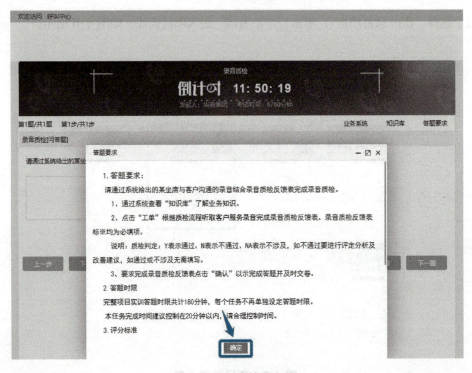

图4-8　阅读答题要求

4)根据答题要求,单击"知识库"了解业务知识,如图4-9和图4-10所示。

图4-9 业务知识入口

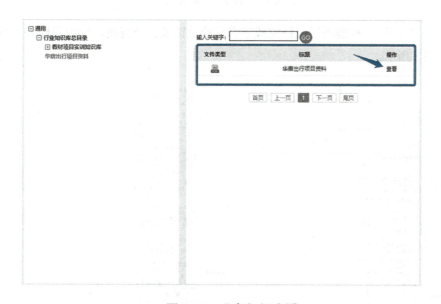

图4-10 业务知识查看

5)根据"工单"中质检流程单击"播放"按钮,结合客户服务录音完成录音质检反馈表,工单实时填写过程中需临时关闭工单请及时单击"确定",确保现完成工单内容已保存,避免工单清除,如图4-11所示。

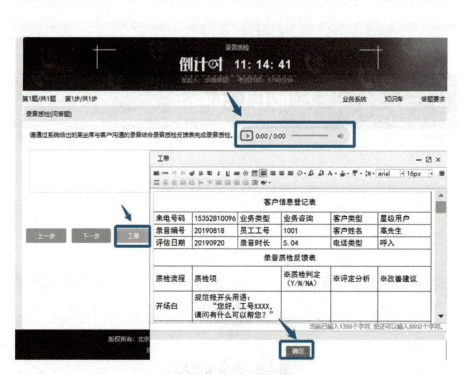

图 4-11　录音质检流程

6）单击“工单”，根据质检流程完成录音质检反馈表，录音质检反馈表标 ※ 均为必填项，如图 4-12 所示。

客户信息登记表

来电号码	15352810096	业务类型	业务咨询	客户类型	星级用户
录音编号	20190818	员工工号	1001	客户姓名	高先生
评估日期	20190920	录音时长	5.04	电话类型	呼入

录音质检反馈表

质检流程	质检项	※质检判定（Y/N/NA）	※评定分析	※改善建议
开场白	规范报开头用语：“您好，工号XXXX，请问有什么可以帮您？”			
尊称客户	一通电话至少两次以上带姓氏称呼客户 通话需要使用尊称“您”			
挖掘来电意图	1、认真倾听客户来电目的； 2、不打断客户且适当“附和”表示在倾听客户讲话，适时表示听到或者运用同理心认同客户			
	主动询问、采用封闭式提问，准确探寻客户问题，获得有效信息；			
	1、复述客户来电目的并获得对方确认； 2、复述过程中客户出现异议能够及时用提问的方式获得正确信息			
信息保密	对平台用户隐私及公司内部信息保密			
客户信息挖掘	1、索要客户手机号或者订单号； 2、结合实际提供解决方案			
退款/退订	车费到账/退款，能够按流程解释到账/退款途径（平台账户钱包中）			
投诉处理	1、投诉电话：结合场景先致歉； 2、能站在客户的立场上给予服务；明显语言表示对客户描……			
口语化	1、语言口语化（带有方言特点的口语化）严重；严重违背标准普通话——字音不准、用词方言化、用语生活随意、严重拖腔等； 2、书面语言无法口语化表达（明显可以判断出看读文本或语言无感情，与通话情境脱离） 3、无法与客户理解程度匹配（客户对所表述内容不能准确接收时，不能适时地用口语化语言进行解释和补充说明）			
禁语及忌语	1、非规范用语：喂、你、我不清楚、阿（升调）、得了、行了、OK、嗯（升调）、唉、； 2、不与客户说客户听不懂的专业术语。 3、给予客户肯定的回答，不使用“可能、也许、应该”；			
服务质量	1、吐字清楚、不会过快、过慢，语速根据客户需要灵活调整，整通电话的语速基本保持一致； 2、通话过程中语言缺乏情感带入，不能与客户达到语言同境； 3、音量、音质在通话过程中保持一致，带有积极态度和服务营销意识。 4、在沟通过程中抢话不能超过3次；			
普通话	标准普通话吐字清晰，能听清楚每个字的发音；			
※综合评定分析				
※质量改善计划				

图 4-12　录音质检反馈表

7)完成答题后,单击"交卷",显示"交卷成功!稍后窗口将自动关闭",单击"OK"按钮即可完成答题,如图4-13所示。

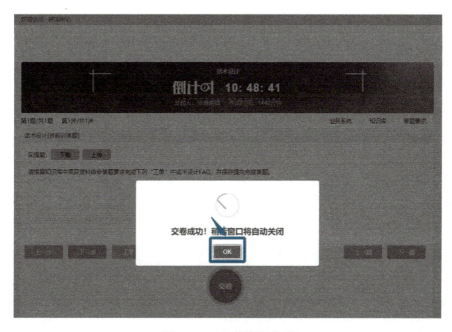

图4-13 完成答题交卷

Project 5

项目 ⑤
培训课程设计实施

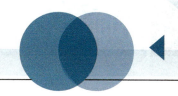

项目描述

又到了新一轮的轮岗了,花花通过电话销售、投诉处理、班组管理、质检管理等多个岗位工作,已经掌握了呼叫中心管理的必备知识和技能要求,成长为一位优秀的呼叫中心从业者。

今天,主管通知花花要到培训师的岗位进行学习,花花信心十足,因为不管是在班组长还是质检的岗位上,花花都会面对员工进行辅导,也曾在班组小范围内开展培训。能够走上"培训师"的岗位也是她梦寐已久的。她知道,"培训"不仅是培训师的工作,更是所有管理者都应具备的能力,管理者想要有一支实力强大的工作团队,人才的培养是首要任务,掌握"培训技能"可以帮助呼叫中心的管理者走得更远。

呼叫中心属于人员密集型企业,拥有几百人、上千人甚至于万人的规模,新员工的入职和老员工的提升都需要培训提供强有力的支持,所以呼叫中心的培训需求相对其他行业要更高。

培训师是呼叫中心行业灵魂的构建者,是帮助坐席代表成长的老师和朋友。培训工作需要不断挑战、不断超越,呼叫中心行业飞速发展,新的需求、新的业务、新的模式不断更新,对于培训师而言也就意味着需要不断地超越自己才能够顺应时代的发展,满足企业的需要。

项目内容

培训需求分析

培训课程设计

培训课件制作

培训组织实施

呼叫中心客户服务与管理（中级技能）

任务 1 培训需求分析

花花：查老师，我今天成为一名真正的培训师，太开心了。

查老师：恭喜你！花花，培训工作可以说是集基层运营管理之大成，相信你借由丰富的项目经验，定能在培训的岗位上发光发热。

花花：谢谢查老师的祝愿，我也非常期待能够真正做好培训师的工作，那我什么时候可以开始上课呢？

查老师：上课啊？那你知道你要给他们上什么课吗？

花花：嗯，我听过咱们单位的培训课，不就是些业务知识吗？

查老师：那你可就太小看培训的工作了，培训的内容我们要有充分的需求分析，不能为了上课而上课，要有针对性地开展，真正帮助坐席代表提升才算有价值。

花花：听您这么一说，我真的太自以为是了，把培训想象的过于简单了。

查老师：没关系，我们一步一步来，今天我先告诉你该如何分析培训需求。

任务分析

培训需求分析是指在组织培训活动之前，培训师通过各种方式和办法来对部门工作水平、员工技能知识等进行了解分析，从而确定培训工作的必要性和培训内容，这是培训的一项基础性工作。每家呼叫中心对培训工作都非常重视，投入的资源也逐年增加，但是很多呼叫中心的培训工作比较盲目和粗糙，经常去参考其他公司的课程甚至直接照搬教材用于自己的培训工作，效果往往不佳并导致资源白白浪费，所以只有通过科学的需求分析才能真正做到"因材施教"，提高培训工作的质量。

培训需求通常包括三个层次：第一个层次是组织目标的分析，也就是战略的分析，培训规划的设计是否与组织的战略目标相一致，组织目标清晰明确，那么培训规划也会容易确定；第二个层次是工作的分析，培训最重要的目标是为了更好地完成工作，使绩效达标，通过培训带来知识技能的提升，完成工作任务的要求；第三个层次是员工的分析，员工实际能力与其职位要求之间所存在的差距或者差异，是需要通过培训工作加以解决的。

通过本任务的学习，学生可以掌握培训需求分析的步骤、方法，能够运用培训需求分析，梳理各层级的培训要求，从而确定培训内容。

1. 绩效分析法

呼叫中心的运营管理主要是依赖于绩效管理，呼叫中心的绩效管理不仅涵盖了公司的战略，并且包括了几乎所有的呼叫中心工作内容，通过每周或每月的绩效考核数据，能够反映出部门整体的工作情况，较为准确地把握问题，而培训工作的主要目的是为了提高呼叫中心的绩效指标，减少实际绩效和目标绩效的差距，因此分析个人和团队的绩效考核情况是一种非常有效的培训需求分析方法。

绩效分析法需要通过以下几个步骤来实施：

明确绩效现状 → 确认绩效标准或绩效目标 → 确认绩效现状与绩效目标之间的差距 → 分析差距产生的主要原因 → 根据原因来确认培训需求和培训对象 → 针对培训需求和培训对象制订培训计划。

根据某呼叫中心一段时期的坐席岗位绩效对比情况来进行培训需求分析，具体数据见表5-1。

表 5-1　坐席岗位绩效对比

绩效数据	2020 Q1	
组别	客服呼入组	
指标	现状	目标值
平均就绪时间	0.42 min	0.2 min
平均通话时间	3.1 min	2.5 min
平均案面时间	1.8 min	1 min
平均其他时间	1 min	0.5 min
平均处理时长	4.32 min	3.7 min
平均上线总时间	7.3 h	7.8 h
平均员工利用率	84.20%	88%
平均接话量（每日）	64 个	100 个
放弃率	5%	3%
24 小时呼叫重复来电率	16%	10%
24 小时事例重复来电率	12%	5%
工单记录率	94%	98%
平均满意率	83%	90%

（续）

绩效数据 组别 指标	2020 Q1 客服呼入组	
	现状	目标值
平均一般率	14%	9%
一般原因1（服务）	3%	1%
一般原因2（产品）	9%	5%
一般原因3（其他）	2%	3%
不满意	3%	1%
不满意原因1（服务）	0.5%	0.1%
不满意原因2（产品）	1.7%	0.5%
不满意原因3（其他）	0.8%	0.4%
IVR 转接率	86%	95%
用户做 IVR 率	76%	83%
投诉量	17	10

根据表 5-1 指标内容，按照绩效分析法的步骤填写表 5-2 的内容。

表 5-2　培训需求绩效分析

培训师		时间	
绩效数据	2020 Q1	组别	客服呼入组
1. 通过绩效数据来看哪些指标与目标值差距较大？			
平均就绪时间、平均案面时间、平均接话量、24 小时 Call 重复来电率、平均其他时间。			
2. 列举重点指标与目标值产生较大差距的原因。			
平均就绪时间：排班不合理、现场管理有问题。			
平均案面时间：打字速度慢。			
平均接话量：现场管理和绩效管理有问题。			
24 小时 Call 重复来电率：员工业务能力不足。			
3. 根据以上分析得出的原因描述培训工作重点。			
比赛考核、业务知识培训、绩效管理培训、现场主管培训、排班情况沟通会。			

2. 问卷调研法

问卷调研法是培训工作中最常见的一种调研方式，是从管理者和员工的角度直接获取培训需求的方式。它以一种标准化的问卷形式列出一系列的问题，要求调查对象进行回答，可以通过电邮、网络在线或直接发放纸质问卷的形式进行。

要完成一份调研问卷通常需要以下步骤：

确认需要了解的事项 → 分别用开放式和封闭式问题进行提问 → 编辑问卷，调整好格式 → 检查和修正 → 请人模拟测试 → 组织实施调查 → 结果评估分析 → 制订培训计划。

调研问卷的设计要注意以下问题：

1）问题要清晰，不产生歧义。

2）语言简洁不啰唆。

3）尽量以匿名方式进行。

4）有一定比例的开放式问题，以便员工反馈真实想法。

问卷调研法虽然是最常用、最直接的一种调研方式，但是也存在弊端，因为调研对象通常为员工，所以调研结果往往与部门期望略有差异，比如大多数员工的培训需求会倾向于非工作性质或通用型知识培训内容，有时因为员工的出发角度不同，而导致调研结果有所偏差。所以，调研问卷的设计一定要将调研内容限制在一定范围之内，具有明确的目的和方向，这样才能够保证调研结果的科学性和有效性。

3. 胜任力分析法

呼叫中心对所有的岗位尤其是一线员工都建立了胜任力模型，所谓的胜任力模型简单地讲就是指公司或者组织对某一个岗位，依据其职责所提出的能够完成本职岗位的能力要素。该模型能够指明从事该岗位的人需要具备怎样的能力才能够较好地完成相应的职责。

胜任力分析有两个步骤：第一，要明确具体的职位需求，要求人员具备怎样的知识、技能、态度和价值等；第二，要对现有的人员情况进行评估，通过评估来进行培训需求的确定。

但是此方法有一定的缺点，首先胜任力模型的准确度会直接影响培训需求的结果；其次胜任力模型通常比较固定，很难适应业务内容和工作环境的快速变化。

> **试一试**
>
> 根据实际工作情况结合表5-3自行设计制作胜任力模型，并对某员工进行胜任力评估，并完成培训需求分析表（见表5-4）。

表 5-3 胜任力评估表

评估人		被评估人		评估时间	
类别	层面	定义	评分	评分标准	
基本指标	学历	该岗位必需的学历要求			
	工作经验	到岗之前的工作经历			
	知识基础	对坐席代表岗位相关知识的掌握和应用			
	普通技能	对坐席代表所需具备的常用技能的掌握			
	……				
专业技能	沟通技巧	与客户及同事的沟通协调能力			
	情绪控制	工作中遇到压力自我调整的能力			
	打字速度	工作中打字速度			
	普通话	语言表达使用标准普通话			
	软件操作	常用软件的使用能力			
	……				
深层指标	责任感	勇于承担责任，具备完成任务的意识			
	成就欲	高标准严格要求自己			
	服务意识	为客户和同事提供热情的服务			
	学习能力	自主进行知识学习，提升自己			
	执行力	能够严格贯彻上级下达的工作任务			
	团队合作	尊重他人，站在他人或集体立场考虑问题			
	创新	热爱本职工作，不断改善工作			
	忠诚度	为公司积极工作，维护公司声誉			
	正直诚信	言出必行，在团队中树立威信			
	……				
合计					

表 5-4　培训需求分析表

培训师		时间	
被评估人		岗位	

1. 通过评估打分，主要差距体现在哪几个地方？

2. 存在这些差距的主要原因是什么？

3. 根据这些原因如何确定培训重点？

4. 如何具体进行培训工作安排？

4. 经验判断法

培训需求具有一定的规律性，尤其是在呼叫中心行业，工作特征明显，所以对于经验比较丰富的培训师或管理者而言，即使不进行直接的需求调研也可以确定很多培训内容。例如，新员工的课程、新任班组长的课程以及新业务上线所需要的课程等，甚至根据公司的发展阶段、管理层的水平、员工的学历、年龄特点等也能够进行相关的培训安排。

但是经验判断法很明显的问题就在于培训师或者管理者的自身水平直接决定了培训的开展，具备过多的主观性，所以存在一定的风险。

5. 关键事件法

关键事件法就是针对公司或者部门起到关键性积极作用或消极作用的事情进行分析。对于呼叫中心来说，所谓的关键事件包括数量较多的表扬或投诉、用户满意度发生较大变化或续约率突然下降等，这些关键性事件或现象看似偶发，但是往往代表了普遍存在的问题或隐患，对关键事件的起因、背景、员工行为等都要进行具体的分析。

关键事件法需要做好两个工作：一是完善日常的工作记录，对于呼叫中心来说要坚持日报、周报、月报制度，做好信息留存；二是需要定期对事件进行分析，找出问题点，来确定培训的需求。

6. 观察法

观察法是培训需求获取的一种重要形式，通常呼叫中心都会要求培训师平时也能在现场接线或指导员工工作，了解员工的工作态度、技能掌握程度、工作效率以及工作中所面临的各种问题等，通过这个过程来搜集培训相关的需求信息。

观察法是一种简单原始的培训需求分析方法，通过工作实践或与现场员工的直接接触，掌握第一手信息资料。

观察法的运用要注意两点：一是观察者要对员工的工作有深刻的了解，知道其行为标准；二是现场观察或工作时尽量不要影响被观察者。

观察法也存在一定的缺陷：一是耗时较长；二是培训人员自身技能水平和被观察者的技能水平都会对获得的信息产生影响，带有主观性；三是观察法只能对工作的部分内容进行了解，无法进行全面掌握。

1. 培训需求产生的原因

1）公司经营战略在不断地进行调整，而公司的不同经营战略对人员的要求是不同的，公司员工就需要去适应不同经营战略下的工作环境和任务，所以会产生培训的需求。

2）工作环境和内容的变化，对于呼叫中心而言，系统平台及使用工具都不断地在发生变化，而新业务的上线和业务内容不断地调整都需要员工不断地进行学习，甚至于组织结构的调整和管理风格的改变，都要求员工能够及时适应，重新定位。

3）呼叫中心人员流失率较高，人员结构不断地发生着变化，无论是背景、年龄还是在岗时间都一直处于一个动态的变化当中，只要人员发生变化，工作上就会出现很多的问题，需要通过培训工作来进行解决。

4）呼叫中心工作内容较为枯燥，但是绩效指标要求却很高，因此，无论在员工的心态、技能水平还是人员素质上都需要通过培训工作来进行提升。

2. 呼叫中心培训师应具备的素质

培训行业的角色定位和工作内容决定了要成为一名合格的培训师，就需要具备各种相应的专业素质。当然，没有人天生就是培训师，通过一些专业的训练，很多人都会顺利地走上培训的道路。

（1）写作能力　写作能力是培训师综合素质的一种体现，很多培训师也是撰稿人或者书籍作者，这方面的能力不仅仅表现在办公文档的写作和课件的制作上，还体现在思路梳理和文字整理上。

呼叫中心的培训师都会给自己的课程写教案，通过教案的形式来引导课程的进行，完善讲课的内容，在培训过程中，往往一句话甚至一个字也需要斟酌而定。

写作能力注重积累和练习，只有通过平时的积累和不断的练习才能够逐步提高写作能力，为自己的培训工作打好基础。

1）素材的积累。俗话说"读书破万卷，下笔如有神"，写作的前提是需要有足够的知识积累，需要通过大量的外部信息来进行补充，随时搜集生活中的点点滴滴，做到平时备，忙时用。

2）语言的积累。我们有时候会说某位培训师语言功底非常厉害，即便是很简单的内容也能说得十分精彩，让大家听得津津有味，这种能力也需要依靠日常的收集整理和学习才能获得。

3）体验的积累。在呼叫中心，培训师大多都是从优秀的一线员工选拔上来，通常都具有丰富的工作经验，在平时也需要参与一线的工作及其他工作，只有这样才能真正地换位思考，从员工的角度去理解问题，才能真正地将理论与实际完美地融合起来。

4）刻苦的练习。写作能力是练出来的，阅读、观察和思考只是写作的准备工作，要想下笔如有神，还需不断地进行练习，只有多写才能熟练，熟练才能生巧，才能让自己的文笔越来越好。

通过写作，培训师能够对自己的知识进行梳理，理清自己的思路，这样在培训时才能够将自己掌握的知识应用自如，词汇使用得心应手。

（2）语言表达能力　语言表达能力被认为是培训师最重要的能力之一，是培训师的基本功，因为无论课程准备得多么充分，课件制作得多么精彩，都需要最终通过语言来进行表达。尤其是对于呼叫中心来说，讲普通话更是呼叫中心从业人员最基本的要求。这里所说的语言表达能力包含了两个部分，一个是语言，另一个是表达。

对于语言的应用主要包含：

1）普通话、英文发音。培训工作大多都是用普通话进行，非常标准的普通话一定会给培训师的培训加分，所以一定要消除方言性的读音，避免读错音调，这样才能达到培训师的基本要求。

虽然呼叫中心的培训都是用中文来进行的，但是英文单词和英文专业词汇在培训过程中会常常出现，所以对这些常见的英文单词的发音也要进行确认和练习，防止在培训过程中读错。

2）语气语调。语气语调能够充分表现出培训师的思想情感，是对培训内容的一种诠释，通过对语气语调的灵活应用，培训师可以对培训的内容进行精确地表达，带动现场气氛。

3）语言节奏。培训过程要富有节奏感，不仅各种授课方式要进行有机的结合，并且内容的安排上也要做到疏密相间，错落有致，只有整个课程节奏感强，才能给员工带来有张有弛的心理节律，让学员抓住培训重点，保持高昂的精神状态。

（3）学习能力　学习能力一般是指人们在正式学习或非正式学习环境下，自我求知、做事、发展的能力，它包含了多种能力，比如观察力、记忆力、概括能力、注意力、理解能力等。呼叫中心的培训师需要不断地接触新的业务内容，不断地进行修正和调整，随时给予一线最准确的业务信息，无论是培训技能的学习还是业务方面的学习，都要满足业务发展的需求，满足团队的需求，所以高效的学习能力是呼叫中心培训师必需具备的重要能力素质之一。提高学习能力的方法包括以下几种。

1）做好内容的甄选。作为培训师，要根据公司的要求和员工现有基础以及员工特点来对培训内容进行甄选，对培训内容的重要性和紧迫性进行区分，只有这样，培训师才能够将有限的时间和精力放在新知识的学习和理解中，才能够提升自己的学习能力，提高学习效率，并且满足课程需要。

2）树立正确的态度。培训师要清楚自己在组织中的位置，了解到自己的重要性，了解到知识内容的掌握对团队起着至关重要作用，这样才能够积极主动地进行学习；培训师虽为人师，但是要放弃自己固有的成见，保持空杯心态，接受新的知识和新的理念。

3）做好知识管理。培训师接触的知识内容比较繁杂，涉及很多方面，所以要了解自己的知识结构，进行科学的学习，才不至于浪费时间和精力，并且要对知识的存储、知识的分类、知识的回顾等各个方面都要进行科学管理，这样会大大提升学习的效能。

（4）具备逻辑思维能力　逻辑思维能力是指正确、合理思考的能力，是指人们在认识过程中借助概念、判断、推理来反映客观现实的理性认识过程，即对事物进行观察、比较、分析、综合、抽象、概括、判断、推理，采用科学的方法，准确而有条理地表达自己思维过程的能力。

一名培训师需要具备较强的逻辑思维能力让整个课程变得有条理，让员工对课程内容有一个正确的理解过程。

常见的逻辑思维方法有以下几种。

1）演绎推理。演绎推理就是由一般性前提到个别性结论的推理。例如，大多数呼叫中心的呼入电话平均处理时长为6分钟，那么新建的呼入型呼叫中心平均处理时长也应该在6分钟左右。演绎推理通常都是通过两个判断来得出第三个判断，所以也叫作"三段论"，比如上面的例子中，大多数呼叫中心呼入电话平均处理时长都是6分钟左右，这是大前提，提供了常见的数据，第二个判断是新建的呼叫中心也是做呼入，这是小前提，于是通过这两个判断，可以得出的结论就是新建的呼叫中心呼入平均处理时长也应该在6分钟左右。

大前提是正确的，而且推理形式是符合逻辑关系的，那么推理得出的结论也是正确的，虽然新建的呼叫中心还未开始运营，虽然业务内容还没有确定，但是演绎推理出来的结果仍然具有应用价值。

2）归纳推理。归纳推理和演绎推理过程相反，归纳推理是通过个别性知识推出一般性的结论，举例来说，正方形内角和为360°，梯形内角和也是360°，长方形的内角和也是360°，那么就可以推出只要是四边形，则内角和均为360°。

归纳推理分为完全归纳和不完全归纳两种，完全归纳是指对某类事物进行全部考察而得出必然的结论，而不完全归纳是对部分个例进行考察后得出普遍性的结论，不完全归纳要尽量多地枚举个例，避免以偏概全。

3）实验法。实验法是指为了某一目的，人为安排的研究活动。实验法的特点是必须能够重复进行，即在同样的条件下重复做同一个实验，得出同样的结论，这是一种科学的逻辑推理方法。

比如，呼叫中心在对新的业务制定绩效标准时，通常都遵循实验法。比如，在新业务上线后，会按照一定标准挑选几名员工来处理新业务的问题，通过观察和数据分析，来确定该业务线的员工每天的各项指标标准。

4）比较研究。比较研究是指通过研究多个对象的同或者异来获得新知识的方法，从根本来讲也是一种演绎和归纳的思维方式。比如对员工成长过程进行前后比较、优秀员工与普通员工进行比较，来找到改进工作的新方法。

5）证伪法。证伪法也叫作反证法，通过证明一个结论是错误的同时来证明另一个结论是正确的，最著名的案例就是如果"所有的天鹅都是白色"这个命题是正确的，只要能够找到一只黑色的天鹅，那么就可以证伪"凡天鹅皆白"。

（5）创新能力　创新能力是优秀培训师的标志，无论培训师的资历多么深厚，经验多么丰富，都要紧跟时代的变化，符合公司的发展，才能让培训工作水平不断提高。尤其是呼叫中心培训，大多仍以业务内容为主，培训对象范围比较广，所以无论在培训内容、方式、手段、工具上都要不断进行新的尝试和创新，主动接受新鲜事物，才能提升培训时效性和价值。

对于培训师而言，内容的重复难以避免，但是优秀的培训师会将每次培训都当作一次超越的机会，每一次的培训都要比上一次更加精彩，只有这样才能够不断地提高员工的满意度，得到部门领导的认可。

（6）沟通协调能力　沟通是人们基于某种目的和需求，通过语言、文字、图像、行为等多种方式，交流思想和观点、相互了解、获得支持、达成共识、实现组织和谐有序发展的一种行为。

协调是指运用各种方法、技巧，对影响因素及其相互关系进行合理的配置、调整，使各个环节、各个要素及各个方面的行动能够一致。

培训师在日常工作中会面临很多的沟通和协调,从课程的设定到场地、时间的安排,再到日常培训中出现的一些问题,都需要不断地进行沟通协调,因此,对培训师而言,良好的沟通协调能力必不可少。

在沟通协调过程中要注意以下原则:

1)准确清晰的表达。内容和概念一定要清晰明确,表达方式要合适,让对方能够很清楚自己想表达的内容,千万不要含糊不清、拐弯抹角,防止出现误解。

2)双向沟通。沟通一定是双向的,否则就成了要求和命令,所以在表达自己想法的过程中,要让对方能够进行意见反馈,及时了解对方的想法。

3)要有礼貌。培训师在工作中的沟通协调往往都需要对方进行配合,保持一个谦逊的态度是顺利沟通的基本要求,要注意语气、语调和对方的一些反应。

4)不带情绪。沟通协调唯一的目标是达成一致,如果带有情绪,会直接影响沟通的效果,给对方带来不好的感受,所以工作沟通是为了达成某项工作目标而进行的,决不能掺杂自己的感情及喜好。

5)尽量面对面。在条件允许的情况下,尽量能够面对面沟通,这是因为文字沟通不仅效率较低,而且经常会产生误会。面对面沟通会让对方对谈论的事情更加重视,当然面对面沟通后也能尽量通过邮件进行确认,万一出现问题时能够有据可查。

6)灵活处理。沟通协调的目的不是为了让对方一定按照自己的意愿来进行,而是相互协商的一个过程,所以随着客观条件的变化,要注意沟通的内容,必要的时候要进行让步和妥协。

7)提前做好准备。沟通需要沟通的双方或多方都付出时间和精力,所以为了提高沟通效率,首先要对沟通对象进行基本的了解,熟悉其相关信息及性格,以便选择适合的沟通方式,其次要对沟通的内容进行加工,尽量突出重点,节省沟通的时间。

8)切不可妄下结论。沟通过程获得的信息如不充分,不要在讨论的过程中匆忙下结论,更不要与对方争论,应当掌握机会进行二次沟通。

9)积极给予反馈。当对方表达自己的想法、阐述自己的意见时,要积极地给予肯定、称赞的正面反馈,让对方感到被重视和被尊重。

10)换位思考。沟通过程中,如果能够站在对方的角度来考虑谈到的问题,那么就能更加理解对方的想法,从而提出双方都能够认可的建议,从而降低沟通成本。

11)创造良好氛围。环境氛围会直接影响沟通的进度,所以尽量创造一个轻松的沟通环境,会收到意想不到的沟通效果。

12)沟通后适时维护。俗话说一回生二回熟,培训师经常要面对不同部门、不同职位、不同性格的人进行沟通协调,一次沟通后,要适时地进行联系,确保下次沟通时能够相互配合,提高效率和成功率。

(7)应变能力　应变能力是对培训师比较高的一个能力要求。由于培训工作是动态进行的,所以培训师的应变能力则会涉及以下方面:无论是时间、地点、规模、类别、现场环境以及资料的情况经常都会根据具体情况的不同而发生变化,所以如何快速适应和调整,对培训师而言是一个不小的挑战;尤其是在呼叫中心,经常会出现培训人数、培训时间、培训场地的变动,培训师都要及时进行调整。

1. 实训任务:邀请 10 位同学分别填写培训需求调查问卷(见表 5-5),根据小组人员的调查结果共同填写培训需求调查结果分析表(见表 5-6)

2. 任务形式:分组进行,每组 12 人,汇总调查结果后进行小组讨论展示

3. 任务时限:调研时间 60 分钟,小组讨论 20 分钟,小组展示 10 分钟

表 5-5　培训需求调查问卷

亲爱的同事:

　　为了更好地了解大家对培训工作的需求,让 2021 年度的培训工作更有针对性和实效性,特进行一次培训工作的调查,敬请给予宝贵的意见。我们将在您反馈意见的基础上制订明年的培训工作计划,本调查问卷内容严格保密。

业务组		填表日期		岗位	

培训实施

1. 您更倾向于哪种培训形式?

□邀请外部讲师来公司授课　　□受训人员去外部机构参加培训

□公司内部讲师授课　　□沙龙形式的交流与分享

2. 您认为哪种讲师最受欢迎?

□理论性强,站的层次高　　□实战性强,贴合一线工作

□案例丰富,参与性强

3. 一次课程时长多久比较合适?

□2~4 小时　　□7 小时

□14 小时　　□无所谓

（续）

4. 什么时候培训比较合适?

☐ 晚上　　　　　　　☐ 工作时间段内

☐ 周末　　　　　　　☐ 工作日和周末各一天

5. 大概多久实施一次比较合理?

☐ 每月一次　　　　　☐ 每季度一次

☐ 每半年一次　　　　☐ 每年一次

6. 在培训工作实施方面，您还有哪些建议?

培训内容

1. 您觉得以下哪个类别的内容必须掌握?（多选）

☐ 企业及部门文化　　☐ 行业背景

☐ 职业规划　　　　　☐ 绩效考核标准　　其他:＿＿＿＿＿

2. 以下哪些技能是您希望尽快提高的?

☐ 打字　　　　　　　☐ 软件操作

☐ 沟通技巧　　　　　☐ 情绪管理

☐ 自我解压　　　　　☐ 服务意识

☐ 服务技巧　　　　　☐ 电话营销

☐ 投诉处理　　　　　☐ 阳光心态　　其他:＿＿＿＿＿

其他反馈

1. 请问您在日常的工作中经常遇到哪些困难?

2. 您希望在哪些能力上得到提升?

3. 您希望培训部门能够为您做些什么?

表 5-6　培训需求调查结果分析

培训师		时间	
岗位		业务组	
1. 调查问卷结果显示，培训实施需求主要集中在哪些方面？			
2. 调查问卷结果显示，培训内容需求主要集中在哪些方面？			
3. 坐席代表有哪些好的建议和意见？			
4. 如何具体进行培训工作安排？			

类型	主管意见	经理意见	培训方案
知识类	知识库使用和维护不足	对业务知识的重视程度不够	知识管理培训
	业务知识掌握较差	业务知识不熟练	业务培训、业务考试
	基础知识薄弱	工作经验和阅历缺乏	基础知识比赛
	行业知识缺乏	刚刚进入行业	行业介绍
其他	话务量预测困难	新业务没有足够的历史数据作依据	话务预测方法培训
	排班准确度较低	缺乏排班技能	排班技能培训及排班情况分析
	数据报表不规范	对数据管理不够重视	基础数据分析培训
	质检标准不准确	质检标准和内容过于单一	质检方式及标准培训、多方质检沟通会

任务 2　培训课程设计

任务情景

花花：查老师，我按照您的要求分析了近期员工培训的需求，打算下周开展针对一线员工技能提升的培训。

查老师：嗯，当然可以，说说你打算给同事们培训哪些内容呢？

花花：嗯，通过数据分析发现员工的话后处理时间长，打算给大家培训下话后处理的方法，我听录音时发现员工在应对投诉过程中，不能很好地识别客户的情绪，我打算再加一点客户心理和沟通技巧的培训，还有，在参加早会的时候发现大家最近的工作积极性有点下降，我还打算提升下他们士气，还有……

查老师：看得出，花花你做了很多的准备，从各个方面都发现了员工培训的需求，分析的也很到位。

花花：嘿嘿，这些都是您教的。

查老师：非常好，但这些内容，你考虑过该怎么整合在一起吗？做好一场培训，不单单只有台上的几十分钟，更主要的是要做好课程的准备，这其中最重要的就是进行课程设计和课件制作。这样才能确保我们的培训效果。

花花：明白了，查老师。我这就整理培训思路和内容，把课件制作好再请您给我提提意见。

查老师：好，那给你 2 天的时间去准备一下。

任务分析

课程设计是培训师必备的技能，一个好的课程设计能够起到事半功倍的效果。课程设计以目标为导向并最终通过相应的形式和结构来解决实际问题，提高课程的成功率。

在整个课程设计的过程中，需要将课程主题、素材资源、培训形式、授课方法、教学策略等诸多因素进行系统、巧妙地设计与组织，最终将这些综合的资源转化为相应的解决方案，并通过适当的授课技巧将这些资源转化为培训成果，最终达到培训目标。培训课程设计直接决定着课程的质量，也直接反映了培训师的综合能力。

本任务要求学生掌握培训课程设计与制作的相关知识和技能，完成培训目标的设计、课程内容的准备、课程大纲的制作等具体步骤。

1. 培训目标的设计

培训目标就是指培训工作的目的和期望达成的效果，目标的确定可以针对某一个阶段，也可以针对某一个培训计划；通过全面的培训需求分析之后，针对分析所得出的结论来合理地制定可以衡量的培训目标。

只有明确培训目标，明确相关的指标和内容，才能更好地进行工作安排，员工才能更有效地参与到培训中，所以培训目标的确定是培训工作必不可少的环节。

1）培训目标的内容包括：

- 说明员工应该做什么，完成怎样的工作内容，比如要求坐席代表能够处理好客户的投诉，避免问题的升级。

- 说明这些工作内容的要求是怎样，如何才能达到这些要求。

- 员工完成指定学习成果的条件。

呼叫中心的新员工培训目标

1. 为员工提供正确的岗位信息，清楚角色定位，鼓励员工士气。

内容包括：开展破冰游戏、团队拓展、公司参观等活动，了解部门职责、部门组织结构、各级岗位职责等。

2. 让员工了解公司历史、部门历史及企业文化，获得员工认同，使之融入团队。

内容包括：公司历史、部门大事记、企业文化、优秀员工讲话、公司领导讲话等。

3. 让员工了解客服行业相关知识。

内容包括：客服发展历史、客服行业的重要性、客服行业的作用、常见客服专业名词、客服人员特质、呼叫中心基本构架等。

4. 让员工了解相关的制度规范及工作流程。

内容包括：公司制度规范、呼叫中心制度规范、基本呼入流程、常见业务处理流程等。

5. 让员工树立良好的服务意识，了解客户心理。

内容包括：服务心态、电话礼仪、客户心理、职业道德规范、服务规范、职业训练等。

6. 使员工能够掌握基本的工作技能，初步胜任岗位要求，完成基本工作内容。

内容包括：平台操作及常用工具的使用、基本业务知识、沟通技巧及规范、常见问题处理、实物操作等。

7. 建立员工的职业愿景，让员工明确个人发展道路。

内容包括：公司晋升制度规范、客服代表晋升制度、客服行业发展趋势、职业发展心态、职业发展规划等。

2）在进行培训目标的设计时，要注意区分目的和目标的差异。

在设置培训目标时，首先要注意要区分什么是培训目标，它与培训目的的区别是什么。培训目的是为什么培训，展开培训的事由，希望通过培训改善什么。而培训目标是通过培训后希望达到什么标准，为了实现培训目的而设置的最终结果。也就是说培训目的是起因，培训目标是结果。详见表5-7。

表 5-7 呼叫中心常用课程的培训目的与培训目标对比

课程类型	培训目的	培训目标
专业知识类课程	掌握专业知识	熟悉产品知识及规则，能够正确解答客户提问
		在规定的时间内能够独立完成系统操作
服务技巧类课程	提高客户满意度	电话2声以内接起，确保12秒接通率在80%以上
		有迎送语，带姓氏称呼客户
		产品相关知识对答如流，为客户提供有效的解决方案
业务操作类课程	提高工作效率	打字速度每分钟40字
		员工可以在20秒内运用查询工具，完成操作
服务心态类课程	提升员工工作积极性	员工的出勤率在95%以上
		员工利用率有效提升10%

2. 课程内容的准备

课程内容的准备按照课程开展的顺序，一般分为课程核心内容的准备、培训资料的准备，根据课程设计的需要，选择不同的素材进行整合。

（1）课程核心内容的准备　课程内容就是培训师要讲些什么，现在知道了培训目的，也就是现有存在什么问题，也设置了培训目标，即希望达到的要求及标准，那么如何将问题转化，员工需要做什么、怎么做才能够达到这样的要求，培训师通过哪些内容的传授可以让员工快速地理解掌握，想明白这些就确定了实际培训的内容。课程内容就是从目的到目标的锁链，它将需求与标准紧紧连接。

在设计课程内容的时候，需要找到了核心的知识点。之后，课程内容的设置在垂直方向上的组织要循序渐进，符合员工逻辑思维和学习习惯。内容应由简单到复杂，由一般到特殊，由现状到发展，或是采用应用岗位工作流程或操作次序。

1）2W1H原则。理论知识课程内容的安排上，还可以按照2W1H原则进行结构安排。

- What:（是什么）：知识和理论要点，及其详细要求。
- Why（为什么）：学习的目的与价值。
- How（怎么做）：技能项目、实施步骤和实施要点。

2）呼叫中心常用的课程核心内容。

- 以企业文化为主题的培训内容应由以下几方面构成：企业发展历程、企业理念、组织机构、企业规章制度、员工的职业发展规划、员工的晋级标准等，以企业文化为主题的培训可以适当收集相关媒体报道、广告、采访、活动照片等作为培训素材。
- 以服务技巧为主题的培训内容应由以下几方面构成：培训课题确立的缘由，从终端服务过程中提炼出来的案例，勾勒出问题模型构架，分析问题、探讨问题并总结解决方案。以服务技巧为主题的培训应注意理论结合实际。
- 以促销活动为主题的培训内容应由以下几方面构成：背景分析，战略意图，主题、形式、时间、地点、产品定位、资费要求、建议话术、风险提示，活动细则及注意事项等。
- 以行业市场为主题的培训内容应由以下几方面构成：市场分析、行业发展趋势、竞争概况、服务现状、目标消费群综合分析、推广重点、优劣势分析等。
- 以业务知识为主题的培训内容应由以下几方面构成：概念、来源（形成原因）、操作标准、执行要求、建议话术、风险提示等。
- 以系统操作为主题的培训内容应由以下几方面构成：系统背景、优势分析、常用功能、操作标准、执行要求、操作项目明细等。

（2）培训资料的准备　任何课程的开发，都会涉及一部分相关的理论知识和实际案例。这部分资料可以以公司的规章制度、业务通知、产品说明为蓝本，也可以从相关的书籍、网络、行业资料中搜集，或借鉴呼叫中心业内的资料及课件内容，与公司的实际情况相结合，确定课程的理论基础。

案例可以通过和相关同事的交流、平时的观察和积累来获得。当然，如果培训师有足够的能力，也可以根据课程开发的需要，自己设计相应的案例。无论是从哪里获得的案例，都要有针对性，即案例的场景确实是员工在日常工作中经常遇到的；更重要的是，案例的分析要准确而全面。这是整个课程的精华和亮点。

为了丰富课程的内容，调节枯燥的理论知识学习，除讲述案例外，还可以通过公司资源或网络等，找到一些与课程内容相关的短片视频、媒体广告、故事、游戏、经典录音或图片数据等，通过这些多媒体的演示和活动的融入，吸引员工的注意力，拉近讲师与员工的距离。此外，适当地放松课程气氛，能有效提高课程效率。

3. 课程大纲的制作

课程大纲是对某一个培训课程或某一课程体系以纲要的形式提出的统一要求和具体规定，是编写培训教材，确定实施方式、任务、教学时间、教学方法的指导性文件，是检验与评定员工培训质量的标准，是主管部门指导和监督培训工作的依据。

课程大纲为开展员工培训指明了目标和方向，可以提高培训的针对性和实用性，是完善员工培训体系建设的重要举措。

1）课程名称。培训课程名称是培训课程的标题，要求简明扼要地反映培训课程的主要内容。例如，"呼叫中心常识""优质语音语调""客户服务沟通技巧"等。

2）课程类型。课程类型是指培训内容所属的课程范围。呼叫中心常见的课程类型包括企业文化类、职业素养类、业务知识类、技能操作类、服务技巧类及基础管理类等。

● 企业文化类：新员工入职培训的必备课程，主要内容包括企业的发展历史、公司组织架构、规章制度、晋升发展等。

● 职业素养类：包括员工的基本职业道德培训及岗位的基本素质要求，以占呼叫中心人员比例最多的坐席代表为例，就需要设置"客户服务概念""发音方法""客户服务人员职业道德规范"等基本职业素质课程，以帮助员工在入职后迅速完成向职业人的转型，树立专业形象。

● 业务知识类：这类课程是日常培训工作的重要内容，包括基层岗位业务理论知识、行业常识等。

● 技能操作类：包括电话系统、业务平台、呼叫中心系统的操作要求等。

● 服务技巧类：这类课程是呼叫中心的常用课程，以帮助员工在一些中基层岗位上更好地完成与客户沟通，达成客户满意度等要求。例如，"沟通技巧""投诉处理技巧"等。

● 基础管理类：主要针对中基层管理人员设置的基础课程，包括一些管理基础知识及方法，例如"运营现场管理""辅导技巧""执行力"等，往往设置在晋级培训的初级阶段。

3）培训目标是通过培训课程的学习和考核，所能达到的预期效果。培训目标在课程设计的开始就应制定好。

4）培训课时是指完成该课程所需的平均时间，标准课时是 60 分钟，一般包含 10 分钟休息时间。当然，也可以根据实际培训情况调整。

5）培训讲师，即能够讲授这门课程的实际授课人。在安排培训讲师时，应优先考虑培训部门内部能够胜任的讲师，其次考虑在本公司内能够讲授的人员。最后，可以考虑外聘培训讲师。内部的课程讲师设置时应考虑备用人选，当第一人选出现状况时，能够有其他讲师临时顶替，保证课程的顺利开展。

6）考核方式是指检验和评估受训员工的培训效果的方式，一般可分为签字确认（如规章制度类培训）、笔试（理论考试）、实操考核（通过操作系统来检验员工对于培训内容的掌握情况）等。

课程设计模板

课程设计（黑体三号）

课程编号：

课程类型：   **总 课 时：**

讲授课时：   **实操学时：**

培训对象：   **培训讲师：**

（以上内容为黑体，四号字）

一、课程的教学目标（黑体，小四号字）

课程的教学目标正文（宋体，小四号字）

➢ 写作要点：说明本课程的性质以及在人才培养方案中的地位、作用和任务，明确学生在学完本课程后，在思想、知识和能力等方面应达到的目标以及对后续课程的影响。

二、教学基本要求（黑体，小四号字）

教学基本要求正文（宋体，小四号字）

➢ 写作要点：教学基本要求应包括对教学内容讲授上的要求（如哪些内容应细讲、精讲，哪些内容应粗讲或选讲，如何突破难点，重点内容如何讲授等），对拟实现的教学目标所采取的教学方法、教学手段，对实践教学环节的要求，对课后作业以及员工自学的要求，课程的考核方式（说明课程所采用或建议使用的考核方法，如闭卷、开卷、论文、设计等，如并用多种方法请说明分数分配的百分比例；说明本课程平时成绩与期末考试成绩所占的百分比例等），教学过程中应注意的其他问题等。

三、教学内容（黑体，小四号字）

教学内容正文（宋体，小四号字）

➢ 写作要点：以"章节"为单位说明各章节的教学内容，教学重点、难点，课程的考核要求和复习思考题等。具体写作内容如下。

● 教学内容：

第×章 ××××

第一节 ××××

1. ……

2. ……

第二节 ××××

1. ……

2. ……

● 教学重点、难点：……

● 课程的考核要求：……

➢ 写作技巧：按"了解""理解""掌握""熟练掌握"四个层次写明各章的主要内容应达到的要求。

了解：员工能辨认科学事实、概念、原则、术语，知道事物的分类、过程及变化倾向，包括必要的记忆。

理解：员工能用自己的语言把学过的知识加以叙述、解释、归纳，并能把某一事实或概念分解为若干部分，指出它们之间的内在联系或与其他事物的相互关系。

掌握：员工能根据不同情况对某些概念、定律、原理、方法等在正确理解的基础上结合实例加以运用。

熟练掌握：员工能根据所掌握的某些概念、定律、原理、方法等在正确理解的基础上结合实际加以综合应用，能分析、解决实际工作中存在的问题。

● 复习思考题：

1. ……

2. ……

四、课程评估方式（黑体，小四号字）

课程评估方式正文（宋体，小四号字）

五、其他（黑体，小四号字）

其他正文（宋体，小四号字）

> 注意事项：课程设计中尚需说明的事项，如没有可省略本项。

 任务拓展

1. 实训任务：编写一份课程设计

2. 任务形式：4人为一组，1名观察者，3名初级培训师。3名初级培训师先每人完成一份课程设计，然后共同讨论总结成一份课程设计方案。观察者对讨论过程和最终的设计方案进行点评

3. 任务要求：根据任务资料，完成《客户服务基础》的课程设计

4. 任务资料

1）公司背景：中华通信集团，是我国知名的民营企业，在移动通信领域处于行业领先的位置，服务范围覆盖全国，为上亿的客户提供移动通信的综合服务。

2）职位背景：客户服务中心是中华通信集团的二级核心部门，为客户提供7×24小时的人工服务及语音自助服务。目前客户服务中心坐席代表数量达到1500人，培训部门作为独立的三级部门设置，其中培训经理1人，培训主管1人，高级培训师2名，中级培训师5名，初级培训师12名。

3）任务背景：公司近期有20名新员工入职，主管安排你负责这批人员的培训工作。这20名新员工是通过校园直接招聘，之前无任何工作经验，对于客服代表的基本工作性质也不甚了解。

5. 观察者的任务

1）你认为课程设计方案中的课程要素是否完整？

_____

2）你认为课程设计方案中的课程目标是否是可衡量的？

_____

3）你认为课程设计方案中的课程内容及时间是否匹配？

_____

4）你认为在课程设计方案中还需要增加哪些内容？

_____

任务 3　培训课件制作

任务情景

花花：查老师，课程设计和课件我已经制作完成了，您有时间帮我看下吗？

查老师：当然可以，课程设计内容挺完整，不过你的课件制作水平还有待提高啊。

花花：实在不好意思，虽然在学校的时候我们都学过PPT制作，但在实际运用的时候，感觉总是不专业、不好看。

查老师：PPT课件对于培训非常重要性，就像人的长相一样。在很多培训场合，别人对你课程的第一印象往往来源于你的PPT课件。可以说，PPT课件的质量高低也影响着培训的最终效果。看得出，你掌握了PPT制作的基本要求，但在设计、美化方面还有所欠缺。

花花：嗯嗯，查老师有没有PPT制作秘籍能传授一下呢？

查老师：好吧，那我帮你梳理下PPT设计制作的基本法则。

任务分析

培训课件制作是教学大纲的具体细化，是在课程框架的基础上，逐渐丰富课程内容，将之前课程准备过程中整理好的案例、素材、游戏在恰当的环节增加进去，最终以视觉化的方式呈现出来。

在工作中，我们经常需要用到PPT，不管在平时工作汇报、销售演示，还是项目培训中，PPT都是一个非常有用的工具。

现在大多数企业培训时都要求使用PPT课件，优秀的讲师与生动的PPT课件相搭配，可以更好地帮助受众理解培训内容。

本任务主要通过学习PPT制作和美化的规则和技巧，使培训课件逻辑清晰，层次分明，重点突出，图文结合，生动有趣，形式简洁，文字精炼。

任务实施

1. PPT 完美呈现的三个基本要求

1）格式正确,包括模板设置正确、色彩搭配合理、间距设置合理、动画设置合理等。

2）逻辑清晰,包括演示目的明确、逻辑结构合理、论述结构简单、说明重点突出等。

3）应用灵活,从呈现目的出发,灵活将手势、语言和 PPT 相结合等。

2. 文字、表格、图形三种呈现方式的对比

1）文字可以有效地记录论点,且录入比较快捷,在使用时要注意字体、字号以及行间距的设置,以便达到清晰展示的目的。

2）表格适用于复杂信息的呈现、汇总和分析,所表达的信息比较全面,便于讲师进行分析。使用时需要注意表格的颜色、字体字号、各组数字之间的逻辑关系。

3）图形更加适用于对论点的趋势呈现,可以很好地表达结构次序,相比于其他两种方式,图形更加简单直观,重点突出,对比效果也显而易见。在使用时,需要找到逻辑关系,选择对应的图形。

三种呈现方式对比如图 5-1 所示。

- 文字:

2020 年,各销售人员的销售业绩都有所增长,其中,张三:一季度增长 8%,二季度增长 9%,三季度增长 25%;李四:一季度增长 7%,二季度增长 8%,三季度增长 9%;王五:一季度增长 7%,二季度增长 6%,三季度增长 8%;钱六:一季度增长 5%,二季度增长 5%,三季度增长 6%;孙七:一季度增长 6%,二季度增长 7%,三季度增长 10%;李八:一季度增长 4%,二季度增长 6%,三季度增长 7%。

- 表格:

销售业绩增长率报表

姓名	一季度增长率(%)	二季度增长率(%)	三季度增长率(%)
张三	8	9	25
李四	7	8	9
王五	7	6	8
钱六	5	5	6
孙七	6	7	10
李八	4	6	7

■ 图表:

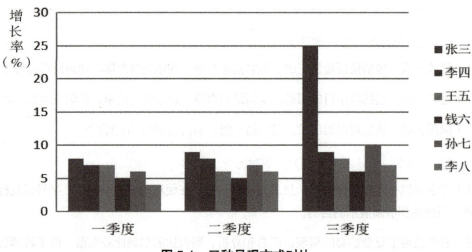

图 5-1　三种呈现方式对比

3. 使用统一的模板

PPT 制作的第一个步骤就是选定模板。选定模板也就是确定课件的配色、风格、字体等基本内容。选用什么样的模板，应结合课程内容及培训方式来考虑。例如，讲解专业的技能知识，尽量不要选用卡通、花卉等装饰图，颜色也要力求稳重简洁。

一般公司都会设计带有本公司 Logo 及形象的 PPT 模板，讲师在制作课件前可沟通了解一下，如果公司有统一模板就不要使用其他模板，以保证与公司整体的和谐统一。

在母版中加入公司 Logo 的方法：复制公司 Logo 图形，单击"视图"，然后进入幻灯片母版，将公司 Logo 粘贴在所有版式的合适位置上，一般为顶部或是底部，最好不要将整个图形覆盖背景，迫不得已时也要选择浅色高质量图片，同时要注意与前景内容的区分。

在母版中可以设置统一的标题位置和统一的字体字号，避免后期浪费时间逐一调整。

4. 字体字号统一

1）同一页幻灯片中不宜使用 2 种以上的字体，不宜使用 3 种以上的字号。

2）标题 44 号（或 40 号），PPT 中的副标题可适当加粗体现与正文的区别，标题与正文应选择不同的字号，或是使用颜色进行区分。

3）正文 32 号（不小于 20 号），为保证最后一排的学员能够看清楚，每行字数在 20～25 个，每张幻灯片 6～7 行为宜，切忌不要满屏都是字。

4）中文用微软雅黑或黑体（可以加粗），英文用 Time New Romans 字体，使用特殊字体时，需要考虑放映 PPT 的电脑是否安装了这些字体。

5）标题、小标题、正文、示例的字体与字号在整个 PPT 中应保持一致。

5. 色调柔和

1）PPT 的色彩搭配要力求视觉舒适，不宜过于鲜亮，整体风格统一。

2）PPT 的字体颜色不要超过 3 种，需要注意的是字体颜色要与背景颜色反差大，字迹要相对清晰。

3）标题和内容如果需要设置不同颜色，应使用相似色。背景色多选择白色或蓝色，呈现的内容投影比较清晰，蓝色给人以沉稳的感觉。非特殊情况，谨慎使用深色背景。在配色过程中，应考虑显示器与投影仪的色差问题，最好在设计的过程中，使用投影仪检查一下。

4）培训师可以使用色彩、阴影强调或区别要点或主题，但在使用时注意每页幻灯片不宜超过 2 处。

6. 版面布局简洁整齐

PPT 要有标题页、目录页、正文页、结束页，版面布局简洁整齐。

1）标题页：要写明课程名称、公司名称、讲师信息（姓名、职称、单位）、授课时间等。有了这些信息，受众可以非常清楚地知道课程的基本情况。另外，标明这些信息，也是对公司、个人版权的维护。

2）目录页：章节间要求设置目录页，以便在每个章节讲授完的时候进行总结和回顾。目录页要保持内容的一致和格式的统一，可通过动画或是颜色来突出显示当前章节。

3）正文页：每页只表达一个主题，每页的副标题可写在标题位置，注意保持标题位置、字体的统一。

4）结束页：一般会写培训心得或感谢语，部分讲师留有自己的联系方式，便于与受众进行沟通。

5）单页整体版面要保持水平和垂直布局，偶尔要注意黄金分割，别头重脚轻或是左右失衡。完成 PPT 后，进行"幻灯片浏览"查看全部页面的协调性。

7. 数据、图表的应用

文不如表、表不如图。培训师应使数字说话，善用数字支持观点，增加 PPT 说服力，在 PPT 中，使用精确数字的呈现方式可恰当突出观点。

数字太多的时候要选用合适的图表来阐述论点。表胜于文，图胜于表，同样的信息通过图表来进行论述，记忆力会更加深刻，制作图表时根据数据的类型可选择趋势图、柱形图、饼图等表达不同的观点，注意与整体风格的统一，图表不需要配太多文字解释，但需要配有标题。

养成收集模板的好习惯，专业的培训讲师在工作生活中，应多浏览一些专业的网站、论坛，收集值得我们借鉴和使用的好素材。

8. 选择恰当的图片

一张图片胜过千句话，能用图片、图形表达观点就不要用文字，要营造有冲击的视觉效果。选用与主题内容匹配的图片，使主题突出，避免与主题无关的图片，分散员工的注意力。配图要大小适宜，摆放位置不要过于随意。图片也要经过精心的剪裁、和谐的搭配，使主题鲜明。选用高质量的图片。网络图片要去掉水印及 Logo。保持原图片的比例，不要扭曲拉伸，不要平铺图片。专业课程避免使用过于卡通的表现形式。

网络上很多图片都是有背景色的，如图 5-2a 所示。这张图片的黑色背景，如果用在白色页面上，就会非常难看，去掉背景色后就和谐得多，如图 5-2b 所示。

去背景色步骤：选中图片→"图片工具"→"颜色"→"设置透明色"。

补充：软件的这个功能，对比较单一的背景色，处理起来很顺手，如果背景色本身很复杂，可以选用"删除背景"功能实现，或求助于 PS。

图 5-2　去除图片背景

9. PPT 制作的逻辑

没有逻辑结构的 PPT 就只是堆砌的文字和图片，没有因果关系，没有上下启承，一堂课下来，培训师讲得昏天暗地，受众听得云里雾里。在 PPT 制作过程中，逻辑可以简单理解为一种让受众清楚知识来龙去脉的顺序，有了这样的顺序，受众有章可循，知识自然就能够掌握。

在设计 PPT 逻辑的时候，一般是先设定大逻辑，即整个 PPT 的逻辑，然后考虑每个版块里面的小逻辑。还有一点需要注意：PPT 本身的演绎方式是直线型的，假如内容及逻辑层次较多的话，就需要在每个版块结束的时候及时总结一下。

PPT 中涉及的逻辑分为 3 个层次：篇章逻辑、页面逻辑和文句逻辑。

（1）篇章逻辑　篇章逻辑就是制作整个 PPT 的逻辑，也就是 PPT 的主线。PPT 的好坏，先看看目录就知道了。所以建议讲师在编写 PPT 前，先根据课程的大纲整理目录，选用恰当的逻辑关系，应注意：

1）不要一上来就急着写每页的内容，先把目录写好。

2）把每页的观点写在标题栏里。

3）用缩略图形式看整体的内容框架。

（2）页面逻辑　页面逻辑就是每页内容的整体逻辑，SmartArt 中提供的各种图形（如图 5-3 所示）其实体现的就是逻辑关系。

1）并列。并列逻辑是最频繁使用的。例如："举措一、举措二、举措三"就体现并列逻辑。

2）因果。因果逻辑有很多表达方式。简单地说，只要有箭头，就可以表达因果逻辑。

3）总分。总分结构在通用课程的 PPT 中比较常用。例如，运营的 KPI 指标或企业部门的组织架构等。

4）比较。比较关系一般用于对比 2 种或 2 种以上的情况，通过比较得出结论。

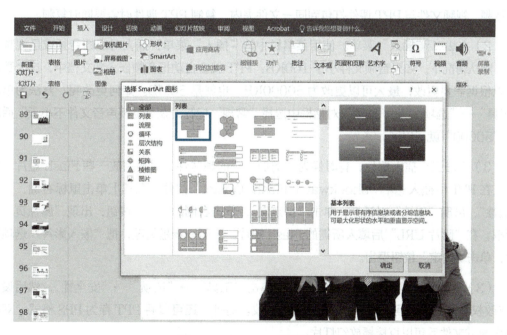

图 5-3　SmartArt 图形样式

（3）文句逻辑

1）文字描述时，注意歧义的产生，别写"模棱两可"的话，语句可以适当简短。

2）将文字结构化，阐述多个论点时尽可能使用编号或项目符号进行梳理，但条数不要过多，一般在以 5 条为宜，如果超过该数量，就要使用多页来呈现主要内容。

3）在文字、信息量较大的时候，可以从字体（字号、颜色、下划线、底纹、加粗、斜体等）上进行区分，传递重点信息。

PPT 播放的呈现技巧

（1）动画的使用技巧　动画使用尽量越少越好，花哨的翻页动画，大幅度的图片飞入，很容易分散受众的注意力。同一页内容需要分步讲解、体现逻辑关系的时候，可用相对比较简单的进入方式，如上升、棋盘等。正规场合尽量不要设置翻页声音。

（2）添加音频、视频的技巧　在PPT中直接播放音频、视频，避免了众目睽睽之下临时查找文件的尴尬。

1）方法一：超链接。这是最简单的方法，可以通过单击文字、图片、文本框等链接到对应的文件中。方法为单击鼠标右键→超链接，选择对应的文件。但使用这种方法时应注意，要将音频、视频文件与PPT课件打包到同一文件夹内，复制PPT课件时需要同时复制。

2）方法二："插入"菜单。使用菜单栏中的"插入"菜单，插入对应的音频或是视频文件。默认情况下，如果音频文件小于100KB，PPT就会自动把音频嵌入到文档中，这个数值可以根据需要更改，最大可以更改为50000KB，也就是50MB。如何更改呢？方法为单击"工具"→"选项"，在"选项"对话框中选择"常规"标签，在"链接声音文件不小于"后填入"50000"就可以了。

3）方法三：插入控件。有时候为了增加课程的趣味性，需要播放一些Flash短片，首先，在PPT中插入一个"Shockwave Flash Object"控件，在其上单击鼠标右键，选择"属性"，出现"属性"对话框，单击"自定义"，单击右侧的"…"按钮，出现"属性页"对话框，在"影片URL"后填入所需的Flash短片。下面一步是关键，把"嵌入影片"选项选中，单击"确定"按钮退出。

（3）有效防止课件被修改　在PPT中单击"工具"→"选项"→"安全性"，然后设置"修改权限密码"即可防止PPT文档被人修改。另外，还可以将PPT存为PPS格式，双击PPS格式文件后可以直接播放幻灯片。

（4）幻灯片插放　播放时使用画笔标记：快捷键〈Ctrl+P〉。擦除所画的内容：快捷键〈E〉。上课时，如果想让员工的注意力集中在讲课时而屏蔽PPT画面对课堂的干扰，可设置为黑屏：按快捷键〈B〉会显示黑屏，再按一次则返回到刚才放映的那页PPT。

（5）窗口播放模式　在播放PPT时，按快捷键〈Alt+D+V〉激活幻灯片播放，这时所启动的幻灯片放映模式是一个带标题栏和菜单栏的形式，这样一来，就可以在幻灯片播放时对播放窗口进行操作，如最小化和自定义等，实现快捷地切换窗口的目的。

（6）激光翻页笔的使用　在授课过程中，会配备专用的激光翻页笔，让培训师与受众进行近距离的交流，不再受限于计算机前。在使用时应注意，提前检查接收器，不要频繁地跳转页面，根据课程的进度，及时准确地翻页。红色、绿色激光不要照射受众，不要快速、频繁地晃动激光笔。

任务拓展

1. 实训任务：制作呼叫中心坐席代表基本技能培训课件
2. 任务形式：每个人独立完成，然后分组讨论总结，评出优秀方案，点评方案
3. 任务时限：课件制作 40 分钟，小组讨论点评 20 分钟
4. 任务背景

快速准确地将有效信息录入到相应的系统中，是呼叫中心坐席代表必备的基本技能，录入速度的快慢直接决定着业务处理的时间以及客户的满意度。录入速度快，客户感受好，电话接起率可以得到有效的保障。所以，对于坐席代表录入速度的培训和考核就成为呼叫中心培训的必备培训内容。根据这一任务背景，完成"坐席代表基本技能——快速录入"课程设计并制作 PPT。

任务 4　培训组织实施

查老师：花花，我看过你修改后的 PPT，可以准备授课实施了，这周五给新员工进行试讲吧。

花花：太好了，我等这一天很久了，太开心了。

查老师：先别高兴太早，新员工试讲也要做好准备，你明天先内部试讲一下吧。

花花：啊？面对领导和同事我会紧张啊！

查老师：走上讲台第一步要克服的就是紧张，可不能光顾着自己说，要学会与培训对象

进行交流、互动。我们要做教练式的培训，而不是一味"灌输思想"的老夫子。

花花：好的，我再去准备一下，明天下午进行内部试讲，您就等我好消息吧！

任务分析

在学校有教师，在企业有培训师，他们都在做同样的事情，就是"传道、授业、解惑"。作为员工成长的引路人，培训师必定要恪守职业道德，无论在什么条件下都应当为人师表，加强道德修养、知识累积、个人气质修养等，只有这样才能增强信心，树立威信，提升培训效果。

俗话说，台上一分钟，台下十年功，培训师在讲台上的每一句话，每一个动作，都来源于平时不断的学习和总结。我们经常羡慕培训师讲课时的风采，却没有看到培训师们为此付出的艰辛和努力，只有渊博的知识和对问题深入的研究，才能让培训师深入浅出，引古论今，带着员工们共同提升。

通过本任务的学习，学生能够掌握培训实施的基本步骤和方法，能够结合培训内容选择恰当的培训策略，展现培训师个人沟通和表达能力，在培训中能有效调动气氛，能穿插模拟演练、角色扮演、游戏互动等培训手段提高培训效率和质量。

任务实施

1. 培训环境的准备

培训场地是培训环境准备的第一要素，选择什么样的场地要根据培训性质、员工构成、培训规模等因素来确定。一般来说，呼叫中心的办公现场会设置多个培训教室及会议室供培训师进行选择。选择合适的、与培训匹配度高的培训现场，对培训本身无疑增色不少。培训场地，根据现有的硬件设备，可分为计算机培训教室、培训教室、培训会议室等。

（1）计算机培训教室　配有计算机，并安装教学软件。授课时，讲师控制员工的终端屏幕，员工可以近距离学习课件内容；操作练习时，员工可以自由操作，讲师通过终端可以观察员工的练习情况。除此之外，很多多媒体教学软件还能实现点名、监控等多种授课功能。计算机培训教室比较适合规模在20～50人左右的操作类培训，缺点为不利于讲师与员工之间的交流，员工的学习环境相对封闭。

（2）培训教室　配有常用的教学设备，座椅可任意摆放，活动空间相对比较大，可拓展的空间也比较多，适合于大型培训的开展，如图5-4所示。

图 5-4　培训教室

（3）培训会议室　一般配有投影仪、幕布及固定办公座椅，比较适合开展业务知识类的培训，优点在于办公设备齐全、隔音效果好，缺点在于空间比较固定，不太适合游戏及组内互动的开展。有些培训会议室空间相对较小，能够承载的培训人员数量有限，一般比较适宜 20 人以内的小型培训，适用于开展企业文化、理论知识等培训。

（4）注意事项　选择培训场地的时候，除了考虑员工数量、培训类型等因素外，还有一些需要特别注意的问题：

➤ 要考虑培训活动及设备的空间。要为培训师留出充分的活动空间及通道，能够与员工进行交流；保证投影仪的有效距离（2~3 米），不宜过远或过近，否则影响课件播放效果。

➤ 培训现场要求员工的座椅应配有大办公桌或书桌，以便员工能够记录随堂笔记，空间相对紧张的培训教室内可设置带有小书桌的培训座椅，比较节省空间。

➤ 切勿为了增加人数而让员工挤满一张桌子的周围，从而导致员工产生抵触情绪，分散注意力，影响学习效果。分组围坐时，每组应限制在 12 人以下，6~10 人为宜。

> 采光问题。需要考虑到投影效果及员工是否能够记录笔记。避免过于强烈的阳光照射或是西晒。在可以调节室内灯光的情况下，投影屏幕下方的光线可适当调暗，员工位置及白板位置的光线正常，这样比较适合室内培训的需要。

> 噪声的影响。最好是有隔声设备的房间，尽可能远离办公区域，避免呼叫中心的电话干扰。同时降低培训现场的噪声对运营现场秩序的影响。

> 教学设备。在选择场地的时候，除了空间问题，还要考虑是否有合适的教学设备或是可拓展的空间，包括电源、投影仪及投影幕布、扩音设备等。培训实施前均要提前检查设备是否可以正常使用。

> 服务设备。包括室内温度感受是否舒服，不能过冷或过热；附近是否设有茶水间、饮水机，员工附近就餐是否方便。与卫生间的距离以及紧急出口的位置等也需要提前做好考虑。

> 现场环境布置。配合现场空间的大小，适当调整桌椅的摆放位置与距离，对于培训能起到意想不到的效果。

2. 培训工具的准备

现代培训过程已经不同于之前的黑板粉笔时代，为了更好地呈现所要培训的内容，让培训更加视觉化、立体化，培训工具的使用不可或缺。在培训前一天，讲师应将第二天培训过程中所需要使用的设备工具进行检查，以免在培训过程中出现遗漏。有条件的情况下，在进行培训之前，需要对培训现场充分熟悉，对现场的设施、员工的情况提前掌握，做好充分的准备，确保培训的完美实施。

培训常用的呈现工具包括计算机、投影仪、投影幕布、音响设备、麦克风、接线板等，可通过培训准备检查清单（见表 5-8）来对照检查。

3. 克服紧张情绪

说到紧张，并不是刚刚入行的培训师才会有的一种情绪，很多讲师虽然上过很多公开课，培训的员工也有成千上万，但在授课前或多或少都会紧张，因为紧张是对培训重视的表现，是对员工、对工作负责任的体现。有紧张的情绪固然好，但培训师需要适当缓解，不要把这种紧张的情绪带到培训中。

为了避免培训中哑口无言或是满口胡言的情况发生，最好的方法就是把想要说的内容写下来，通过书写，培训师可以检查内容是否完整，语句是否通顺，上下是否契合，通过书写也是培训师加强记忆的第一步。然后按照所写的再背下来，背诵的过程中培训师可以结合手势、姿态、道具运用来进行练习，对着镜子多检查几遍。最后在培训过程中，按照自己的理解去讲，不要看稿子，也不要死记硬背，知识要靠培训师的演绎才能更加深刻。

表 5-8 培训准备检查清单

课程名称：				填表日期： 年 月 日	
类别	检查项目	结果	类别	检查项目	结果
课程资源	培训通知		电子设备	幻灯机	
	员工名单/培训签到表			投影幕布	
	课程大纲			计算机（外接电源）	
	培训教材			激光笔	
	培训道具			麦克风	
	讲师手册			已备份完整教材的移动硬盘（U盘）	
	员工手册/员工资料			外接有源音箱	
	培训评估表/员工计划书			外接笔记本音频线	
现场布置	海报/条幅			接线板三个以上（每个至少三个三孔插口）	
	名牌/桌牌			数码照相机（电池、内存）	
	大白板/海报架			DV（电池、内存）	
	白板笔（多色多根）			DV 支架	
	白板纸（配套的夹子）		其他		
	白板纸				
	A4 白纸				
	透明宽胶带				
	剪刀				
	记事贴				
	奖品				

4. 有效的表达

一名成功的培训师掌握有效表达的艺术，无疑非常重要。表达分为两类：语言表达和非语言表达。

（1）语言表达

1）清晰自然。培训师的普通话不一定要很标准，但一定要清晰自然。要让发音清晰地吐出来，一定要清楚地咬准每个字。每个字共分为三个部分，字头、字腹和字尾，咬住字头，拖住字腹，保持字尾中气分量，这样的发音听起来字正腔圆，有丰满的感觉。培训师可以通过日常的读报、听广播等方法加以练习。

2）语速恰当。语速要保持适中，说得过快员工来不及吸收，但说得过慢，培训时长无法保证，员工昏昏欲睡，培训中要保持有节奏的语速。一般情况下，保持在120~140字/秒的语速，根据表达内容的不同变换节奏，让声音变得更有吸引力。

3）情感的感染力。情感表达的基本要求是要有抑扬顿挫，声音可以有高有低、语速时缓时快，利用重音、停顿等制造情感的氛围。另外一点需要注意，培训师在培训过程中不要过于严肃，微笑是最好的表达情感的方式。

4）声音的穿透力。所谓穿透力，主要包括音量的高低、声线宽域的大小、发音的紧松力度等。声音是通过声带振动后，再通过物理空间传播到员工耳朵里的。所以要练习并控制声音传播过程中的音效。学会呼吸、发音的方式，善于运用胸腔、口腔、鼻腔的共鸣，这样既能够保护嗓子又可以做到有穿透力，这是培训师必须具备的能力之一。

5）准确精练。培训师培训过程中，表达应避免重复、啰唆，忌讳使用日常生活中的口头禅。要能够用最精练的话语，表达最复杂的意思。

6）呈现核心观点和逻辑公式。在培训的时候，要突出核心观点，同时通过"串线"的方式把知识联系起来，构建内在的逻辑关系，形成系统化的知识体系。可以通过"模型""简图"等形式体现，然后在表达的过程中呈现给员工，其培训效果比单纯地展示枯燥的知识点要好得多。

（2）非语言表达（肢体语言） 动作姿势是一个人思想感情、文化修养的外在体现。一个端庄大方、富有涵养的人，其姿势必然优雅。一个趣味低级、缺乏修养的人，是做不出高雅的姿势来的。

在日常培训中，培训师必须留意自己的形象，讲究动作与姿势。因为培训师的动作姿势，是员工了解培训师的一面镜子，是员工模仿的榜样。另外，一些非语言表达，尤其是肢体语言的表达，时刻在向员工传达着各种信息。适时而得体的肢体语言会为整个培训增色不少。

一个人要向外界传达完整的信息，单纯的语言只占7%，声调占38%，另外的55%都是需要靠非语言的体态来传达。培训师要能够灵活适度地将自己的肢体语言带入培训中，这样不但能突显重点，更能引发员工的注意力，提升个人魅力。

1）运用手势的技巧：手势要自然有力，不要夸张烦琐；双手自然下垂，上臂不紧贴身体，不要双手抱于胸前或是小腹前；手势的范围上不要超过肩膀上10厘米，下不要低过腰下10厘米；手势目的明确，不同的手势表达不同的意思。

常见的手势：

➢ 伸手——手心向上，前臂略直，手掌向前平伸，表示请求、交流、谦逊、赞美、希望、欢迎等意思。

> 抬手——手心向上，手臂微曲，手掌抬高，表示号召、唤起、激动、强调等。

> 举手——五指向天，前臂垂直，表示行动、肯定、歌颂等。

> 挥手——手臂向前，手掌向上挥动，表示激励、号召、呼吁等。

> 推手——手心向前，前臂直伸，表示坚决、制止、拒绝等。

> 压手——手心向下，前臂下压，表示安静、停止、气愤等。

> 摆手——手心对外，前臂上举，表示反感、蔑视、否认、失望等。

> 心手——五指并拢弯曲，放在胸前，表示自己、祝愿等。

> 合手——两手在胸前由分而合，表示亲密、团结、欢迎、同意等。

> 分手——两手在胸前由合而分，双手打开，向下分开表示沉思、消极，向两侧分开表示赞同、乐观，向斜上分开表示兴奋、赞美。

2）运用表情的技巧：表情是人的面部因为感情和内容的需要而引发的动作和状态。恰当地运用表情可以帮助培训师建立亲和友善的形象，生动的表情能带动员工情绪，提升培训内容的吸引力。微笑是培训师最好的表情。

3）运用眼神的技巧：

● 要与员工有目光接触，停留3~5秒，完成一个思考或是一句话后再做转移，避免长时间注视同一个人。

● 眼神要关注全场员工，可以通过走动与坐在后面的员工进行交流，不要一排一排进行检阅。

● 眼神的方向与脸的方向一致，保持目光向前，不要看上看下、低头看稿、抬头看表等。

● 眼神要辅助情绪的表达，如鼓励、赞赏、自信、悲伤等，不要频繁眨眼，闪烁不定。

5. 开场的技巧

对于培训师来讲，开场如同穿衣吃饭般平常，如何开场才能事半功倍，取得良好的效果？

（1）讲故事法　讲故事是一种好的开场方式，人们喜欢听故事，喜欢回到童年。如果培训师用一个扣人心弦的、又与主题相关的故事开场，会有很大的吸引力。但是以故事来开场需要注意：

> 故事一定要与培训的主题相关。

> 故事要有内涵、有品位，不能粗俗。

> 故事要有新意，不落俗套。尽量避免讲员工听过的故事。

> 故事内容不要太长，不能喧宾夺主。

> 讲故事要配合身体语言、语音语速等。

（2）引用法　也称为引经据典法。引用一些诗词歌赋、名人名言作为开场白也有很好的效果。引用法除了与主题相关等基本要求外，还要注意准确性，尤其是有些大家都知道的名言、诗词等，一定要求很准确，否则会弄巧成拙，带来不好的效果。同时还要有很好的朗诵技巧，如果感觉自己在这方面不太自信，最好不要用这方法。虽然可以采用幻灯片的方式展现出来，但是这样一来效果会打折扣。比如讲人际关系，可以引用卡耐基的对于人成功的名言。

（3）摆事实、列数据法　就是摆出一些能给员工带来震撼的事实或者数据，以引起员工对于主题的重视。这里数据、事实更要求准确无误，尤其是涉及某些数字，如日期方面一定不能出错。

（4）回顾展望法　回忆过去发生的事情，联系现在的主题和场景。这是拉近员工与培训师距离很好的方法。或者展望未来的美好前景，激励现场的员工。比如，"感谢各位的大力支持，去年的11月份，我第一次来到了这里，受到大家的欢迎。今天我再次来到这里，相信我们一定会愉快地度过两天的美好时光。"

（5）询问提问法　通过提问题引起员工的重视，对于集中注意力很有作用。人们对于问题总是很敏感的。对于问题的答案更是急于知道。但运用这种方法需要注意：

> 与主题相关。

> 与员工的兴趣相关。

> 难度适度，问题的目的是为了引起重视，而不是让员工出丑，也不是显示自己的高深莫测。

> 确保自己知道准确答案。

以上是常用的开场方法。另外还有"展示背景资料法"，培训师一上台，直接展示一些数据、案例，或者资料。这里和前面"摆事实、列数据法"的不同之处在于，"展示背景资料法"是实物或者场景，而"摆事实、列数据法"主要是口头表达。还有一种"活动演示法"，即培训师一上台，什么话都不说，在台上演练一些道具，吸引员工。

当然更多的方法是综合运用，把以上的两种或者三种方法综合运用，效果更好。

6. 提问的技巧

提问是培训过程中培训师与员工之间最常用的一种互动交流的方法，是引导思考、实现反馈和检验效果的重要手段。培训的重要因素之一就是强调参与性，而提问恰好是启发员工思考，激发员工参与的好方法。

倾听是提问的前提，倾听可以检验员工是否明白所培训内容，倾听可以告诉培训师培训是否被员工所接受，所以在提问之前要先专注地倾听员工怎么说的。

培训过程中需要员工学习的知识是多样的，员工的思维方式也各有不同，这就要求培训师在培训过程中的提问不能是千篇一律的。

（1）常见的提问方法和种类。

1）封闭式和开放式问题。如何区分这两种问题呢？主要是从答案的数量和范围来判断，封闭式问题的答案较为明确和集中，而开放式问题的答案则比较分散且多样。

在运用的过程中，培训师要通过员工的自身情况来判断，如果员工本身拥有丰富的知识和实践经验，培训师拥有良好的理论基础和控场的能力，多一些开放式问题往往能调动员工的积极性，给更多员工表现的机会。但如果员工本身表达能力偏弱，为了引导出培训师想要的答案，封闭式问题就拥有更好的效果。这时候对于培训师的要求相对较低，但是培训的灵活性会适当地降低。

2）探测型问题是寻求特定信息的封闭型问题。

例如，"一天接多少个电话？""有多少员工在你手下干活？""当时是什么情况？"

当培训师希望探测一些事实或细节时，可以通过提问了解真实的情况；或是在当应答者说得太多或没完没了时，也可以通过这类问题控制谈话的方向。

3）挖潜型问题是要求应答者提供更"精确"信息的封闭型问题。

例如，"针对名词……""具体是哪一个（名词）？"当需要知道确切细节时使用。

4）"关于"型问题是允许应答者选择所提供信息的开放型问题。

例如，"可以告诉我关于……的情况吗？""你对……有什么看法？""你对……感觉怎样？"

5）反馈型问题将提问者听到的东西反馈给应答者。应答者对所讲的问题陷入太深的时候，可采用反馈型问题进行控场。

例如，"如果我理解正确，你……"

6）假设型问题在假设情境中寻求信息的开放型问题。

例如，"如果……你会做什么？""假如我是一个顾客/学生……"

7）构架型问题，这种类型的开放型问题寻求适合于所讨论的框架的信息。

例如，结果型框架："你所追求的真正结果是什么？"考察策划能力并探寻行为动因时使用。

返回型框架："那时你是怎么看待事物的？"将信息纳入"特定背景"时使用。

关联型框架:"那我们来看看怎样做……才能……"当得出某个结论,并扩展时使用。

(2)提问的技巧

1)不要同时问多个问题。例如,"你认为这样是对的吗?你觉得我们该怎么做呢?你觉得客户会有什么反应呢?",这种复合型的问题往往让人应接不暇,只会回答最后一个问题或是最简单的问题,而失去了提问时的本来目的。针对这种情况,我们可以分别抛出问题,第一个问题回答得出结论后,再引导出第二个问题或是直接提出最关键的问题,这样员工才能够真正地思考。

2)提问后要保持沉默,留给对方思考的时间。一般5秒左右的沉默是比较礼貌的,代表允许应答者充分考虑;5~20秒是鼓励应答者提供他可能想保留的信息时使用;20秒或20秒以上的沉默代表为获得更隐秘的信息而施压,这种长时间的沉默需要慎重使用。

3)观察员工的"身体语言",邀请志愿者。可以先邀请举手的员工,如果没有举手回答的,可以观察其他员工的眼神、手的位置或是嘴型,看是否有愿意参与的人。

4)在回答的过程中,要与应答者进行互动交流,不断用眼神、微笑给予鼓励,过程中不要打断对方说话,不要随意走动,不要做其他事情等,以表达对员工的尊重,也有助于下一个问题的提出。

5)对应答者表示感谢,不管答案正确与否,以鼓励下次发言。

7. 讲解的技巧

培训师在讲解理论知识的时候,可以运用"黄金三点论",也叫"一二三法则",就是说任何主题,任何内容都按"一、二、三"这三点来谈。这是一种结构工具,可以帮助培训师迅速组织思维,使培训快速简便、逻辑清晰、条理清晰。

"黄金三点论"是培训时最常用的一种方法,是一套快速地把一些理念整理出逻辑的技巧,可使语言表达清晰、有条理,同时框架组织性强。用在授课、演讲、发言等方面都很有效,而且非常容易掌握。

从生活工作的方方面面,我们都能够体会到"黄金三点论"的普遍应用。比如,时间:过去、现在、未来;昨天、今天、明天;初期、中期、后期。

所谓"黄金三点论",就是在表达某项见解时,只讲三点。事实上,如果只讲一两点,有时传达的信息会不够完整;而如果讲得过多,如四点、五点、六点,员工也很难记得清晰。实践表明:只讲三点效果最好。

业务知识培训的基本逻辑也可以很好地体现"黄金三点论":是什么、为什么、怎么做,之前介绍的课程设计的逻辑顺序基本都是按照这个方式进行的。

首先,是什么。先介绍知识点的概念,介绍知识点的运用范围、要点等。

其次，为什么。在培训过程中，培训师不能只告诉员工要记住这是什么。为了加深记忆、便于理解，培训师还要告诉员工为什么。这个理论知识的背景、形成的原因等，培训师要知其然，而且还要知其所以然，这样员工学习起来思路才会清晰。

最后，怎么做。就是在这个知识点的基础上，总结要求是什么，有什么样的方法，操作的标准是什么等。

根据这个逻辑，培训师可以完成绝大多数的业务知识培训。最后，还可以请员工复述或总结，这样员工的记忆就会深刻，掌握起来也就更加容易。下面以"关键绩效指标——AHT"的培训为例。

关键绩效指标——AHT

第一、先学习概念。什么是AHT。Average handle time 平均处理时间，是通话时长和话后处理时长的合计总时长，是衡量一个坐席代表的业务水平的关键性指标。

第二、再了解原因，为什么要计算通话时长，通话时长对于工作有怎么样的影响。AHT决定着坐席代表的日处理的话务总量，AHT影响着呼叫中心的服务水平，AHT直接反映了员工的工作效率。也就是说坐席代表的平均处理时间越长，坐席代表的日处理的话务量就越少，那么整体的接起率就会下降，如果客户等待时间过长，客户体验自然就不会好，直接影响着呼叫中心的服务水平。如果不降低AHT，那么就需要更多的坐席代表来处理来电，运营成本自然就增加不少，这些因素都不利于呼叫中心长期发展，所以，我们要有效地控制AHT，提高坐席代表的工作效率。

第三、最后总结方法，想要降低AHT我们该如何去做，有什么方法可以有效地控制？

我们通过三个方面来降低AHT水平：

1. 优化业务流程。重新梳理业务处理流程，将烦琐不必要的内容删除，简化话术。

2. 提高坐席代表业务水平。通过培训提升坐席代表业务知识水平，将坐席代表查找资料、咨询他人的时间尽量降低，加强坐席代表对于20%核心业务知识的掌握。

3. 改进系统操作。运营可以根据实际需要不断推进系统的改进，如客户信息的准确定位、一键完成操作、知识库的完善等，都可以辅助坐席代表降低AHT水平，提高效率。

8. 控场的技巧

1）有明确的时间观念，制定培训推进的时间表。时间表就好像一幅地图，指导着培训目标的完成。在培训开始之前可以对时间的安排进行讨论和展示，而且可为每一部分设定大致的时限。时间表还可以不时地提醒培训师培训进度。

2）对培训效果负责。在培训过程中，培训师的首要责任就是对培训效果负责，培训的内容要能够真正与工作相结合，在工作中能够实际运用。培训的内容如果与工作偏离较远，员工会觉得没有用，积极性就会降低，一方面员工反馈不好，另一方面培训效果无法评估，这样的培训等于白白浪费成本。

3）建立约束机制。没有规矩不成方圆，在培训中要对员工有约束的机制，培训前要进行有效的沟通，共同制定培训公约。出现频繁进出、接打电话、窃窃私语等情况要及时制止、警示或是按照公约的内容进行惩戒。

4）进行成人培训。目前呼叫中心的从业人员结构参差不齐，但明显有年龄相对较小的现象，往往都是些刚刚毕业或是工作经验不多的员工。但是培训师还是要把他们当作成年人对待，用平等的角度给予指导和帮助。在培训过程中充分考虑成人学习的特点，不要只说不练，要鼓励员工积极参与，给予员工一定的挑战。

5）时间得到公平的分配。

- ❖ 采用轮流的方式，使每人都有发言的机会。
- ❖ 直接向沉默不语的人提问。
- ❖ 感谢愿意将自己的想法与他人分享的员工，然后可以说："让我们来听听其他人的想法。"

6）及时总结回顾，在每个章节、每天培训结束或是开始时，回顾已经学过的内容。

- ❖ 培训师自己做简短的总结。
- ❖ 学员自己轮流发言，回顾学到的内容。
- ❖ 通过互动游戏、场景演练、考核等多种方式进行回顾练习。

7）善于观察与倾听，千万不要一味讲授知识。培训中培训师要及时接收到员工的反馈信息，可能是语言的也可能是非语言的，要去读并且读懂反馈信息，调整自己的方式。

- ❖ 倾听员工说什么和怎么说，考虑需不需要进一步进行讲解及澄清。
- ❖ 观察员工的肢体语言，消极的态度往往表现得很明显：眼珠不停地转动、极力避免眼神的交流、把胳膊和腿相互交叉、把胳膊叠放在脑后、身体后倾、频频离开教室等。

8）让培训更有趣。如果有轻松的学习环境员工可以学得更好，也可以从中获得乐趣，这并不意味着员工对学习不重视。培训师可以通过以下方式让员工保持轻松的心情。

- ❖ 讲一些笑话，将一些负面的表现用幽默的方式表达出来。
- ❖ 运用自我解嘲，或分享一些自己的经历。
- ❖ 用一些奇闻、轶事来解释枯燥的理论。
- ❖ 在培训时，安排些简短、有趣的活动。
- ❖ 培训中保持欢快的节奏。

9. 结束的技巧

俗话说："织衣织裤，贵在开头，编筐编篓，重在收口。"一场好的培训，结尾和开头都至关重要。除了引人入胜的开头，结尾也应该有条不紊，不能仓促了事。

终场结尾的作用在于深化内容理解、强化印象、激发员工行动，并不仅限于简单的概括。终场结尾的常用方式如下。

（1）提炼结尾　以高度的概括和总结作为结束的方式。如："在这两天的培训中掌握了很多全新的知识和理念，总结起来一句话，只有不断地学习才不被时代所淘汰。"

（2）呼应结尾　主题内容所阐述的观点要与结尾阶段中心思想保持一致。

（3）激励结尾　以激励员工的方式结尾，往往可以有效地激发员工行动。例如，"大家掌握了企业内部培训师的相关理论和基本技能，相信在今后的培训工作中一定能够做出更好的成绩，大家有没有信心？"

（4）活动结尾　以演练活动来结尾。

（5）赠言结尾　以一段名人名言作为结尾，可以起到画龙点睛，发人深省，引人深思的效果。

1. 培训内容的选择

美国著名学习与教学心理学家加涅曾指出，人类学习现象是极其复杂的，不可能用一种理论解释全部学习现象，必须对学习做分类研究。目前企业的培训不仅仅局限于知识技能和方法的传授，还有公司的文化观、价值观以及心理辅导等内容，所以目前企业的培训通常分为以下几类。

（1）言语信息　作为一种学习结果，指员工通过培训，能记忆诸如名称、符号、时间、对事物的描述等具体事实，并能够在需要的时候将这些事实表述出来的能力。在呼叫中心，这类培训通常被叫作业务类、制度规范类的知识信息培训，员工通过培训只需要对其内容进行熟悉和了解即可，这类培训比较简单，对于培训师来说也比较容易操作。

（2）智慧技能　指员工经过培训后具备运用概念和规则办事的能力，这是使员工认识、思考和处理企业各种情况的培训。在培训后，员工表现为知道如何进行操作。在呼叫中心，这类培训称为技能类培训，比如要求员工在了解客户需求时尽量使用开放式提问，那么员工在实际工作中就需要按照此要求来进行操作。

（3）认知策略　指对员工进行的运用学习、记忆、思维规则支配个人的学习、记忆或认知行为，并提高学习、记忆或认知效率的培训。培训后，员工的主要表现是能够选择有效的手段解决各种实际问题。比如，在呼叫中心经常会进行换位思考的培训，让员工能够在考虑问题时站在客户立场进行分析,这就是一种思维方式的调整。

（4）动作技能　指员工通过培训能够按一定规则协调自身肌肉运动的能力。通常表现为在各种工作情境中能够精确而流畅地从事动作活动。如呼叫中心的坐席代表会进行一边接听电话一边记录工单、查询知识库、平台操作等方面的培训和训练,这就是一种动作技能的培训,可提高工作效率。

（5）态度　指员工通过培训获得的对人、对事、对物、对己的反应倾向。作为一种学习结果,它会影响员工对特定对象做出一定的行为选择。对于坐席代表来说,每天接触到的都是客户的抱怨和投诉,要保持热情的服务状态,诚恳地向客户致歉,都需要有良好的心态,所涉及的培训会有阳光心态等。

以上的这些分类主要是根据培训的方向来进行划分的,但是很多培训都是相互交织在一起的,技能类培训的过程中一定会有信息类培训的内容,而态度类培训也都会有技能类培训的内容。但是不同的培训内容对外部的条件要求不同,所以通过培训内容的分类可以对培训工作进行全面的分析。

2. 培训策略的选择

不同类型的培训内容需要不同的内外部条件。因此,培训的策略与方法也有所不同。具体见表5-9。

表5-9　呼叫中心常见的培训内容与适用的培训策略

培训内容类型	培训重点	适用的培训策略
言语信息	1. 提供相关的意义背景,使员工在新旧知识之间建立联系 2. 提供一些外部线索,以减少信息混淆的可能性	讲授法、案例分析法、合作学习、游戏、工作指导、外部研讨班等
智慧技能	1. 培训师进行适当的言语指导 2. 呈现日常案例 3. 安排间隔性的复习	讲授法、案例分析法、网络培训、工作辅导、工作轮换、角色扮演等
认知策略	1. 创设问题情境,激发员工的探究和思考 2. 提供练习的机会	案例分析法、体验式培训、合作学习、参观考察等
动作技能	1. 有效的指导与示范 2. 动作技能的分解与整合训练 3. 大量的反复练习 4. 为练习提供及时而全面的反馈信息	工作指导、竞赛、体验式培训、行动学习、演示法、工作轮换、合作学习等
态度	1. 呈现正确的态度榜样 2. 正确态度得到强化的示范 3. 创设各种情境	案例分析法、工作轮换、角色扮演、游戏、参观、讨论等

> **任务拓展**

1. 实训任务：选择熟悉的呼叫中心培训主题进行授课
2. 任务时限：准备时间 120 分钟，小组展示时间 30 分钟
3. 完成方式：分组执行
4. 任务背景

你是中华通信集团客户服务中心的一名中级讲师，主要承担的是客户服务中心的业务培训工作。目前正在为新的一批新员工进行为期一周的新员工上岗培训。

5. 任务评估

请根据表 5-10 为每个小组选派的培训师进行评价。

表 5-10 培训师评价表

课程名称	培训师		培训时间		
培训师形象	评估标准				
1. 服装仪表	□5	□4	□3	□2	□1
2. 礼貌礼仪	□5	□4	□3	□2	□1
3. 个人亲和力	□5	□4	□3	□2	□1
4. 自信气质	□5	□4	□3	□2	□1
培训师表达	评估标准				
1. 吐字清晰、声音洪亮	□5	□4	□3	□2	□1
2. 表达内容完整、逻辑性强	□5	□4	□3	□2	□1
3. 感情丰富、声音富有感染力	□5	□4	□3	□2	□1
4. 肢体语言表现及目光交流	□5	□4	□3	□2	□1
培训师授课技巧	评估标准				
1. 和员工建立良好的互动关系	□5	□4	□3	□2	□1
2. 充分掌握培训目标	□5	□4	□3	□2	□1
3. 讲解的内容生动易懂	□5	□4	□3	□2	□1
4. 专业知识准备充分、内容流畅	□5	□4	□3	□2	□1
5. 讲解问题重点突出，有提炼有总结	□5	□4	□3	□2	□1

（续）

课程名称	培训师		培训时间		
6. 结合实际案例（有意义的例子）进行讲解	□5	□4	□3	□2	□1
7. 有效使用设备和辅助道具	□5	□4	□3	□2	□1
8. 授课方法多样，鼓励员工参与课程	□5	□4	□3	□2	□1
9. 有效使用提问技巧	□5	□4	□3	□2	□1
10. 课堂秩序的管理	□5	□4	□3	□2	□1
对培训师的总体评价	□5	□4	□3	□2	□1
建议或意见：					

项目综合实训

1. 实训目的

课件制作是呼叫中心培训师必备能力之一，培训师对于企业的作用在于：一方面通过培训向员工传授新技能、新方法，另一方面通过培训来强化企业文化，使员工明确企业的发展战略和目标，对企业有更高的认同感，增强企业的凝聚力。

2. 实训要求

请根据系统提供的业务知识，结合整个项目实训以培训师角度完成课件制作。

1）通过系统查看"知识库"了解业务知识。

2）单击"下载"，下载PPT模板及素材，根据答题要求完成PPT课件并上传系统。

3）课件制作主题需包含但不限于企业文化、产品知识、客户沟通技巧、投诉处理技巧、质量监控与辅导等。

说明：PPT页数不少于15页。

3. 答题时限

完整项目实训答题时限共计180分钟，每个任务不再单独设定答题时限。

本任务完成时间建议控制在60分钟以内。

4. 评价标准（见表 5-11）

表 5-11 评价标准

评价内容	评定方法	评分标准	单项分值	总分值
课件制作	评委人工评分	培训需求分析到位	2	20
		业务知识完整，清晰准确，重点内容突出	10	
		PPT 制作规范、整洁、美观、条理清晰	5	
		课程设计内容丰富，形式多样，包括互动、测试、评估环节	3	

5. 系统操作

1）登录系统后单击"考试管理"，选择"中级技能考核"。

2）选择"04-课件制作"，单击"开始考试"进入项目训练，如图 5-5 所示。

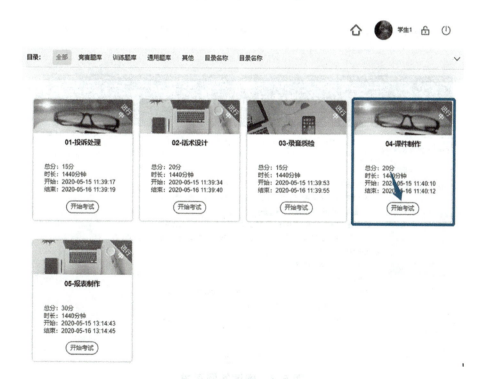

图 5-5 项目训练入口

3）进入项目训练页面后，单击"答题要求"，如图 5-6 所示。了解答题要求后，单击"确定"开始答题如图 5-7 所示。

图 5-6　答题要求入口

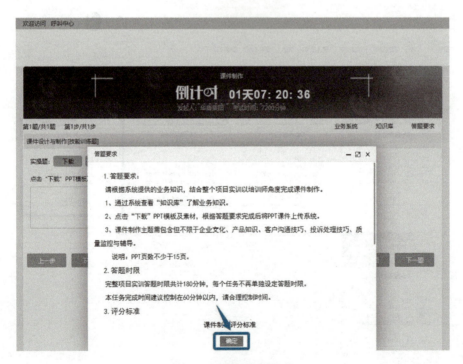

图 5-7　阅读答题要求

4）单击"下载"，下载 PPT 素材，如图 5-8 所示。根据答题要求，了解"知识库"中项目背景资料，如图 5-9 所示。

图 5-8　PPT 素材下载

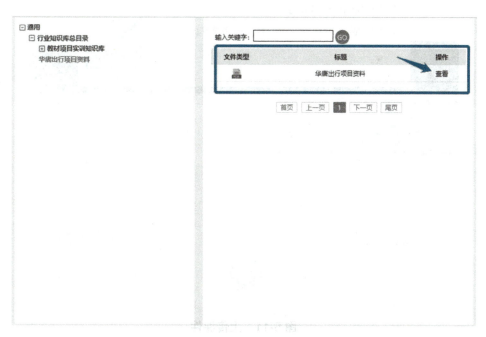

图 5-9　项目背景资料查看

5）根据项目背景资料初步完成企业文化及业务知识部分的课件制作，并结合呼叫中心客户服务与管理的基础知识、中级职业技能等，按照答题要求完成课件制作，如图 5-10 所示。

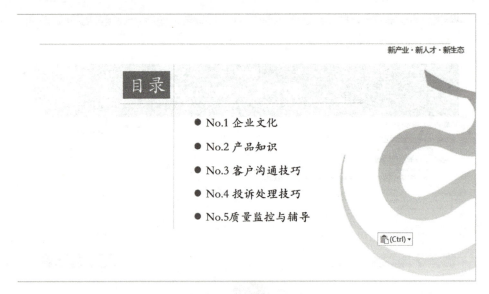

图 5-10　课件目录

6）完成课件制作后及时上传至系统，出现"上传文件成功"，单击"确定"，系统页面显示文件名称表示上传完成，如图 5-11 所示。

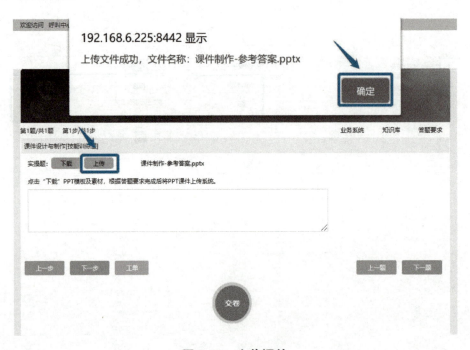

图 5-11　上传课件

7）完成答题后，单击"交卷"显示"交卷成功！稍后窗口将自动关闭"，单击"OK"即可完成答题，如图 5-12 所示。

图 5-12　完成答题交卷

参 考 文 献

[1] 效文颖.服务外包与呼叫中心概论[M].2版.北京:高等教育出版社,2015.

[2] 陈宁华.电话营销的运营与管理[M].北京:清华大学出版社,2015.

[3] 石云.呼叫中心绩效管理与数据分析[M].北京:清华大学出版社,2016.

[4] 韩小良,任殿梅.Excel数据分析之道[M].北京:中国铁道出版社,2012.

[5] 德胜书坊.Excel数据处理与分析的秘密[M].北京:中国青年出版社,2016.

[6] 符国群.消费者行为学[M].2版.武汉:武汉大学出版社.2008.